D1718382

Dan White
Miese Chefs

DAN WHITE

MIESE CHEFS

Die Tricks der Tyrannen am Arbeitsplatz

Aus dem Englischen von G. Maximilian Knauer

ARISTON

Verlagsgruppe Random House FSC-DEU-0100
Das für dieses Buch verwendete FSC®-zertifizierte Papier
EOS liefert Salzer Papier, St. Pölten, Austria.

Die Originalausgabe dieses Buches erschien 2011 unter dem Titel
The Terrible Leader bei Marshall Cavendish International.

Bibliografische Information der Deutschen Bibliothek

Die Deutsche Bibliothek verzeichnet diese Publikation
in der Deutschen Nationalbibliografie; detaillierte bibliografische
Daten sind im Internet unter http://dnb.ddb.de abrufbar.

Aus dem Englischen von G. Maximilian Knauer
© 2011 Dan White
© der deutschsprachigen Ausgabe 2012 Ariston Verlag
In der Verlagsgruppe Random House GmbH
Alle Rechte vorbehalten

Umschlaggestaltung: Büro Überland, Schober & Höntzsch
unter Verwendung eines Motivs von Opal Works Co. Limited
Satz: EDV-Fotosatz Huber/Verlagsservice G. Pfeifer, Germering
Druck und Bindung: GGP Media GmbH, Pößneck
Printed in Germany

ISBN 978-3-424-20074-4

INHALT

Dieses Buch ist für ...

... die Tausenden Chefs, die meine Kurse absolviert haben. Ihr alle seid so unterschiedlich, so besonders und leistet so gute und wichtige Arbeit. Ihr inspiriert mich jeden Tag.

... all die wunderbaren Leute, die mir durch ihre Führung gezeigt haben, wie Führung aussehen sollte. Ihr wart hervorragende Lehrer.

... meine Frau Claire, die sich geduldig jedes Kapitel angehört hat, während ich schrieb und umschrieb. Ohne Dich wäre all das es nicht wert, getan zu werden.

... meine Tochter Leah, die ein paar Wochen vor Drucklegung ankam. Jetzt hast Du meine ungeteilte Aufmerksamkeit.

Danke. Euch allen.

EINLEITUNG

Dieses Buch ist für jeden, der schon mal einen Kurs in Management oder Personalführung gemacht und dabei gedacht hat: »Also ehrlich, das ist doch alles Bullshit.« Es ist für jeden, der versucht hat, »Personalführungsliteratur« zu lesen, und aufgeben musste, weil es viel zu anstrengend war. Es ist für jeden, der morgens zur Arbeit geht, sich umschaut und schreien will: »Warum bin ich nur von Idioten umgeben?«

Die meisten, wenn nicht alle Ratgeber zum Thema »Wie werde ich ein guter Chef?« liefern Ihnen einen Haufen guter Ratschläge, wie Sie ein guter Chef werden. Das klingt vernünftig. Aber hier liegt mein Problem: Werden Sie wirklich etwas anders machen, werden Sie wirklich Ihr Verhalten ändern, nur weil ein Buch Ihnen das nahelegt? Sie sind mir, dem Autor, ja noch nicht mal begegnet. Ich könnte irgendein Typ sein, der in einem Wohnblock lebt, einmal im Monat im Bademantel seine Wohnung verlässt, um sich eine Zeitung zu holen, und der Tisch und Bett mit sieben Katzen teilt …

Das bin ich übrigens nicht. Ich habe keine Katze und keinen Bademantel. Aber dennoch, wer befolgt schon *wirklich* die Tipps, die in einem Buch stehen? Okay, lassen wir die Thora, den Koran, die Bibel etc. und vielleicht noch Mrs. Beatons Kochbücher mal beiseite, aber wenn die weg sind, bleibt nicht mehr viel. Wenn Sie also nach einem Buch mit hübschen Ratschlägen Ausschau halten, das Ihnen sagt, wie Sie ein besserer Chef werden können, dann suchen Sie sich ein anderes Buch. Dieses hier wird Sie zum Denken bringen, ganz ohne Würgereflex. Es wird Sie zwingen, über die Herausforderungen nachzudenken, denen Sie als Chef gegenüberstehen. Denken Sie gleich jetzt mal nach: Was macht Führung für Sie heute so schwierig?

Ich arbeite schon seit langer Zeit in der Entwicklung von Führungsstrategien, und eigentlich stellen mir die Bosse immer nur eine einzige Frage. Wollen Sie sie hören? Das ist für den Moment wirklich viel, okay, Sie sind erst in Absatz vier der wahrscheinlich billigsten Führungsbibel, die Sie jemals lesen werden, und ich wende mich gleich dem Kern der Sache zu.

Sie stellen mir folgende Frage: »Was soll ich in Situation XY tun?«

Sie fragen nicht, wie sie die »Moral aufrechterhalten« oder »ihr Team einbinden und mit größeren Befugnissen ausstatten« können. Sie wollen nicht wissen, wie sie »authentisch kommunizieren« oder ein »Team formen« können, das »Höchstleistungen erzielt«. Sie wollen wissen, was sie in genau der Situation tun können, in der sie an genau diesem Tag stecken. Das stellt den Autor eines Buchs über Führung vor ein logistisches Problem. Die eine Option ist, jeden potenziellen Leser anzurufen, ihn über seine Situation auszufragen und ein spezielles Kapitel nur für ihn zu schreiben. Wäre das nicht toll? Ihr eigenes, besonderes Kapitel, nur für Sie! Nein, natürlich nicht, denn sobald Sie aus dem einen Schlamassel raus wären, hätten Sie nichts mehr, was Ihnen durch den nächsten hilft. Dieser Ansatz ist völlig lächerlich, auch wenn die Idee an sich sehr ehrenhaft ist. Aber versuchen wir, nicht an der ersten Hürde zu Fall zu kommen. Die meisten Ratgeber liefern Ihnen eine Reihe von Modellen, Ansätzen, Werkzeugen, Praktiken bla bla bla, mit deren Hilfe Sie eine Lösung für Ihr Problem aushecken können. Aber ich kenne Sie. Ich kann Ihre Gedanken lesen. Ich weiß, dass Sie lauter gute Absichten hegen und dann genauso weiterführen und managen wie bisher.

Also hören wir damit auf, uns was vorzumachen, und gehen wir die Sache mal anders an. Stellen wir die ganze »Wie man ein toller Chef wird«-Sache auf den Kopf und schauen, ob wir uns der Angelegenheit nicht aus einem anderen Blickwinkel nähern können.

Betreten wir die Welt des miesen Chefs oder genauer gesagt: des Tyrannen. Der Tyrann versucht nicht, die Moral aufrechtzuerhalten, sondern sie zu zerquetschen. Der Tyrann will sich Respekt nicht verdienen, er fordert ihn einfach. Der Tyrann interessiert sich für Macht und ihren Missbrauch, nicht für ihren Nutzen. Die Welt des Tyrannen ist blutrünstig, beängstigend, faszinierend und manchmal (wenn ich das so sagen darf) lustig. Sie werden Führung aus einer völlig neuen Perspektive erleben: Statt zu lernen, was Sie tun sollen, werden Sie lernen, was Sie unbedingt vermeiden sollen. Der Despot vereint alle schlechten Eigenschaften in sich. Tun Sie einfach *nicht*, was der Alleinherrscher täte, und Sie haben schon den ersten richtigen Schritt geschafft.

Es gibt noch eine weitere Möglichkeit, aus diesem Buch etwas über Führung zu lernen (ich winke hier mit dem Zaunpfahl – lesen Sie die Stelle mehrmals, oder die Pointe entgeht Ihnen): Versuchen Sie umzudrehen, was der Tyrann täte. Dem Tyrannen ist es gestattet, ja, er ist dazu angehalten, von allen vorstellbaren Aktionen die schlechteste zu wählen.

Frage: Was ist das absolute Gegenteil des Allerschlimmsten, was man tun könnte? Richtig – vielleicht liefert Ihnen das wichtige Einsichten hinsichtlich der besten Handlungsalternative.

Also, hier ist das Rezept, um aus diesem Buch zu lernen:

1. Geraten Sie in Situation XY (Sie wissen schon, die, bei der all diese Chefs mich fragen, was sie tun sollen, sobald sie eintritt), und zwar mit so wenig Vorbedacht und Planung, wie Sie wollen.
2. Fragen Sie sich, was der Tyrann tun würde.
3. Tun Sie genau das Gegenteil.
4. Entspannen Sie sich, trinken Sie einen Kaffee.

Waten Sie in die Scheiße rein, denken Sie tyrannisch, drehen Sie's um, Kaffee. Ihr Leben als Chef wird sich demnächst ziemlich verbessern.

Ich habe die letzten zehn Jahre mit Chefs in Japan, China, Singapur, Indien, Saudi-Arabien, den Vereinigten Arabischen Emiraten, Südafrika, der Schweiz, Frankreich, Mexiko, den USA und Kanada gearbeitet, um nur einige zu nennen. Die Teilnehmer der Programme, die ich leite, kommen aus 40 Ländern. Ich habe viele

Flugmeilen angesammelt und gelernt, unter den aussichtslosesten Umständen zu schlafen, und ich habe die Wahrheit eines Satzes erfahren (Heraufdämmern der zweiten GROSSEN Offenbarung – aufgewacht!): Die Übernahme einer Führungsposition verlangt Ihnen Veränderung ab. Eine Chefposition und das eigene Leben sind untrennbar miteinander verbunden.

Und mit Veränderung meine ich nicht, dass Sie früher ins Büro kommen und später gehen sollen. Ich meine damit auch nicht, dass Sie während der Bonusrunde bierernst werden sollen. Ich rede nicht davon, dass Sie bei Teambesprechungen mehr reden sollen. Ich spreche von echter *Veränderung*. Ich meine eine Veränderung Ihrer selbst. Jetzt, da ich dies schreibe, sind es noch zwei Monate bis zur Geburt meiner Tochter, momentan eine wild herumwackelnde Beule, die, der Intensität ihres Boxens zufolge, dabei ist, sich auf eine Karriere im Cage-Fight vorzubereiten. Gutes Mädchen. Ich weiß es ja noch nicht genau, aber ich vermute, dass die Ankunft des ersten Kindes ähnliche Veränderungen mit sich bringt wie die Übernahme der Verantwortung, die mit einem Führungsposten einhergeht. Der Unterschied besteht natürlich darin, dass die Geburt des ersten Kindes etwas plötzlicher und definitiver geschieht. Eines Tages ist es einfach da und Sie lernen, damit umzugehen, und es ist unglaublich schwierig. Ein Chefposten dagegen schleicht sich an Sie heran …

Während sich die Führungsverantwortlichkeit langsam anschleicht, flüchtet die Führungsfähigkeit. Scheinbar hinken wir stets ein wenig hinter dem her, was die Verantwortung von uns verlangt. Wenn Sie das erste Baby bekommen, sagt Ihnen jeder: »Das wird dein Leben verändern!« Die Leute wiederholen es unermüdlich, vermutlich weil sie glauben, dass die schiere Menge der Wiederholungen Ihnen irgendwie helfen wird, sich auf die Sache vorzubereiten. Aber niemand setzt sich mit Ihnen hin und sagt Ihnen das Gleiche, wenn Sie mit 23 Ihre erste Rolle als Teamleiter oder Schichtkoordinator bekommen. Da gibt es keine weise Greisin, die mit einem Glitzern in den Augen zu Ihnen herüberschlurft und Ihnen unaufrichtige Allgemeinplätze ins Ohr flüstert. Niemand legt eine väterliche Hand auf Ihre Schulter, um Sie durch die kommenden Ungewissheiten zu lenken, und niemand gibt Ihnen den kleinsten Hinweis oder eine Warnung hinsichtlich der Bedeutung des Weges, den Sie betreten.

Lassen Sie mich die Sache erklären. Wenn Sie sich den Mantel des Anführers umlegen, übernehmen Sie damit die Verantwortung für einige der wichtigsten Dinge auf dieser Erde: das Wohl, das Glück, die Motivation und die Moral Ihrer Mitmenschen. Menschen brauchen mehr als nur Wasser, Luft, Nahrung und Schutz, um zu leben. Was wir in unserem Leben brauchen, ist Sinn. Wir können mit so ziemlich allem klarkommen, wenn wir erkennen, dass es Sinn und Zweck hat. Der eine Blickwinkel, aus dem man den Menschen betrachten kann, ist die Perspektive, dass es sich bei Menschen im Wesentlichen um gierige und egoistische Wesen handelt, deren Motivation, etwas zu tun, in der Erwartung einer Belohnung besteht. Ich glaube, dass Anführer dazu da sind, uns zu etwas tausendmal Größerem als dieser eher deprimierenden Sichtweise der Menschheit zu erheben. Wenn Sie andere leiten, dann sind Sie dazu da, sich auf den größeren Preis zu konzentrieren, darauf zu achten, wie viel mehr wir erreichen können, unseren Horizont zu erweitern etc. Wenn Sie dieser Verantwortung nicht gerecht werden, reduziert uns das auf wenig mehr als selbstzentrierte, geplagte, ängstliche und unsichere Tiere.

Wir verbringen während unseres Lebens viel Zeit in der Arbeit. Sie in Ihrer Rolle als Chef sind alles, was zwischen folgenden zwei Positionen steht:

Position 1: Arbeit ist im Wesentlichen eine langweilige, an den Kräften zehrende Angelegenheit, etwas, das ich ertrage, um aus der Gesellschaft genug Geld für mich selbst und meine Familie herauszumelken.

Position 2: Arbeit ist eine intrinsisch bereichernde, erfüllende Sache, an die ich mich gerne mache, um so zu etwas beizutragen, an das ich glaube.

Alle Forschungen ergeben, dass die Leute sich Organisationen anschließen, aber Managern den Rücken kehren. Sie sind die Person, an der es hängt, ob die Leute, deren Vorgesetzter Sie sind, sich Position 1 oder Position 2 zu eigen machen. Ertragenes oder erfülltes Leben? Abgesehen von der Aufgabe, neues Leben in diese Welt zu bringen, gibt es wahrscheinlich keine wichtigere Verantwortung auf diesem Planeten. Sie sind es, der dem Leben Sinn gibt. Sie sind Sinn-Schöpfer. Eine ziemlich ernste Sache.

Und weil es so eine ernste Sache ist, müssen Sie sich ändern. Nicht nur ein wenig. Sondern ziemlich stark. Niemand wird Ihnen erklären, dass mit der monetären Entlohnung ein bedeutsamer Zuwachs an Erwartungen einhergeht. Für manchen fühlt sich das natürlich und einfach an. Für andere ist dieser Weg ein Kampf, den sie bis zu dem Tag, an dem sie in den Ruhestand treten, nicht gänzlich meistern; diese Leute verlassen das Büro dann immer noch mit einem leicht verwirrten Gesichtsausdruck und dem Bedürfnis, sich am Kopf zu kratzen. Denn statt sich darüber Sorgen zu machen, was Sie tun sollten, betreten Sie nun eine Welt, wo Sie sich darüber Sorgen machen müssen, was andere tun und warum sie es überhaupt tun. Sie machen sich auf in eine Welt, in der Sie die Zukunft für Ihre Leute bestimmen müssen, bevor Sie auch nur wissen, wie diese aussehen könnte. Es wird Ihre Aufgabe sein, Ihre Leute dafür zu begeistern, diese Zukunft eintreten zu lassen, auch wenn Sie wissen, dass es vielleicht ganz anders kommt. Sie sind dabei, sich in eine Welt der Paradoxien aufzumachen. Sie werden jedermann zu Innovation anspornen und zugleich in Ihrem Verhalten Beharrlichkeit an den Tag legen. Sie werden Wege finden müssen, Geld zu sparen und gleichzeitig die besten Produkte herzustellen. Sie werden Ihrem Team ein Identitätsgefühl geben und gleichzeitig verhindern müssen, dass es ohne Bezug zu anderen Teams arbeitet. Kurz: Sie werden zum Seiltänzer. Schlimmstenfalls ist es ein langer Weg nach unten – vielleicht gibt es ein Sicherheitsnetz, vielleicht auch nicht. Bestenfalls ist es unheimlich und Sie glauben, stets in die eine oder die andere Richtung das Gleichgewicht zu verlieren. Dennoch kann einem all das einen herrlichen Kick geben ...

Zu einem guten Chef werden Sie nicht einfach, indem Sie aufs Gas steigen und ansonsten nichts verändern. Sie müssen sich darauf einstellen, sich selbst auf fundamentalster Ebene unter die Lupe zu nehmen, sich zu fragen, wozu Sie hier sind und wie Sie auf unserem schönen Planeten mit Ihren Mitmenschen interagieren.

Dieses Buch ist bewusst leicht gehalten. Es soll Sie zum Nachdenken anregen, statt Ihnen eine Serie von Antworten zu liefern, die nur möglicherweise hilfreich sind – je nachdem, in welchen Umständen Sie sich gerade wiederfinden. Aber lassen Sie sich von dieser Leichtigkeit nicht dazu verführen, das Thema auf die leichte Schulter zu nehmen. Es gibt keine größere, heroischere und erhebendere Aufgabe als die, das Leben anderer auf sinnvolle Weise anzuleiten. Dieses kleine Buch wird Ihnen nicht einmal annähernd genug Hilfe liefern, um ein voll funktionsfähiger Chef zu werden. Sie werden den Rest Ihres Lebens dafür kämpfen. Dieses Buch ist nur auf eine einzige Aufgabe ausgelegt – Sie, nur ein wenig, zum Reflektieren darüber zu ermutigen, wie Sie Ihren Posten ausfüllen. Die großen Chefs verfügen meiner Ansicht nach über lediglich ein Charakteristikum, das sie von anderen unterscheidet. Sie sehen *das Führen selbst* als die große Herausforderung, das große Rätsel, das große Puzzle an. Der Absatz, der Merger, das Projekt: All diese sind nur Szenarien, an denen sie ihre Fertigkeiten erproben. Das ist ihnen klar. Und deshalb haben die guten Vorgesetzten die Fähigkeit gewonnen *innezuhalten*. Sie halten inne zwischen Reiz und Reaktion. Sie halten inne zwischen dem Eintreten einer Situation und dem, was sie daraufhin unternehmen. Das Innehalten erlaubt es ihnen nachzudenken und dann zu *entscheiden*, was sie tun. Sie reagieren nicht einfach wie die Person, als die sie geboren wurden, normalerweise reagieren würde. Sie halten den Kniesehnenreflex im Zaum und wägen mehrere Alternativen ab, überprüfen innerhalb eines Lidschlags, welche Reaktion in genau dieser Situation die beste ist ... sie ändern den Verlauf der Geschichte. Es läuft mir jedes Mal kalt den Rücken hinunter, wenn ich sehe, dass jemand so handelt, weil es wunderbar und aufgeklärt und intelligent ist.

Dieses Buch soll Ihnen helfen, mit diesem bedachten Innehalten anzufangen. Mit der Macht dieses Innehaltens ausgestattet, können Sie werden, was auch immer Sie werden wollen. Mit diesem Innehalten gehen Entscheidungsgewalt und Kontrolle einher. Sie werden nicht in der Lage sein, ständig das zu kontrollieren, was um Sie herum geschieht (wobei das bei einigen Dingen durchaus möglich ist), aber Sie werden Ihre Reaktion auf diese Dinge kontrollieren können. Mehr echte Kontrolle ist ohnehin nicht möglich. Wenn Sie dieses Buch lesen und nur einmal innehalten, um darüber nachzudenken, was der miese Chef tun würde, dann war dieses Buch sein Geld schon wert. Was also können Sie erwarten, wenn Sie das lesen? Vielleicht lässt sich die Sache am einfachsten mit einem Beispiel verdeutlichen.

In Kapitel 8 werden wir einen Blick auf den Motivationsansatz des Tyrannen werfen. Statt sich zu überlegen, wie er die Leute motivieren kann, versucht der Tyrann, Motivation als gefährlichen Vorläufer unabhängigen Denkens im Keim zu ersticken, da dieses seine Führungsposition bedrohen könnte. Also versucht der teuflische Chef, die unterschiedlichen Motivationsbedürfnisse seines Teams herauszubekommen (etwas, was auch Sie tun *sollten*), um zu erfahren, wie er es am besten demotivieren kann (etwas, was Sie *auf keinen Fall tun sollten*). Beispielsweise identifiziert der Schreckensherrscher diejenigen in seinem Team, die zielorientiert sind, und sorgt dafür, dass ihre Zielvorgaben vage und unklar sind. Er identifiziert jene mit einem starken Bedürfnis nach Eingebundensein und zwingt sie, alleine zu arbeiten. Ihre Aufgabe besteht nun darin, diese tyrannischen Lehrstücke zur Hand zu nehmen und sie auf den Kopf zu stellen. Für die zielorientierte Person müssen Sie Klarheit schaffen, und die mit dem starken Bedürfnis nach Teamarbeit müssen Sie involvieren. Am Ende des Buches finden Sie eine hilfreiche Zusammenfassung.

Dies ist ein »Anti-Führungsbuch«. Es fragt »Wie böse können Sie sein?« statt: »Was sollten Sie tun?«. Hoffentlich macht es Ihnen ein bisschen Spaß, einen Blick auf die dunkle Seite des Chefseins zu werfen, und vielleicht lernen Sie beim Lesen auch einiges über die gute Seite. Dieses Buch ist bescheuert. Aber denken Sie nicht einen Augenblick, ich würde Sie für bescheuert halten. Also, haben Sie Spaß damit. Und, ähem, nehmen Sie's nicht allzu ernst …

Sei es zum Guten oder zum Bösen: Es geht bei Herrschaft nicht um das, was Sie tun können. Es geht um den, der Sie werden können.

WILLKOMMEN
AN BORD

Zu Beginn jedes Kapitels werden wir Bilanz ziehen und über die Kapitel der vorangegangenen Teile reflektieren. Wir werden dieses Innehalten nutzen, um uns für einen Augenblick von der dreckigen, gemeinen Welt des Tyrannen zu lösen und über die Lektionen, Gedanken und Ideen nachzusinnen, die wir aus den paar vorigen Kapiteln mitnehmen können.

Ich denke, Lernen lässt sich am besten bewerkstelligen, wenn Sie lachen können und Ihren Geist für die Möglichkeit geöffnet haben, die neue Ideen mit sich bringen. Aus diesem Grund wird die Stimme des Tyrannen den Großteil dieses Buches über vorherrschend sein. Das ist meine nicht-ernste Stimme. Sie soll allerdings nicht belehren, sondern Spaß machen. Die Einleitungen zu den Kapiteln sind aus der Perspektive meines wahren Selbst geschrieben, das Sie nicht dazu anhält, Ihre Leute in depressive und gestresste Handlanger zu verwandeln. Diese Abschnitte geben Ihnen den Hinweis innezuhalten und einen Moment über das nachzudenken, was Sie gelesen haben und was es für Sie bedeuten könnte.

Also, wenn Sie bereit sind, dann packen wir es an. Bitte legen Sie die Sicherheitsgurte ab und versuchen Sie, so viele scharfe Objekte wie nur möglich bei sich zu führen. Stellen Sie vor Abflug sicher, dass Ihr Klapptisch aus den Angeln gerissen ist und durch das Abteil geworfen wurde. Lassen Sie Ihr Handy eingeschaltet, und wenn Ihnen die Stewardess auf die Nerven geht, treten Sie ihr einfach gegen das Schienbein …

Kapitel 1

Über die Rückkehr zur Gewaltherrschaft

1569 bekam der russische Zar Wind von einer Verschwörung gegen seine Person, die im kalten Nordwesten seines Reiches ihren Ausgang nahm, und zwar in Nowgorod, der zweitbedeutsamsten Stadt Russlands. Die Historiker sind sich bezüglich der genauen Natur dieser Verschwörung uneins (die einen sagen, man habe sich verschworen, um den Zaren durch seinen Verwandten Prinz Wladimir Staritskii zu ersetzen, die anderen behaupten, die Bewohner Nowgorods hätten geplant, die Stadttore den Polen zu öffnen), aber es steht fest, dass der Zar mit Bestimmtheit durchgriff. In ihrer Standardstudie zu dem Vorfall* liefern Andrej Pawlow und Maureen Perrie eine überaus leidenschaftslose Darstellung der Geschehnisse. Als Akademiker waren sie selbstverständlich bemüht, die Maßnahmen des Zaren zur Zerschlagung dieser Verschwörung emotionslos und rational darzustellen.

»Die Prozesse begannen am Montag, den 9. Januar (1570), im Lager des Zaren bei Gorodisce. Die Untersuchung beinhaltete entsetzliche Foltermethoden, mit denen die Opritschnina-Richter den Angeklagten die benötigten Geständnisse abpressten. Die Opfer wurden mit einer Mixtur entzündlicher Substanzen in Brand gesetzt, an Schlitten gebunden und zum Wolchow gefahren, wo man sie lebendig unter das Eis stieß. Nicht nur erwachsene Männer wurden auf diese Art zu Tode gebracht, sondern auch ihre Frauen und Kinder.«

Willkommen in der Welt von Iwan dem Schrecklichen. Es spielt keine Rolle, wie abgebrüht und rational Sie sich geben wollen; wenn es um Iwan geht, sind moderne Standards kein Maßstab. Ich meine,

---

* *Ivan the Terrible: Profiles in Power, Longman 2003.*

können Sie sich vorstellen, wie vielen Arbeitsgerichtsprozessen sich der Mann heutzutage dafür gegenübersähe, dass er die Kinder seiner Angestellten in einem zugefrorenen Fluss ertränken ließ?

Er wurde nicht umsonst »der Schreckliche« genannt. Wobei die genaue Bezeichnung eigentlich Iwan Groznyj lautete, was sich treffender mit »der Furchteinflößende« oder einfach nur mit »Furcht« übersetzen lässt. Das Wort »schrecklich« hat im Deutschen zwei Verwendungsweisen. Üblicherweise ist es etwas, worin Sie nicht gut sind; in meinem Fall wäre ich zum Beispiel ein schrecklicher Tennisspieler und Projektplaner. Alternativ kann »schrecklich« im Sinne einer schrecklichen Bestrafung oder eines Effekts verwendet werden, zum Beispiel als der Effekt, jemanden zu *erschrecken*. Iwan fällt sicherlich in letztere Kategorie: Er ließ eine Welle des Todes über den Bewohnern Nowgorods zusammenschlagen, und zwar nicht, weil sie irgendetwas Falsches getan hätten, sondern weil Iwan sich sicher war, sie würden »etwas im Schilde führen«. Das Wesen und Ausmaß der von ihm ausgeübten Unterdrückung sind verblüffend! Doch wie sollen wir Iwans Taten heutzutage interpretieren? Wahnsinnig? Harsch? Sadistisch? Vielleicht alles zusammen, aber was viel wichtiger ist: Sie waren von phänomenaler Effektivität.

Ein Beispiel: Iwans Regentschaft währte im 16. Jahrhundert 47 Jahre lang, und zwar von 1533 bis 1584. In dieser Zeit wuchs Russland jeden Tag um durchschnittlich 130 Quadratkilometer. Es ist mir egal, ob Sie drei Jahre ohne Unterbrechung der Topverkäufer Ihrer Firma waren, welche Preise Sie gewonnen haben, welche Auszeichnungen man Ihnen verliehen hat, das können Sie alles in die Tonne drücken und sich eine neue Definition von »effektiv« zulegen: Ihr Land 47 Jahre lang um 130 Quadratkilometer pro Tag zu erweitern, bedeutet, dass Sie irgendwas verdammt richtig machen müssen.

So also sieht unsere Definition für »schrecklich« aus. Iwan war ein Musterbeispiel für Effektivität und Effizienz. Er wusste, wie man kontrolliert, beeinflusst, motiviert und scheinbar unmögliche Ergebnisse erzielt. Er war weder ein Typ zum Kuscheln noch wischiwaschi noch unentschieden. Ganz im Gegenteil: Er war entschieden und hart. In diesem Buch wollen wir herausfinden, wie man ein schrecklicher Chef werden kann, und dafür brauchen wir ein schreckliches Vorbild. Also ändern Sie Ihr Verständnis von »schrecklich«: »Schrecklich« ist ein erstrebenswertes Epitheton, ein Ehrenabzeichen und etwas, das nur wenigen Führungsgrößen vorbehalten ist.

Durch dieses eine Beispiel, das sich aus dem Nowgorod von vor 500 Jahren bis in unsere Zeit erstreckt, können wir viel von Iwan lernen. Haben Sie Ihre Leute manchmal im Verdacht, dass sie hinter Ihrem Rücken über Sie reden? Natürlich haben Sie das. Aber was haben Sie deswegen unternommen? Haben Sie …

▶ nach der Arbeit alle auf einen Drink eingeladen und gehofft, Sie könnten Freunde werden?

▶ versucht, es zu ignorieren, und sich eingeredet, es habe keine Bedeutung?

▶ sich an ein oder zwei Leute, denen Sie vertrauen, herangewanzt und versucht, herauszufinden, was vor sich geht?

Wenn Sie etwas davon getan haben, dann Schande über Sie! Iwan hätte die Hälfte von denen umgebracht und den Rest in ein solches Überstundenregiment eingespannt, dass ihnen die Augen davon geblutet hätten. Und hätte er seinen Verdacht mit ein wenig cleverer Detektivarbeit erhärtet? Natürlich nicht! Sie sind der Boss, Sie haben diesen Posten aufgrund Ihrer überlegenen intuitiven Fähigkeiten. Also bedienen Sie sich dieser Fähigkeiten! Folgen Sie Ihren Ahnungen.

Machen Sie sich außerdem klar, dass Iwan, während er sich von seinem Verdacht leiten ließ, gleichzeitig sorgfältig darauf bedacht war, die notwendigen »Beweise« sicherzustellen, die er brauchte, um seine Handlungen zu rechtfertigen. Nun, man könnte argumentieren, dass jemand, der mit den unterschiedlichsten brennbaren Substanzen eingeschmiert und angezündet wurde, nicht die verlässlichste Quelle darstellt.

Ich denke, wir alle würden mit Freuden alles erzählen, was nötig ist, um an den nächsten Kübel mit Wasser zu kommen. Aber darum geht es nicht. Die Geschichte wird von den Siegern geschrieben, und Iwan sorgte dafür, dass nur die richtigen Sachen Eingang in die Geschichtsbücher fanden. Schneiden Sie sich eine Scheibe von dieser Einstellung ab.

Wenn Sie es mit einem Mitarbeiter zu tun haben, der ständig zu spät kommt, und Sie ihn loswerden wollen, führen Sie dann sorgfältig Buch über seine wiederholten Verspätungen? Würde Iwan das tun? Natürlich nicht, er würde einfach etwas fabrizieren, durch das es so aussähe, als sei der Typ noch nicht einmal überhaupt erst zur Arbeit aufgetaucht, und das wäre das Ende vom Lied.

Zu guter Letzt sorgte Iwan dafür, dass die Sache hängen blieb. Er bestrafte nicht nur die, die er für die Rädelsführer hielt, sondern auch all jene, die jemals etwas mit ihnen zu tun gehabt hatten. Wenn Sie einen Unzufriedenen in Ihrem Team haben, schmeißen Sie ihn dann raus? Ja, natürlich, und wenn Sie ihn im Verlauf auch noch professionell diskreditieren, dann können Sie sich ein paar Bonuspunkte gutschreiben, aber, was auch immer Sie tun, lassen Sie es nicht dabei bewenden. Sehen Sie sich die Leute im Umfeld des Unzufriedenen an.

Hat einer von ihnen ihm ein verständnisvolles Ohr geliehen? Wenn dem so ist, dann könnte auch diese Person kontaminiert sein, also werden Sie die auch los. Nun weiten wir den Blick noch ein bisschen. Jetzt halten Sie Ausschau nach den Frauen und Kindern, den Unschuldigen. Werden Sie ein paar von denen los, nur um die Sache klarzumachen. Zeigen Sie, dass es nicht nur gefährlich ist, Intrigen gegen Sie zu spinnen, sondern lassen Sie es gefährlich erscheinen, dass es überhaupt eine Intrige gibt, sodass alles Intrigieren und alle Intriganten vom Team selbst zerquetscht werden. »Es ist sicherer, gefürchtet als geliebt zu werden.« Iwan erinnert uns daran, dass wir, wenn wir ausziehen, um gefürchtet zu werden, dafür sorgen müssen, dass wir's ordentlich machen!

Iwan hat viel erreicht. Er half beim Aufbau einer erst jüngst verstorbenen Supermacht, war einer der Vorväter einer der größten

Nationen dieser Erde, erweiterte ein Imperium und brachte einem zuvor zersplitterten Reich Einheit. Sein Stil als Führer unterschied sich völlig von dem des bestehenden Adels, der durch Geld, Erbrecht und Korruption regierte. Iwan regierte durch die eiserne Kraft seines Willens, seine Entschlossen- und Verschlagenheit. Er war bereit, weiter zu gehen und mehr zu tun als seine Feinde. Er hatte den Mut zu führen. In unserer modernen Welt brauchen wir wieder schreckliche Anführer. Wir sind in die Apathie der »weichen« Führung verfallen, gehätschelt von warmen Worten und Ermunterungen, die uns glauben machen, ein guter Mensch müsse notwendigerweise auch einen guten Boss abgeben.

Nun, ich fürchte, Iwan hätte dazu einiges zu sagen. Gute, aber weichherzige Menschen werden von den Schrecklichen bei lebendigem Leibe gefressen und wieder ausgespuckt. Die Pointe all dieser Lektionen, mit der Iwan übereinstimmen würde, ist die, dass Authentizität wichtig ist. Heute sagt man uns, es sei wichtig, eine authentische Führungskraft abzugeben, bis ins Mark ein guter Chef zu sein. Man lehrt uns, dass sich unsere Glaubenssätze in unseren Handlungen niederschlagen und dass die Führerfigur, die wir am Arbeitsplatz abgeben, sich in Harmonie mit der Person, die wir zu Hause sind, befinden muss. Nun, ganz in diesem Sinne war Iwan schrecklich bis ins Mark. Er war keiner, der in der Arbeit gnadenlos Blutbäder anrichtete, um dann nach Hause zu kommen und mit seinen Kindern heile Welt zu spielen. Weit gefehlt; bei einem Streit mit seiner hochschwangeren Tochter verprügelte er sie so, dass sie eine Fehlgeburt erlitt. Sein Sohn war der Meinung, das Verhalten seines Vaters sei inakzeptabel, und konfrontierte ihn. Rückblickend lässt sich sagen, dass das ein Fehler war. Iwan zog seinem Sohn seinen Spazierstock über den Schädel und erschlug ihn.

Doch noch ein paar Worte zu diesem Ansatz der »weichen Führung«. Hütet euch vor den Weicheiern und ihren Lehren. Wir werden »Weichei« als Gegenbegriff zu »Tyrann« verwenden. Weichei-Chefs meinen es gut, sind ernst, ineffektiv, langsam, sorgengeplagt und *mögen* ihre Mitarbeiter zu allem Überfluss wahrscheinlich auch noch. Sie werden Ihnen erzählen, dass Sie, um jemanden zu motivieren, erst dessen innere Mechanismen verstehen müssen. So weit würde Iwan noch zustimmen.

Doch er würde argumentieren, dass, wenn Sie jemandem anbieten, ihm seine inneren Mechanismen zu zeigen, indem Sie ihm beispielsweise den Unterleib aufschlitzen, diese Person wahrscheinlich höchst motiviert wäre, alles zu tun, was Sie sagen. Die Weicheier werden Ihnen empfehlen, Fehler als »Gelegenheiten zum Lernen« aufzufassen. Iwan würde das wiederum nur ein klein wenig modifizieren und sagen, Fehler seien eine großartige »Gelegenheit, jemandem eine Lektion zu erteilen«. Zwischen dem Ansatz der Weicheier und der Schrecklichen bestehen einige subtile Differenzen, und ich hoffe, dass Sie im Verlauf dieses Buches lernen, diese zu bemerken. Doch für den Moment lassen Sie uns unseren Feind durch einen kurzen Blick in das Handbuch über Weichei-Chefs kennenlernen. Die Weichei-Chefs

- legen den Kopf schief, wenn Sie ihnen zuhören, und setzen ein bedachtes Gesicht auf,
- nicken bestätigend, wenn Sie reden (so versuchen sie, Ihnen zu zeigen, dass sie zuhören und dass Ihre Worte ihnen wichtig sind),
- stellen kindische, talkshowhafte Fragen wie »Wie geht es dir damit?«,
- fühlen sich durch grobe Witze und Fluchen schnell beleidigt,
- bezeichnen physische Gewalt als »inakzeptabel«,
- reden Mitarbeiter mit Vornamen an, möglicherweise sogar mit Spitznamen,
- haben ein Bild ihrer Familie im Büro,
- sind schnell mit Lob bei der Hand, selbst wenn nichts Besonderes erreicht worden ist, und
- reden gern über Urlaub.

Wenn die Person, der Sie gegenübersitzen, auch nur einige dieser Charakteristika an den Tag legt, haben Sie es höchstwahrscheinlich mit einem Weichei-Chef zu tun. Diese armen, fehlgeleiteten Seelen haben Führung unglücklicherweise als Beliebtheitswettbewerb fehlinterpretiert. Es liegt ihnen wirklich am Herzen, dass ihre Mitarbeiter sie mögen. Ich weiß! Es ist verrückt, aber versuchen Sie gar nicht erst, ihnen den Kopf zurechtzusetzen, denken Sie daran, dass es nicht Ihre Aufgabe ist, andere auf ihre Schwächen hinzuweisen. Ihre Aufgabe ist es, diese Schwächen zu identifizieren und herauszufinden, wie Sie sie ausnutzen können. Wenn Sie beispielsweise ein paar wirklich nutzlose Leute loswerden wollen und sie sie aus Gründen, die nur die Personalabteilung kennt, nicht feuern können, dann geben Weichei-Chefs herrliche Kandidaten ab, bei denen Sie diese Nichtsnutze abladen können. Natürlich sagen Sie den Weicheiern nicht, dass es sich um Idioten handelt, Sie sagen ihnen, es sei ein Entwicklungsprojekt. Nein, versuchen Sie nicht, den Weicheiern den rechten Weg zu zeigen, die bringen es ohnehin nie zum CEO. Und ein weiteres Weichei, das sich zum Tyrannentum bekehrt, ist nur ein Konkurrent mehr auf Ihrem Weg.

Wenn Sie in den Künsten der Schrecklichkeit nicht schon äußerst bewandert sind, dann ist zu erwarten, dass Sie hin und wieder vor den Ratschlägen dieses Buchs erschaudern. Machen Sie sich keine Sorgen. Das ist nur das Weichei in Ihnen, das sich Gehör zu verschaffen sucht. In uns allen schlummert ein Weichei. Es liegt direkt hinter dem Knie. Wenn Sie das nicht glauben, dann schleichen Sie sich doch mal an jemanden an und geben Sie ihm einen Stoß hinter die Knie. Das Opfer wird einknicken und rückwärts umfallen, ganz so wie ein Weichei-Chef, wenn man eine Gehaltserhöhung oder einen Aufschub bei Projekt-Deadlines von ihm fordert. Wenn Sie nach der Lektüre dieses Buches feststellen, dass Sie sich noch immer wie ein Weichei verhalten, dann sollten Sie über eine Weichei-Entfernungs-OP nachdenken.

Umgekehrt haben wir alle auch ein inneres Reservoir an Tyrannentum; es liegt in der Nähe der Milz, die wiederum, wie wir alle wissen, in der Nähe des Herzens liegt. Oder des Magens. Aber bestimmt nicht in unseren Beinen. Das Ziel des Despoten besteht darin, sein inneres Schrecklichkeitsreservoir aufzustocken und das Weichei in sich zum Verschwinden zu bringen. Das braucht Zeit und harte Arbeit (siehe Kapitel 5 »Jeden Tag ein bisschen tyrannischer«), doch letzten Endes zahlt es sich auf finanzieller wie auf geistiger Ebene aus. Denken Sie nur, wie viel Geld Sie verdienen UND wie viele Menschen Sie gebrochen haben werden!

Also: Immer wenn Ihr inneres Weichei zu schreien beginnt – SCHLAGEN SIE ES NIEDER! Sie wissen, dass Führerschaft kein Beliebtheitswettbewerb ist. Logischerweise muss es sich dabei also um einen *Unbeliebtheitswettbewerb* handeln. Was wären Sie lieber: Ein kriecherischer, übersensibler, triefäugiger, weinerlicher, verschwitzter Weichei-Chef oder ein sauber zurechtgestutzter, robuster, entschiedener, ehrfürchtig behandelter, gut gekleideter, schlanker und attraktiver Tyrann? Die Antwort auf diese Frage kennen Sie bereits, Sie wurden geboren, um zu leiten, geboren, um mit Schrecken zu führen.

Die Leute werden Ihren Namen hören und mit den Knien zittern (das ist ihr inneres Weichei, das schon vor dem Gedanken an die Konfrontation mit einem *echten* Anführer bebt). Sie werden ihre Schreibtische oder selbst ganze Gebäude aufräumen, wenn sie nur daran denken, Sie könnten eine Stippvisite machen. Gescheiterte Projektleiter werden lieber Selbstmord begehen, als sich Ihrem Zorn zu stellen. Wenn Sie wollen, dass sich der Puls Ihrer Mitarbeiter beschleunigt, müssen Sie lediglich eine Augenbraue heben. Eine halbe Geste mit der Hand Ihrerseits wird den Sekretärinnen hysterische Anfälle zusätzlicher Kopierarbeiten bescheren. Leute, die Ihnen übergeordnet sind, werden Krümel von den Stühlen herunterkehren, auf denen Sie sitzen werden. Und der Stuhl, auf dem Sie gesessen sind, wird noch lange, nachdem Sie den Raum verlassen haben, mit erhöhter Ehrfurcht und Sorgfalt behandelt.

So sieht Präsenz aus. Das ist Macht. Das ist Schrecklichkeit.

Na los, probieren Sie's aus, wie einen Mantel. Stellen Sie sich vor einen Spiegel und sagen Sie: »Erheb dich, [Namen einfügen], der

Schreckliche.« Wie fühlt sich das an? Lassen Sie sich von dem Wort und allem, was damit einhergeht, überspülen, und reinigen Sie sich so von Ihrem inneren Weichei. (Wenn Sie die Dinge gern wörtlich nehmen und mit der nötigen Vorstellungskraft zu kämpfen haben, versuchen Sie es mit einem Bad im frischen Blut von Kitzen oder Welpen – das hat einen ähnlichen Effekt und wird die Person, die sich um Ihre Kleidung kümmert, ein wenig zum Nachdenken bringen.)

Ich kenne Sie. Ich kann in Sie hineinsehen und ich weiß, dass Sie nach Macht, Einfluss und Kontrolle gieren. Man hat Sie niemals darin bestärkt, das zu kultivieren, sodass diese Sehnsucht flackert wie eine Kerzenflamme in stürmischer Nacht. Manchmal träumen Sie davon, wie es wäre, die absolute Macht über das Leben anderer zu haben, andere voranzubringen oder sie zu Boden zu werfen, die größten Belohnungen und größten Strafen aus reiner Laune heraus zu verteilen. Lassen Sie diese Flamme nie im Wind des modernen Weicheitums erlöschen, sondern nähren Sie sie von heute an, füttern Sie sie, stärken Sie sie und sehen Sie zu, wie sie erst zu einer stetigen Flamme und mit der Zeit zu einem heißen Feuer heranwächst, das über Ihr Team hinausreichen wird, ja sogar über Ihre Abteilung und Ihre ganze Organisation.

Breiten Sie Ihre schrecklichen Flügel aus und fühlen Sie Ihre Kraft – es ist an der Zeit, flügge zu werden und sich in die Lüfte zu erheben. Und wenn sich Ihr Schatten über das Land unter Ihnen legt, werden die Menschen in ihre Häuser fliehen, die Tiere werden winseln und sich hinkauern, der Wind wird nicht länger durch die Blätter rascheln und alles wird still werden. Sie haben die Position, Sie haben die Macht – ergreifen Sie sie.

Auftritt: Der Tyrann.

Kapitel 1 – Lektionen in Tyrannei

▶ Es ist sicherer, gefürchtet als geliebt zu werden.

▶ Wenn Sie Leute bestrafen, dann achten Sie darauf, noch jemanden Zusätzlichen zu bestrafen – am besten Unschuldige, um Ihrem Anliegen Nachdruck zu verleihen.

▶ Führung ist kein Beliebtheitswettbewerb, also muss es ein *Unbeliebtheitswettbewerb* sein.

▶ Hüten Sie sich vor Weicheitum und Weichei-Chefs – aber versuchen Sie *auf keinen Fall*, diese auf den rechten Weg zu bringen.

Natürlich hat niemand Lust, ein schrecklicher Anführer im üblichen Wortverständnis zu sein, so wie ich kein schlechter Tennisspieler sein will. Wir müssen unser Verständnis von »schrecklich« umpolen. Wir sollten uns nach diesem Titel sehnen, ihn begehren, danach gieren. Wir wollen DER SCHRECKLICHE CHEF werden.

Argumente für die Tyrannei

Im letzten Kapitel haben wir uns den Begriff »Tyrannei« zurückerobert. Tyrannei ist also etwas, zu dem wir emporstreben können, etwas Beeindruckendes, etwas, an dem wir Anteil haben wollen. Emotional macht das alles Sinn. Doch der Tyrann lässt sich seine kalte, harte Logik nicht von Emotionen verhüllen. Wir müssen uns die Frage stellen: Macht es im 21. Jahrhundert Sinn, zum Tyrannen zu werden? Nur weil es bei Iwan in den 1560er-Jahren funktioniert hat, bedeutet das noch lange nicht, dass es sich ohne Weiteres übertragen lässt. Die Geschichte zeigt, dass es zwei entscheidende Bedingungen gibt, die erfüllt sein müssen, bevor Tyrannei wirklich sinnvoll ist. Sehen wir sie uns an:

1. Unsicherheit

Diktatur nährt sich von Unsicherheit. Wenn ein hoher Grad von Unsicherheit herrscht, gibt es fast nichts, mit dem Sie als Chef nicht durchkommen können. Das liegt daran, dass sich die Leute höchst unwohl fühlen, wenn sie sich Veränderungen gegenübersehen. Sofort fürchten sie das Schlimmste und gehen davon aus, dass sie etwas verlieren werden, das ihnen wichtig ist. Die Befürchtung eines potenziellen Verlusts ist schlimmer als der Verlust selbst; denken Sie nur an das Gefühl, bevor Sie ein Pflaster abreißen wollen oder an die paar Augenblicke auf einem hohen Sprungbrett, kurz vor dem Absprung. Ein Chef, der den Wandel oder auch den Verlust beschleunigen kann, wird fast immer als gut betrachtet. Tyrannen können daraus zwei nützliche Lektionen ziehen. Erstens: Je unsicherer die Situation, desto größer die Freizügigkeit, mit der Sie Ihr Tyrannentum ausüben können. Fast alles, was den Leuten auch nur einen Hauch Sicherheit gibt, können

Sie gar nicht genug bekämpfen. Zweitens ist daher hilfreich, einen Zustand der Unsicherheit und Veränderung aufrechtzuerhalten. Lassen Sie nicht zu, dass die Leute sich komfortabel einrichten oder an etwas gewöhnen. Eine Person, die sich einmal eingerichtet hat, ist viel schwerer zu terrorisieren als ein Nomade. Wenn wir uns umsehen, erleben wir ein atemberaubendes Ausmaß politischer, ökonomischer, sozialer und ökologischer Unsicherheit. Despoten gedeihen unter diesen Bedingungen und sollten daran denken, das Ihre zur Aufrechterhaltung dieser Bedingungen für die zukünftigen Generationen von Tyrannen beizutragen. An alle da draußen, die für Unsicherheit sorgen: Wir ziehen den Hut vor euch, und nebenbei: Gute Arbeit, es ist zurzeit wirklich herrlich unsicher.

Je unsicherer die Situation, desto größer die Freizügigkeit, mit der Sie Ihre Tyrannei ausüben können.

Winston Churchill, der britische Premierminister während des Zweiten Weltkriegs, liefert ein hervorragendes Beispiel dafür ab, wie eine bedrohliche Situation voller Unsicherheit jeden zu erbarmungslosen Entscheidungen treiben kann. Die Nazis fegten 1939 so schnell über Europa, dass Frankreich schon gefallen war, bevor es sich wirklich zum Widerstand organisieren konnte, sodass Großbritannien sich einem unmittelbar bevorstehenden Sturm auf seine Inselfestung gegenübersah (das letzte Mal war dies im Jahr 1066 erfolgreich geschehen; wir haben es also mit einem für die Briten undenkbaren Zustand zu tun). Die Alliierten saßen ziemlich in der Klemme, doch Großbritannien unter Churchill hatte immer noch ein Ass im Ärmel, und zwar die britische Navy. Die war damals für sich genommen schon fast eine Supermacht und selbst zu diesem Zeitpunkt, als Großbritannien umzingelt war, waren es sicher nicht die Deutschen, die die Wellen regierten. Doch wie sah es mit der französischen Marine aus? Auch das war eine beträchtliche Macht, die sich jedoch technisch gesehen bereits in der Hand der Deutschen befand, und so lag sie infolge des Waffenstillstandsabkommens zwischen Deutschland und Frankreich eingemottet in den Häfen überall auf der Welt.

Theoretisch entzog dieses Abkommen die französische Flotte der Hand der Deutschen, und auch praktisch gesehen hatte Hitler nicht die Ressourcen, sie zu kommandieren, so zerstreut über die ganze Welt, wie sie war. Zudem hatte der französische Admiral Darlan Churchill persönlich zugesichert, dass er seine Flotte versenken würde, sollten die Deutschen versuchen, sie zu übernehmen. Der Großteil der französischen Flotte war über die Weltmeere verstreut, doch ein beträchtliches Geschwader lag vor Oran in Algerien vor Anker, darunter vier Schlachtschiffe und sechs Zerstörer.

Was hätten Sie getan, hätten Sie in Churchills Schuhen gesteckt? Folgendes hätte passieren können:

1. Die französische Flotte könnte sich britischem Kommando unterstellen;
2. Die französische Flotte könnte den Krieg über friedlich im Hafen bleiben;
3. Die französische Flotte könnte zu jedem Zeitpunkt von den Deutschen überrascht und gekapert werden;
4. Die Deutschen könnten versuchen, die französische Flotte zu übernehmen, und die Franzosen würden versuchen, ihre eigenen Schiffe zu versenken.

Die Situation war ungewiss. Die USA hatten sich immer noch nicht entschieden, ob sie sich in einen europäischen Krieg einmischen sollten, besonders, da Großbritannien kaum den Eindruck erweckte, noch viel ausrichten zu können. Die Deutschen erwarteten, dass die Briten schnell kapitulieren würden – die Lage war düster. Da erhob sich ein bis dato schlummernder Tyrann und Churchill handelte in diesem Fall ungewohnt rücksichtslos. Anfang Juli 1940 sandte er ein Ultimatum an die gesamte französische Flotte mit folgenden Optionen:

1. Lauft zusammen mit der britischen Navy aus und übergebt eure Schiffe britischem Kommando.

2. Steuert französische Häfen auf den westindischen Inseln außerhalb der Reichweite der Deutschen an.
3. Versenkt eure Schiffe innerhalb von sechs Stunden.
4. Wir übernehmen das Versenken für euch.

Die Franzosen konnten nicht glauben, dass die letzten beiden Optionen allen Ernstes von einem ihrer Verbündeten erzwungen werden sollten. Einige Kommandanten übergaben ohne viel Aufhebens zu machen ihre Schiffe. Manche leisteten mit einigen Verlusten den britischen Enterkommandos in Portsmouth Widerstand. In Oran wurde ein britisches Kriegsgeschwader zusammengestellt, das der dort vor Anker liegenden französischen Flotte das Ultimatum überbrachte. Die Franzosen weigerten sich, zu glauben, die Briten würden das Feuer eröffnen. Nach sechs Stunden schickten die Briten bei laufenden Verhandlungen von HMS Ark Royal eine verschlüsselte Botschaft an die Luftwaffe, an der Mündung des Hafens magnetische Minen abzuwerfen. Jetzt saßen die Franzosen in der Falle. Die britische Verhandlungsgesandtschaft machte sich auf ihren Barkassen davon, und sobald sie außer Reichweite waren, eröffnete HMS Hood, das größte Kriegsschiff unter den beiden Parteien, das Feuer. Wiederum glaubten die Franzosen, das sei lediglich ein Bluff, worin sie noch durch die Tatsache bestärkt wurden, dass keines der Geschosse sein Ziel fand. Die Franzosen hatten Anker geworfen, konnten nicht manövrieren oder ihrerseits eine Kanonade auf die Briten beginnen, die wegen der größeren Reichweite der eigenen Geschütze nicht zu treffen waren. Die Minen riegelten die Ausfahrt aus dem Hafen ab, sodass sich die Franzosen zurücklehnten und auf eine Wiederaufnahme der Verhandlungen warteten. Die HMS Hood nahm die französische Flotte weiterhin unter Feuer, wobei die dritte Salve schließlich ihr Ziel fand und die Bretagne traf, die explodierte. 977 Besetzungsmitglieder kamen ums Leben. Das Undenkbare setzte sich fort, denn als der Rauch sich verzogen hatte, hatten die

Da erhob sich ein bis dato schlummernder Tyrann und Churchill handelte ungewohnt rücksichtslos.

Franzosen drei Kriegsschiffe eingebüßt, drei Zerstörer (der Rest war durch die Minen entkommen) und mussten 1297 Tote und 350 Verwundete beklagen. Die Briten verloren sechs Mann und sechs Flieger.

Der britische Admiral Somerville sagte damals, es handle sich um »die größte politische Stümperei der modernen Zeit, die die gesamte Welt gegen uns aufbringen wird (...) wir alle sind zutiefst beschämt.« Somerville hätte keinem größeren Irrtum erliegen können, da dieses Ereignis den Amerikanern vor Augen führte, wie entschlossen Churchill war, die Nazis zu besiegen. Kurze Zeit später traten sie auf der Seite der Alliierten in den Krieg ein. Churchill legte bei dieser Aktion Ehrfurcht gebietende Despotie an den Tag. Er war rücksichtslos und hatte verstanden, dass ein Tyrann im Angesicht großer Unsicherheit selten hinterfragt, dafür umso öfter belohnt wird.

Interessanterweise versuchten die Deutschen über zwei Jahre später, im November 1942, die französische Flotte, die bei Toulon vor Anker lag, zu kapern. Wie versprochen versenkten die Franzosen ihre Flotte und bohrten alles von militärischer Bedeutung in den Grund, lange bevor die Deutschen etwas dagegen unternehmen konnten ...

Im Angesicht von Unsicherheit wird der Tyrann selten hinterfragt, doch umso öfter belohnt.

2. Konkurrenz

Die zweite Schlüsselbedingung für Gewaltherrschaft liegt in der Konkurrenz. In nicht konkurrenzgeprägten Situationen bleibt der Lohn der Tyrannei oft aus, wird sie doch als unnötige Übertriebenheit betrachtet. Wir haben erkannt, dass Tyrannei offensichtlich *immer* eine gute Sache ist, doch wir wollen unsere Perlen ja nicht vor die Säue werfen, wie man so schön sagt. Die besten Sprinter sparen sich ihre Bestzeiten für die konkurrenzgeprägtesten Situationen auf, die Weltmeisterschaften und die Olympiaden. Tyrannen müssen sich genauso verhalten.

Stalin wusste auch das eine oder andere über Diktatur und Konkurrenz. Heute werden wir vielleicht angesichts seiner, sagen wir, *ambitionierteren* politischen Maßnahmen etwas bleich um die Nase, doch ist es nicht uninteressant, einen Blick darauf zu werfen, wie er denn tatsächlich an die Macht kam. Zwischen Lenins Schlaganfall 1922 und seiner tödlichen Herzattacke 1924 war keineswegs sicher, dass Stalin ihm an die Spitze der kommunistischen Partei nachfolgen würde.

Das Kräftegleichgewicht schwankt aufs Delikateste zwischen Trotzki, Kamenew, Zinowjew und Stalin hin und her, wobei Bukharin, der Chefredakteur der *Prawda* und führende Denker, ebenso eine Rolle spielte, wenn er nicht sogar selbst ein Konkurrent um die Macht war. Trotzki war der glamouröse, wohlbekannte, eloquente Chef der Roten Armee. Er war technisch gesehen die Nummer zwei nach Lenin und damit der höchstrangige und, auf dem Papier, offensichtlichste Nachfolger.

Doch bei der Armee handelte es sich um eine kleine Post-Weltkriegstruppe, die demobilisiert worden war, sodass Trotzki in Wahrheit relativ isoliert dastand und nicht über dasselbe Ausmaß an Macht verfügte wie Stalin als Parteivorsitzender (Gensek oder Generalsekretär des Zentralkomitees). Kamenew und Zinowjew sahen den lauten Trotzki als die größere Bedrohung für ihre künftigen Bestrebungen an, sodass sie in den Jahren von Lenins periodischen Zusammenbrüchen und Genesungen zusammen mit Stalin ein Triumvirat formten. Kamenew war weniger ehrgeizig, hatte aber als Inhaber des Moskauer Sowjetpostens beträchtlichen Einfluss und war überdies noch Lenins Delegierter in der Sownarkom, beides Positionen, die er schon seit Ende des Ersten Weltkriegs innehatte. Die Sownarkom war der Rat der Volkskommissare, eine Art Arbeiterkongress, der sich um die Verwaltung Sowjetrusslands kümmerte.

Zwar mussten von der Sownarkom verabschiedete Beschlüsse im Sowjetkongress ratifiziert werden, doch das geschah routinemäßig, sodass es sich dabei ebenfalls um einen mächtigen Block im Rennen um die Führung handelte. Zinowjew war der Vorsitzende der Komintern (die internationale kommunistische Organisation zielte darauf ab, den Kommunismus auf der ganzen Welt zu verbreiten) und verfügte somit ebenfalls über beträchtlichen Einfluss. Die Bühne war frei für einen ausgedehnten, lang gezogenen Machtkampf.

Nun, ein Weichei-Anführer würde sich in dieser Situation darauf konzentrieren, alles in seiner Macht Stehende zu tun, um seine Position zu stärken. Er würde Bündnisse schmieden und besonders hart und umsichtig arbeiten, um Ergebnisse zu erzielen. Vielleicht würden Sie sich als Weichei extra Mühe geben, um die Bedürfnisse der unterschiedlichen Spieler zu verstehen und eine Möglichkeit zu finden, diese Bedürfnisse zu befriedigen. Und Stalin tat auch einiges davon, aber Stalin war kein Weichei. Er war willens, alles zu tun, um seine Rivalen in eine Spitzenposition zu manövrieren, kannte er doch die schreckliche Floskel, die vielleicht auch den anderen bekannt war (immerhin hatten sie alle einen blutigen Bürgerkrieg überlebt), dass es viel leichter ist, andere schlecht aussehen zu lassen als sich selbst gut.

Spielen Sie nicht, um zu gewinnen. Spielen Sie, um nicht zu verlieren. Stalin sah zu Recht in Trotzki die größte Bedrohung und machte sich daran, ihn zu unterminieren. Auf Grundlage der Weisheit »Der Feind meines Feindes ist mein Freund« arbeitete er mit Kamenew und Zinowjew zusammen, wobei man zu dritt nach außen als geeinte Front angesichts der unsicheren Lage von Lenins Gesundheitszustand auftrat. Lenin war kein Freund von Parteienbildung, und so waren die Anhänger Trotzkis isoliert, sodass es gelang, sie als Abweichler dastehen zu lassen. So wie Stalin die Sache darstellte, war Trotzki derjenige, der einem sterbenden Helden seinen letzten Wunsch verwehren wollte.

Lenin starb 1924, nachdem er jahrelang an Arterienverkalkung gelitten hatte. Stalin überwachte persönlich Lenins Himmelfahrt auf den mystischen Posten des bolschewistischen Messias, baute ihm ein Mausoleum und ließ ihn auf der Wissenschaft bislang unbekannte Weise einbalsamie-

> **Es ist wesentlich leichter, andere schlecht aussehen zu lassen als sich selbst gut.**

ren, sodass sein Körper für immer erhalten bliebe. Dann richtete er seine gesamte Arbeitswut darauf, die Meinungsverschiedenheiten zwischen Trotzki und Lenin aufzubauschen, die natürlich, tot, wie er war, keine Möglichkeit hatten, noch irgendetwas richtigzustellen.

Ein Schlüsselereignis in diesen Tagen war Lenins Begräbnis, zu dessen Anlass die Partei und das ganze Land das Hinscheiden einer Ikone und Legende des Kommunismus betrauerten. 1996 veröffentlichte Edward Radzinsky seine Stalin-Biografie und verwendete dabei Quellenmaterial aus bislang geheimen Sowjetarchiven. (Wenn Sie mehr über Stalins Gewaltherrschaft erfahren wollen, sollten Sie hier mit Ihrer Suche beginnen). Ein Telegramm von Stalin an Trotzki aus der Zeit enthüllt die Gründe, aus denen es Trotzki unmöglich war, an Lenins Beisetzung teilzunehmen:

»Die Beerdigung ist am Samstag, du wirst nicht rechtzeitig ankommen. Das Politbüro ist der Meinung, dass es angesichts deines Gesundheitszustands unerlässlich ist, dass du nach Sukhumi gehst. Stalin.«

Trotzki war selbst nicht bei bester Gesundheit, und in Sukhumi gab es ein Heilbad, wo er eine Kur machen sollte. Vielleicht dachte Stalin also nur an Trotzkis Gesundheit? Das ließe sich annehmen, wenn das Begräbnis tatsächlich an einem Samstag stattgefunden hätte. Doch in Wahrheit war das Begräbnis für Sonntag angesetzt und Trotzkis Abwesenheit war ein Schandfleck auf seinem Namen, von dem er sich niemals würde reinwaschen können. Von da an wurde Trotzki regelmäßig von Stalin und seinen Verbündeten als »Oppositioneller« bezeichnet, was 1928 in seiner Verbannung und später in seiner Ermordung mit dem berühmten Eispickel 1940 in Mexiko gipfelte.

Kamenew und Zinowjew wurden 1936 auf Stalins Befehl hin erschossen, der Anklagepunkt war die erfundene Formung eines terroristischen »Zentrums« (alles eine List Stalins, in den 1980er-Jahren wurden beide von jeglicher Beteiligung freigesprochen). 1925 sah sich Stalin der Frage gegenüber, wie er die beiden entmachten sollte. Er fand seine Rechtfertigung in Bukharin und wandte dieselbe List an, die schon bei Trotzki funktioniert hatte. Zinowjew und Kamenew waren beide Gegner von Bukharins eher rechtslastiger Position. Stalin bezeichnete sie wiederum als Oppositionelle und beschuldigte sie, einen Keil in die Partei zu treiben. Zinowjew wurde der Leitung der Komintern enthoben und Kamenew als Botschafter ins Ausland geschickt. Gleichzeitig machte Stalin Bukharin zu seinem Favoriten in der Partei. Dieser war keine ernste Bedrohung für ihn, aber er war das letzte der Schwergewichte, die noch aus der Zeit übrig waren, in der Stalin um sein Leben und die Parteiführung kämpfen musste.

Und es sollten ebenjene rechtsgerichteten Tendenzen sein, denen sich zu widersetzen Stalin Kamenew und Zinowjew angeklagt hatte, die Bukharin schließlich ins Gefängnis brachten, wo er 1938 erschossen wurde. Stalin sah sich die Aufzeichnungen über Bukharins Prozess persönlich an und stellte sicher, dass das, was die Welt für Bukharins letzte Worte hält, seiner, Stalins, Version der Geschichte entsprach.

Stalin merzte weiterhin erbarmungslos Zehntausende politische Gegner, mögliche politische Gegner, Revolutionäre der alten Schule, aufrührerische Armeekommandanten, ihre Frauen und Bekannten aus. Die meisten wurden erschossen oder in Arbeitslager (Gulags) im hohen Norden verbannt. Ihre Zahlen wurden weiter durch Hunderttausende Kleinkriminelle verstärkt, Leute, die man politische Witze hatte erzählen hören, und solche, die das uralte Verbrechen, zur falschen Zeit am falschen Ort zu sein, begangen hatten. Man vermutet, dass über 1,6 Millionen Menschen ihren Weg in die Arbeitslager fanden und der UdSSR unbezahlte physische Arbeit lieferten.

Die Zahlen der Arretierten spiegelten keineswegs die antistalinistischen Tendenzen im Land wider, sondern waren abhängig von den geplanten Meisterwerken ziviler Ingenieurskunst. Die Gulag-Insassen wurden tatsächlich auf Bestellung festgenommen. Stalin sorgte dafür, dass die unterschiedlichen Fraktionen der kommunistischen Partei einander an die Kehle gingen, sowie für einen gesunden Umsatz an politischen Opponenten, sodass die

Konkurrenz in Sowjetrussland sich stets bester Gesundheit erfreuen konnte. Ebendieser Grad angespannten, theatralischen Wettbewerbs verlieh seiner Diktatur Sinn und sorgte dafür, dass ihn niemand infrage stellte. Sogar 1956, sechs Jahre nach seinem Tod und nach der Aufdeckung der Gulags und noch schlimmerer Dinge, hielt Winston Churchill eine Rede vor dem House of Commons, in der er sagte:

»Es war Russlands großes Glück, dass es in den Jahren seiner schwersten Prüfungen an seiner Spitze ein Genie und einen unnachgiebigen militärischen Führer wie Stalin hatte.«

Stalin kam nicht nur damit durch, einer der rücksichtslosesten, diktatorischsten und mörderischsten Staatslenker aller Zeiten zu sein – er wurde dafür auch noch gelobt.

Wie Sie sehen, kann Tyrannei unter den richtigen Bedingungen durchaus aufblühen. Schauen Sie sich um und denken Sie darüber nach, wie unsicher und konkurrenzgeprägt Ihre Arbeitsumgebung ist. Reflektieren Sie über Ihr Team, Ihre Abteilung, Ihre Firma, Ihre Industrie, die ökonomische Perspektive Ihres Landes. Ist sie sicher und stabil oder unsicher und konkurrenzgeprägt? Richtig! Sie sieht unsicher und konkurrenzgeprägt aus, nicht wahr? Und zwar heute höchstwahrscheinlich noch viel mehr als seit vielen Hundert Jahren. Infolgedessen sollte tyrannische Führung Sinn machen, womit wir uns einer unangenehmen Wahrheit gegenübersehen: Warum gibt es nicht mehr Alleinherrscher?

Es gibt viele, verstehen Sie mich nicht falsch, und sogar noch mehr, die aktiv versuchen, ihr ureigenes, angeborenes Tyrannentum anzuzapfen, aber ich habe immer noch den Eindruck, dass es in einer derartig reifen Situation mehr Tyrannen als Weichei-Chefs da draußen geben sollte und nicht umgekehrt. Der Grund, warum dem nicht so ist, ist einfach: Gewöhnung. Wir haben uns schlicht an diesen Grad von Unsicherheit und Konkurrenz, der unser Leben prägt, gewöhnt.

Von Jugend an stehen wir in offenem und aktivem Wettbewerb zu unseren Klassenkameraden um die besten Noten, die besten

Plätze in Schulen, Stipendien, Sportauszeichnungen etc. In Japan arbeitet ein durchschnittlicher 15-Jähriger etwa 14 Stunden am Tag. In England treibt der Konkurrenzkampf um Stipendien für gute Schulen die Kinder dazu, zwei Instrumente, eine Fremdsprache und mehrere Sportarten zu lernen, gute Noten in jedem Fach zu schreiben, und all das mit elf Jahren. Kein Wunder also, dass wir, sobald wir erwachsen sind, uns an einen Grad von Konkurrenzdruck gewöhnt haben, bei dem unsere Vorfahren mit den Ohren geschlackert hätten. Und das ist nur Konkurrenzdruck!

Nie zuvor haben wir uns solcher Unsicherheit hinsichtlich der Zukunft ausgesetzt gesehen. In den 1960er-Jahren genossen die Diktatoren die Unsicherheit und Angst, die der Kalte Krieg erzeugte, da dieses Klima ihnen erlaubte, ihre teuflische Seite voll auszuspielen. Heute sind wir durch das Internet und 24-Stunden-Nachrichtenkanäle wesentlich besser vernetzt, sodass wir uns alle selbst mit einem wahren Sammelsurium von Unsicherheiten einseifen können: internationaler Terrorismus, globale Erwärmung, die Obergrenze der Ölförderung, Nachhaltigkeit, Überbevölkerung, SARS-Epidemien und schließlich die finanzielle Kernschmelze, vom abscheulichen Reality-TV einmal abgesehen. Vor diesem Hintergrund kann es für einen Tyrannen ziemlich hart werden, sich durchzuboxen und seine Handlungen zu rechtfertigen. Lassen Sie mich versuchen, diesen Punkt anhand eines Beispiels zu erhellen.

> **Angesichts der überreifen Situation sollte es mehr Tyrannen als Weichei-Chefs da draußen geben.**

Ich möchte, dass Sie sich vorstellen, Sie würden in einem kleinen Haus im Wald leben, mit Ihren beiden Kindern, Ihr Partner ist vor einigen Jahren gestorben. Das Haus ist nett eingerichtet, in gutem Zustand, ein Zuhause, das Sie über Jahre hinweg liebevoll aufgebaut haben. In dem Haus haben Sie viele wertvolle Gegenstände, denn Sie sammeln Antiquitäten. In den Wäldern jagen Sie nach Rehen und Hasen, die Sie essen, also haben Sie auch ein paar Gewehre.

Da hören Sie eines Morgens Geschrei. Sie werfen einen Blick hinaus und sehen durch die Zweige, wie sich jemand nähert. Es ist ein großer Mann, der Krach macht, er klingt ziemlich bedrohlich, wenn auch zu diesem Zeitpunkt noch nichts deutlich auszumachen ist. Also gehen Sie zum Gewehrschrank und holen Ihre Shotgun raus, treten zur Haustür hinaus und … zielen sorgfältig und ballern ihn weg. Klingt unvernünftig?

Kontext A: Das Haus liegt in einem Wald inmitten der kanadischen Wildnis, wir schreiben das Jahr 1870. Über Jahre hat sich niemand Ihrem Haus genähert. Sie haben von Banditen gehört, die Häuser überfallen, alles mitnehmen, was sie brauchen können, und, bevor sie weiterziehen, die Bewohner töten. Plötzlich scheint die Handlung recht vernünftig zu sein.

Kontext B: Das Haus liegt in einem kleinen Wald, etwas außerhalb eines europäischen Dorfes im Jahr 2000. An Ihrem Haus läuft ein bekannter Wanderweg vorbei und typischerweise gehen jeden Tag 20 bis 30 Leute an Ihrem Haus vorbei. So sieht die Handlung ziemlich seltsam aus.

Heute leben wir in einer Kontext-B-Welt. Schlimme Taten sehen schlechter aus, weil sich die Leute sowohl an Unsicherheit als auch an Konkurrenz gewöhnt haben. Der Tyrann muss daraus zwei entscheidende Lektionen ziehen. Zunächst muss er sich an die Vorstellung gewöhnen, dass seine Handlungen als wahrhaft schrecklicher Herrscher nicht immer öffentlichen Beifall ernten werden, aber – und das ist entscheidend – das macht sie nicht weniger effektiv.

> **Ihre Taten als wirklich schrecklicher Tyrann werden nicht immer öffentlichen Beifall finden, aber – und das ist entscheidend – das macht sie nicht weniger effektiv.**

Ob schockierend oder wie auch immer sonst geartet, es sind die tyrannischen Führungstaten, die sich als effektiv erweisen, nicht die mit dem Weichei-Label. Denken Sie noch mal an unseren Crashkurs in Diktatur angesichts von Unsicherheit, den wir von Churchill bekommen haben. Zu Beginn des

Krieges mochte sich das noch als alarmierender Kurs ausnehmen, aber als der Krieg voranschritt, geschah noch erheblich Schlimmeres (Stichwort Dresden), das sich weniger alarmierend ausnahm, weil die Leute sich an einen viel höheren Grad von Unsicherheit und Konkurrenz gewöhnt hatten.

Die zweite entscheidende Lektion ist die folgende: Wenn die Hintergrundstrahlung an Unsicherheit und Konkurrenzdruck hoch ist, kann es vorkommen, dass tyrannische Taten, so angemessen sie auch sein mögen, in den Augen der Bevölkerung, die ja längst daran gewöhnt ist, zu auffällig herausstechen. Tyrannen sind gut beraten, dieses Klima von Unsicherheit und Konkurrenzkampf weiter anzuheizen, sodass die Leute sich ihrer wieder einmal aufs Schärfste bewusst werden, womit tyrannische Taten, die zuvor deutlich hervorgestochen wären, einfach mit dem Hintergrund verschmelzen.

Jammern Sie also nicht über die Situation, mit der Sie die heutige Zeit konfrontiert, ändern Sie sie. Schaffen Sie die Bedingungen, unter denen Sie die voll ausgeprägte Alleinherrschaft ans Licht bringen können, was Ihr Ziel sein wird, wenn Sie die Lehren dieses Buches sorgfältig üben. Doch wie erzeugt man Unsicherheit und Konkurrenz künstlich? Hier ein paar praktische Schritte, die Sie unternehmen können, um in Ihrem Arbeitsumfeld für einen Zustand von ständiger Unsicherheit und wettbewerbsgetriebenem Stress zu sorgen:

Unsicherheit – Grauschattierungen aufrechterhalten

Wenn Sie einen gesunden Grad an Unsicherheit aufrechterhalten wollen, dann versuchen Sie es mit Folgendem:

▸ Erzählen Sie unterschiedlichen Teammitgliedern nie ganz dasselbe; sorgen Sie dafür, dass sie in die Details große Veränderungen hineininterpretieren können, die bevorstehen, so zum Beispiel: »Nun, es kann sein, dass Sie das zukünftig nicht mehr machen müssen …« Oder: »… natürlich nur, wenn es die Abteilung dann überhaupt noch gibt …« Lassen Sie solche Kommentare tröpfchenweise in die alltägliche Konversation einfließen.

▸ Ändern Sie Ihre Meinung regelmäßig; tun Sie es jedoch nicht zu schnell. Idealerweise sollten Sie die Leute erst Ihre ursprüngliche Direktive zur Hälfte implementieren lassen und Ihren Teams und Kunden Versprechungen machen, bevor Sie Ihre Meinung ändern. Dadurch halten Sie Ihre Leute beschäftigt und schwemmen, wenn Sie es regelmäßig genug machen, potenzielle Rivalen auf Ihre Position aus, wenn sie sich beschweren. Es hilft, wenn Sie mindestens einmal pro Jahr jemanden tatsächlich bis zur Vollendung eines Projekts kommen lassen, bevor Sie es ad acta legen. Versuchen Sie auch, die Praktik rotieren zu lassen, sodass jedes Teammitglied sie etwa einmal pro Jahr abbekommt.

▸ Ändern Sie regelmäßig die Berichtsebenen; lassen Sie nicht zu, dass sich die Leute an bestimmte Berichtsebenen gewöhnen. Echte Tyrannen kennen auch die wundersame Technik der gelegentlichen Umkehr der Berichtsebenen sicher. Da es sich dabei wirklich um eine tyrannische Praktik erster Klasse handelt, legen schlussendlich die Manager den Leuten Rechenschaft ab, die sie zuvor noch managten. Nichts ist besser geeignet, die Entschlossenheit und das Selbstvertrauen eines Menschen zu schwächen, als jemandem Rede und Antwort stehen zu müssen, dem er vorher übergeordnet war. Achten Sie darauf, diese Veränderungen schnell zu implementieren, wenn Sie vollständigen Gewinn aus ihnen ziehen wollen. Wenn sich solche Veränderungen über Monate oder gar Jahre hinziehen, dann verliert das Ganze seine Wirkung. Zielen Sie drauf ab, die Veränderungen in ein paar Wochen durchzusetzen, um volle Wirksamkeit zu erzielen.

▸ Lassen Sie die Leute raten; sorgen Sie dafür, nicht zu viel von dem nach außen dringen zu lassen, was Sie über die

Zukunft des Teams oder der Organisation wissen. Das Wissen, das Ihnen von oben vermittelt wird, d. h. von Leuten, die Ihnen übergeordnet sind, ist ein Privileg, das achtsam gehütet sein will. Dieses Wissen hat den Status von »Spielregeln« und erlaubt es Ihnen, sich aufs Beste zu positionieren. Überlassen Sie diesen Vorteil keinem anderen, man würde ihn nur dazu benutzen, Sie zu überholen, wenn Sie nicht aufpassen.

▶ Versetzen Sie die Torpfosten; aus klaren Zielen ziehen die Leute nur Sicherheit. Wenn jemand beim Fußball ein Tor schießt, wissen wir (in 99,9 Prozent der Fälle, wobei wir das Debakel England gegen Deutschland bei der WM 2010 nicht mitrechnen), ob der Ball drinnen war oder nicht. Sie können die Zufriedenheit sehen, die der Spieler fühlt, weil er ein Tor geschossen hat; von dem ganzen ekelhaften Küssen und Umarmen, das dann losgeht, mal abgesehen. Stellen Sie sich vor, das Spiel würde in völliger Dunkelheit abgehalten und niemand hätte die Möglichkeit zu erkennen, ob die Schüsse ins Tor oder auch nur in seine Nähe gegangen sind oder nicht. Am Ende würde das Ergebnis verkündet und niemand hätte auch nur den Hauch einer Ahnung, wer das Siegestor geschossen hat – das könnten Sie einfach erfinden. Damit wäre es mit dem ganzen abscheulichen Jubel vorbei. Außerdem ließen sich so die Spieler viel einfacher verwalten, da man leicht verhindern könnte, dass irgendein Spieler glaubt, er sei talentierter oder wertvoller als ein anderer. Sie hätten ein wirklich gleichberechtigtes Spielfeld geschaffen! In der Arbeitswelt ist es dasselbe. Versuchen Sie zu vermeiden, den Leuten Klarheit hinsichtlich ihrer Zielsetzungen zu verschaffen. Das verhindert, dass sie ihre alltäglichen Verrichtungen erfolgreich verknüpfen können und dass ihr Selbstvertrauen auf ein unerträgliches und unmanagebares Ausmaß anwächst. Schauen Sie einfach zu, wie Ihre Weicheier von Kollegen Anfrage um Anfrage nach Gehaltserhöhungen oder Beförderungen von ihren Leuten auf den Tisch bekommen! Der Tyrann kennt solche Probleme nicht; seine Leute fühlen sich schon glücklich, überhaupt einen Job zu haben.

Konkurrenz – teile und herrsche

Wir haben uns so an Konkurrenzdruck am Arbeitsplatz gewöhnt, dass Sie diesen ständig steigern müssen. Versuchen Sie es mal mit einigen der folgenden Rezepte:

▸ Wenn ein leitendes Mitglied aus Ihrem Team weiterzieht oder Sie jemand nutzlosen loswerden, dann geben Sie den Job zwei untergeordneten Teammitgliedern, statt einen direkten Nachfolger zu bestimmen. Das ist billiger (so können Sie Gehaltserhöhungen vermeiden) und es bedeutet, dass die beiden die Sache ausfechten werden, indem sie versuchen, Ihre Anerkennung zu gewinnen, alles in dem Glauben, dass Sie darauf warten, dass einer der beiden als der offensichtliche Kandidat aus dem Rennen »hervorgeht«.

▸ Wenn Sie das Glück haben, ganze Teams voller Handlanger zu managen, dann ist es hilfreich, wenn Sie sie so positionieren können, dass sich ihre Zuständigkeitsbereiche leicht überlappen. Lassen Sie die Situation nicht zu klar werden. Sonst werden die Teams mit hoher Wahrscheinlichkeit frech und selbstsicher, und damit haben Sie genau die Brutstätte für potenzielle Rivalen, deren Entstehung Sie auf jeden Fall verhindern wollen. Denken Sie beispielsweise an die Sektoren Finanzen und Verwaltung … die Gelegenheiten für Überlappungen sind endlos. Gute Überschneidungen bedeuten reibende, kratzende Kanten in Hülle und Fülle für Ihre Organisation. Dann können Sie als der allwissende Superchef eingreifen, der schlichtet. Nichts bewegt sich ohne Ihre Hilfe und Ihre Macht ist unanfechtbar. Die unklaren Arbeitsbereichsgrenzen sorgen nicht nur für

Konkurrenzkampf, sondern auch für Unsicherheit – wirklich eine hervorragende Methode für Tyrannei.

▶ Teilen Sie dasselbe Projekt zwei unterschiedlichen Teams zu. Das ist eine ziemlich offensichtliche Art, für Konkurrenzdruck zu sorgen, und sollte daher mit Vorsicht angewandt werden. Es ist wesentlich besser, Konkurrenzdruck herzustellen, ohne dass die Weicheier und die Typen aus der Personalabteilung in die Lage versetzt werden, Sie dafür verantwortlich zu machen. Es kann jedoch manchmal, d. h. wenn Sie glauben, dass Sie damit durchkommen können, eine gute Idee sein, die Leute bei wirklich wichtigen Projekten zu verdoppeln. Die Mitarbeiter, die für das Projekt eingeteilt sind, werden höllisch sauer, wenn ihnen klar wird, dass sie einen Konkurrenten haben, und genau da müssen Sie eingreifen, um jegliches Risiko einer Zusammenarbeit der Konkurrenten für alle Zeit zu unterbinden. Aber wenn das Projekt wichtig ist und Ihr guter Name von dem Ergebnis abhängig ist, dann sind zwei Köpfe besser als einer. Sie können immer den weniger erfolgreichen Projektmanager im Nachhinein feuern, wenn das Projekt gelungen beendet ist und Sie die Lorbeeren eingeheimst haben.

▶ Eine subtilere Methode des Teilens und Herrschens besteht darin, die Loyalitäten der Leute aufzuteilen. Sie werden schon beobachtet haben, dass folgende Situation in der Arbeit entsteht: Zwei hoch qualifizierte Leute arbeiten zusammen, sitzen nebeneinander und werden enge Freunde, nennen wir sie Mr. Kourdi und Mr. Liu. Sie arbeiten weniger, da sie mehr und mehr Zeit mit Tratschen und Witzereißen vergeuden. Nun wäre die offensichtliche Entscheidung, beide zu feuern und ein Exempel zu statuieren, wie mit Faulenzern umgegangen wird, aber wenn das Personalbüro das wegen irgendeiner kryptischen Direktive nicht erlauben will, dann versuchen Sie es mit Folgendem: Machen Sie Liu zum Vorgesetzten von Kourdi und üben Sie starken Druck auf Liu aus, mehr aus Kourdi herauszuholen. Da werden

den beiden die Köpfe rauchen! Liu wird Kourdi beweisen wollen, dass seine Beförderung kein Hindernis für ihre Freundschaft bedeutet. Kourdi wird das, ganz zu Recht, nicht eine Sekunde glauben. Liu wird außerdem darauf brennen, Ihnen zu beweisen, dass Sie die richtige Entscheidung getroffen haben. Es ist hilfreich, wenn es Ihnen gelingt, Liu einen Floh ins Ohr zu setzen, dass Sie ihn stets mehr als Kourdi geschätzt haben und wie wichtig es ist, dass er mehr Resultate erzielt, wobei Sie durchblicken lassen, dass Kourdi die Quelle des Problems ist.

Wir haben zwei entscheidende Bedingungen für eine gelungene Schreckensherrschaft betrachtet: Unsicherheit und Konkurrenz. Dankenswerterweise lässt sich das 21. Jahrhundert fast mit dem Untertitel »Das konkurrenzgeprägte und unsichere Jahrhundert« versehen, sodass wir zuversichtlich sein können, dass sich der tyrannische Ansatz als effektiv und vernünftig erweisen wird.

Paradoxerweise besteht die Herausforderung im 21. Jahrhundert für uns darin, das Erleben von Unsicherheit und Konkurrenzdruck seitens unserer Leute auf neue Höhen zu bringen, weil diese Bedingungen bereits in Hülle und Fülle vorhanden sind und den konstanten Hintergrund unseres alltäglichen Lebens abgeben.

Es ist unsere Verantwortung als Tyrannen, das Erleben von Unsicherheit und Konkurrenzdruck seitens unserer Leute auf neue Höhen zu bringen.

George Bush Jr. hatte genau die richtige Idee. Er wollte in den Irak einfallen, und es ist nicht an uns, seine Motive infrage zu stellen. Der Typ hatte genug Feuerkraft, und in der Welt der Diktatoren ist Macht gleich Recht. Nun, der clevere Teil dabei war der, es auch allen anderen als gute Idee zu verkaufen. Als aufstrebende Tyrannen können wir wertschätzen, dass George Jr. an den Irakis ein Exempel statuiert hat.

Die Botschaft war klar. »Wenn noch mal jemand versuchen sollte, Flugzeuge in unsere großen Glitzergebäude zu fliegen, dann ziehen wir los und bringen mehr Unschuldige um, als ihr euch überhaupt vorstellen könnt.« Die Botschaft ist genau dieselbe wie die von Iwan dem Schrecklichen im letzten Kapitel, im Wesentlichen also: Denk nicht mal dran, gegen die Vereinigten Staaten zu intrigieren. George lag völlig richtig, es spielt keine Rolle, wen man umbringt, ja noch nicht mal, ob man überhaupt die Richtigen erwischt (in der Tat ist es wahrscheinlich besser, die Falschen umzubringen, wie etwa die Frauen und Kinder, die Iwan im letzten Kapitel ins Jenseits schicken ließ), wichtig ist nur, dass es viele sind und dass es schnell geht. Junge, Junge, was für tolle Arbeit hat er geleistet.

Eine medizinische Zeitschrift, *The Lancet*, schätzt, dass in den 18 Monaten nach der Invasion rund 100.000 irakische Zivilisten als direktes Ergebnis des Krieges oder infolge des resultierenden Zusammenbruchs der zivilen Sicherheit gestorben sind. Es ist möglich, dass die Zahl der Toten bis Juni 2006 auf 600.000 angestiegen ist. Die Amerikaner dagegen haben in der Region etwa 5000 Mann verloren, hauptsächlich Militärpersonal. Wiederum war das Clevere daran, die Leute hinter sich zu bringen, und dafür war das Rezept ein ordentliches Maß an Unsicherheit. Die Argumentationskette lautete im Wesentlichen so:

▶ Es gibt Terroristen da draußen (wahr).
▶ Sie werden wieder zuschlagen (wahrscheinlich wahr – aber hervorragende Unsicherheit hier).
▶ Sie sind entweder im Irak (wahrscheinlich nicht wahr) oder werden von der irakischen Regierung unterstützt (plausibel, unbewiesen).
▶ Die irakische Regierung plant, ihre Nachbarn und unsere Verbündeten anzugreifen (nicht wahr).
▶ Dafür stehen ihr Massenvernichtungswaffen zur Verfügung, die innerhalb einer Stunde einsatzfähig sind (nicht wahr).

Gerade genug Wahrheit, eine Menge dicker, fetter Lügen und ein guter, alter Schlag Unsicherheit – und plötzlich nimmt sich Krieg als eine gute Idee aus. Hervorragend, George! George Bush Jr. gehört nicht wirklich in die Riege der Vorzeigetyrannen. In ihm vereinen sich, zumindest teilweise, beide im letzten Kapitel erwähnten Bedeutungen von *schrecklich*. In ihm steckte auch ein Gutteil Weichei, aber dieses Beispiel ist dennoch echt herausragend.

Zum Zeitpunkt der Invasion waren die USA die vorrangige militärische Macht dieses Planeten. Der Irak war auf Platz 37. Die USA haben etwa 18.000 militärische Flugzeuge, der Irak hatte 651. Die USA haben etwa 30.000 Panzer, der Irak hatte 2580. David hatte bessere Chancen gegen Goliath. Das ließe sich eher vergleichen mit David gegen Goliath plus Goliaths gesamte Familie und seinen Freundeskreis. Und dennoch gelang es der Bush-Regierung tatsächlich, die anderen mächtigen Länder dazu zu kriegen, ihnen zu *helfen*!

Und damit nicht genug, man benutzte die Unsicherheit und Angst, die der 11. September geschaffen hatte, um viele weitere tyrannische Führungsentscheidungen durchzuboxen. Der 11. September war eine katastrophale Sache, aber die Bush-Regierung reagierte völlig zu Recht positiv auf die neue Situation, in der sie sich wiederfand. Regierungen überall auf der Welt schlossen sich diesem leuchtenden Vorbild an und nutzten die neu entstandene Unsicherheit, um allerhand Gesetze durchzusetzen, mit denen sich die Individualrechte beschneiden ließen und die Regierung mehr Macht bekam. Gute Arbeit!

In diesem Kapitel haben wir Argumente für Tyrannei geliefert. Wir haben versucht zu illustrieren, dass Despotie nicht immer angemessen oder auch nur weise war – heute ist sie es ganz bestimmt. Wenn Sie noch weitere Überzeugungsarbeit brauchen, dann betrachten Sie die folgende simple Situation, in der Sie sich bestimmt schon öfter befunden haben. Sie arbeiten in einer größeren Gruppe, sagen wir, mehr als zehn Leute, und müssen eine Entscheidung treffen, was bei einem wichtigen Projekt als Nächstes passieren soll. Es ist recht offenkundig, was notwendig ist, und doch zieht sich die Entscheidungsfindung über Stunden hin, und schließlich ist das Ergebnis unscharf, unklar und kompliziert.

> **Wenn Tyrannei auch nicht immer angemessen oder nur weise war – heute ist sie es ganz bestimmt.**

Wir alle haben das schon erlebt, es passiert ständig. Wir haben es mit einem Fall der Logik der minderwertigsten Entscheidungsträger zu tun. Weichei-Chefs reden darüber, die Leute einzubinden und zu fordern, die Leute dazu zu bewegen, zu den Entscheidungen beizutragen, die sie betreffen, und sich ihre Positionen anzuhören. Dieses Brechreiz erzeugende Verhalten ist falsch und obendrein gefährlich. Denken Sie noch einmal daran, dass Sie es sind, der auf den Führungsposten befördert wurde, nicht Ihre Teammitglieder. Und warum wurden Sie befördert und nicht die anderen? Weil die anderen Idioten sind. Es ist ganz einfach. Ihre Urteilsgabe, Ihre Denkfähigkeit und Ihre Entscheidungskraft sind besser als die der Leute, deren Vorgesetzter Sie sind! Es ist überaus gefährlich, mit Ihrem Team zu diskutieren und es in den Entscheidungsprozess einzubinden, und noch gefährlicher ist es, den Leuten in Ihrem Team zuzuhören. Sie sind befördert und bezahlt worden, um die Entscheidungen zu treffen, also hören Sie auf, sich wie ein Weichei zu benehmen, seien Sie ein Mann und treffen Sie sie!

> **Und warum wurden Sie befördert und nicht die anderen? Weil die anderen Idioten sind, ganz einfach.**

Kapitel 2 – Lektionen in Tyrannei

▶ Unsicherheit und Konkurrenz sind die Hauptzutaten, wenn es darum geht, die Angemessenheit von Tyrannei zu etablieren.

▶ Das 21. Jahrhundert strotzt vor Unsicherheit und Konkurrenzdruck, deshalb haben sich die meisten Menschen an diese Bedingungen gewöhnt.

▶ Daher ist es Aufgabe des Tyrannen, Unsicherheit und Konkurrenzkampf so zu steigern, dass seine Schreckensherrschaft (zweckmäßig, aber nicht immer wohlgelitten) annehmbarer erscheint.

▶ Sie können diese Unsicherheit steigern, indem Sie Grauschattierungen in Ihrer Organisation implementieren – versuchen Sie zu verhindern, dass die Leute Klarheit hinsichtlich dessen gewinnen, was sie zu tun haben.

▶ Sie können den Wettbewerb verstärken, indem Sie unter Teams und Einzelnen interne Rivalitäten sähen – indem wir teilen, indem wir dafür sorgen, dass sich die Leute gegenseitig an die Kehle gehen statt uns, siegen wir.

Denken Sie daran: Tyrannei macht nur unter bestimmten Bedingungen Sinn. Von diesen sind wir heutzutage förmlich umzingelt, wir ersaufen darin. Die Zeit der Schreckensherrschaft ist angebrochen.

Lektionen aus der Geschichte

Die Geschichte strotzt nur so vor hervorragenden Beispielen für Tyrannentum. Die Liste ist lang und angesichts der Chance, von Leuten wie Caligula, Dschingis Khan, Vlad dem Pfähler, Iwan dem Schrecklichen, Stalin und vielen anderen zu lernen, sollte uns das Wasser im Mund zusammenlaufen. Sicher, ein paar Leute blieben bei diesen Karrieren auf der Strecke und ich werde auf diesen Seiten nicht versuchen, diese Diktatoren für ihre Taten zu richten, verteidigen oder anzuklagen. Nein, stattdessen wollen wir uns zurücklehnen, zuschauen und von diesen Meistern lernen. Diese Anführer wussten wirklich das eine oder andere über starke, entschlossene Führung. Weichei-Chefs, hütet euch!

Aus diesen historischen Bastionen der Tyrannei werden wir einige wichtige Lektionen ziehen, um sie dann einzeln im Kontext einer modernen Arbeitsumgebung zu analysieren. Ich will Ihnen zeigen, dass Sie die historische Würze der Schreckensherrschaft in Ihr tägliches Arbeitsleben holen können. Auch Sie können »den Vlad geben« oder »den Iwan rauslassen«...

Lektion 1: Aus Fehlern lernen

Erinnern Sie sich noch an die Weichei-Chefs? Die wollen, dass Sie jeden Fehler eines Ihrer Untergebenen als »Gelegenheit zum Lernen« ansehen. Wir haben mittlerweile die reine Hirnverbranntheit dieses Ansatzes durchschaut. Der Tag, an dem Sie sich dabei erwischen, einen Fehler als »Gelegenheit zum Lernen« zu behandeln, ist der Tag, an dem Sie sich ins Altersheim einweisen und prophylaktisch zu sabbern anfangen sollten. Das ist nicht der Weg des Tyrannen. Das soll aber nicht heißen, dass wir Fehler ignorieren, ganz im Gegenteil. Lassen Sie uns also von

Tyrannen lernen, die wissen, wie man seine Mitarbeiter springen lässt …

Vlad der Pfähler oder auch Vlad Dracula regierte die Walachei (etwa ein Drittel des heutigen Rumänien) mit Unterbrechungen zwischen den Jahren 1431 und 1476. Er wusste einiges darüber, ein mieser Chef zu sein, denn man bekommt nicht den Beinamen »der Pfähler«, wenn man nicht einen leichten Hang zu befremdenden, willkürlichen Gräueltaten hat.

> **Man bekommt nicht den Beinamen »der Pfähler«, wenn man nicht einen Hang zu befremdlichen, willkürlichen Gräueltaten hat.**

Vlads Weg zum Thron war steinig. Das Machtgefüge in der Walachei verlagerte sich unregelmäßig zwischen den adeligen Grundbesitzern und den Prinzen; Vlad gehörte zu Letzteren. In seiner Kindheit besiegelte eine Revolte den Untergang seines Vaters, Vlad Dracul, und die Adligen brachten diesen sowie Vlads Bruder auf recht grausame Art zu Tode, indem sie sie lebendig begruben.

Es vergingen viele Jahre, von denen Vlad einige in einem türkischen Gefängnis zubrachte, wo er einiges darüber lernte, wie man die Leute dazu bringt, sich vor Schmerzen zu winden. Schließlich gewann er seinen Thron zurück. Nun sollte sich herausstellen, dass jene Grundbesitzer, die die Revolte angezettelt hatten, die seinen Vater und Bruder das Leben gekostet hatte, aufs falsche Pferd gesetzt hatten.

Ein Weichei hätte vielleicht versucht, sich mit den Grundbesitzern auszusöhnen und die Wunden der Geschichte zu heilen. Nicht Vlad. Er wusste, dass man Taten von ihm erwartete, in die eine oder die andere Richtung, und so bot er einen Olivenzweig. Er lud die wichtigsten Grundbesitzer in die Hauptstadt der Walachei zu einem Fest auf seiner Burg. Offensichtlich war man über diese Wendung der Dinge sehr erfreut, hatte es doch den Anschein, als sei der neue Prinz bereit zu vergeben, vergessen und weiterzumachen. Immerhin waren seit dem Tod seines Vaters und seines Bruders fast 20 Jahre vergangen.

Vlad schmiss auch wirklich eine coole Party, es gab reichlich zu essen und zu trinken und das Ganze dauerte bis tief in die Nacht. Spätnachts brachen die Gäste auf, nachdem sie gegessen und getrunken hatten, bis sie nicht mehr konnten. Die Burgtore waren, wie um diese Uhrzeit nicht anders zu erwarten, verschlossen.

Bald formte sich am Torhaus eine Traube von einigen Hundert glücklichen, leicht angetrunkenen Partygästen. Ich stelle mir vor, dass man sang, Witze erzählte und sich allgemeiner Heiterkeit erfreute. Mit der Zeit mag sich diese Stimmung mit einer leisen Ahnung durchsetzt haben, aber es ist unwahrscheinlich, dass die Bewohner der Stadt vermuteten, was geschehen würde. Die Tore wurden nicht geöffnet, Wächter drangen auf die Menge ein. Alle sollten von Vlad Dracula »befragt« werden. Besonders interessiert war er an jenen, die alt genug waren, um an der Revolte gegen seine Familie und an ihrem Tod beteiligt gewesen zu sein. Schließlich war es extrem schwierig zu unterscheiden, wer mit dabei gewesen und wer zu der Zeit einfach nur am Leben gewesen war.

Vlad war ein Pragmatiker und ließ sich von diesem augenscheinlichen Mangel an Beweisen nicht blenden. Er ließ einfach seine 200 Gäste (es muss der Morgen des Tages nach dem Fest gewesen sein) vor das Burgtor führen und streng bewachen. Dann nahm er sie sich einzeln vor und ließ sie einen nach dem anderen auf einen langen, spitzen Pfahl aufspießen, wobei die verbleibenden Gäste zusehen durften. Der Vorgang des Pfählens war recht brutal … der Pfahl wird durch … Sie können sich sicher vorstellen, wo, in den Körper hinein und einmal hindurchgetrieben. Das kann direkt zum Tod führen, tut es aber normalerweise nicht.

Stattdessen wird der Pfahl in den Boden gesteckt, wo der Delinquent dann zum Sterben zurückgelassen wird. Es kann einen Tag oder länger dauern, bis man den Qualen endlich erliegt. Das Geschrei, der Lärm und das Blut von 200 Leuten, die bei lebendigem Leibe aufgespießt werden, müssen entsetzlich gewesen sein. Man sagt, die Erde rund um die Burg sei rot von Blut gewesen.

In der Folge verschwor man sich gegen Vlad, aber das dauerte noch eine Weile und ging nicht von besagten Leuten aus. An diesem Tag lernten die Untertanen eine wichtige Lektion: Legt euch nicht mit Vlad an. Eine Lektion, die sie nie vergessen würden. Es ging ihm dabei weniger um die tatsächliche Schuld, sondern um einen Symbolakt. Nicht alle 200 waren schuldig, aber sie alle wurden gepfählt. Die Frage: Können wir uns gegen unseren Prinzen verschwören und damit durchkommen? Die Antwort: Nicht, wenn ihr nicht scharf darauf seid, einen spitzen Pfahl in den Sockel gerammt zu kriegen.

Doch Vlad beschränkte seine Lektionen nicht auf die Bessergestellten. Er war ebenso gewillt, die Fehler der niedrigsten seiner Untertanen abzumahnen. Die Legende will, dass er bei einer Kutschfahrt durch die Stadt vom Verkehr oder irgendeinem Hindernis aufgehalten wurde. Während er aus dem Fenster sah, bemerkte er einen Bauern, der in besonders schäbigen, geflickten Kleidern vorbeiging. Er bedeutete dem erbärmlich gekleideten Bauern, näher zu treten, und fragte ihn, wer sein Übergewand gerichtet hatte. »Meine Frau«, kam die Antwort. »Bring sie zu mir«, sagte Vlad. Die Frau wurde vor Vlad geführt und gefragt, ob sie tatsächlich für diese schlampige Reparaturarbeit verantwortlich sei.

Machen Sie sich nicht so viele Gedanken darüber, wer tatsächlich Schuld hat. Es geht um Symbolakte.

Wieder hat Vlad hier die Möglichkeit, eine Lektion zu erteilen, diesmal in Sachen Schlampigkeit und in Bezug auf den Stolz, den man für seine Arbeit empfinden soll. Doch wie soll man jemanden in dieser Situation bestrafen – angemessen und zu der begangenen Verfehlung passend? Wie wäre es mit Pfählen? Das Tolle an einem Spitznamen wie »Pfähler« ist doch, dass er einem über jeden Engpass hinweghilft.

Stellen Sie sich nur die endlosen Fragen vor, die von Ihren Handlangern kommen. »Was sollen wir mit den Gefangenen machen? Was sollen wir mit den Armen machen? Was sollen wir wegen der Kriminellen unternehmen? Da wären noch ein paar Immigranten … Wir wissen nicht, was wir mit diesen fahrenden Kaufleuten machen sollen. Der Zirkus ist gerade in der Stadt angekommen ...« Vlad hatte für all diese Situationen und noch mehr eine Antwort bereit. Die Pfahlmacher müssen jedenfalls ziemlich beschäftigt gewesen sein, denn man vermutet, dass auf dem Höhepunkt bis zu 20.000 gepfählte Körper in unterschiedlichen Zuständen der Verwesung um Vlads Burg Targoviste zu finden waren.

Stellen Sie sich den Geruch vor! 20.000 verwesende Körper, von noch lebendig und kreischend bis hin zu völlig verfault. Und lernten die Leute unter Vlads Herrschaft etwas aus ihren Fehlern? Nun, Sie können sicher sein, dass diese Bauersfrau nie wieder eine schlampige Näharbeit machte!

Nun wollen wir aber Vlads Beispiel, wie man Leuten eine Lektion erteilt, im Kontext einer modernen Organisation des 21. Jahrhunderts untersuchen. Typischerweise kommunizieren wir ja heutzutage per E-Mail, also finden Sie auf den folgenden Seiten einen ganzen normalen E-Mail-Austausch, wie Sie ihn sicher kennen. Ziehen Sie sich den Stiefel von Vladimir Chapman an, dem Chef in diesem Szenario. Er wird über ein Problem in der Produktionsabteilung der Fabrik, die er leitet, benachrichtigt ...

An: Vladimir.l.Chapman@vticomponents.com
Von: Inna.b.Trubble@vticomponents.com

Betreff: Fließbandausfall – Problem mit Monitoren

Hi Vladimir,
wollte Dich nur kurz benachrichtigen, dass es in Zusammenhang mit dem Fließband-Upgrade-Projekt ein Problem gibt. Wie Du weißt, sollten wir diese Woche die neuen Monitore ans Fließband anschließen, um Zeilenvorschubfehler zu entdecken und zu beheben, sodass wir künftig weniger Fließbandstopps brauchen.
Wir rechnen damit, dass diese Monitore die Ausfälle um 50 % reduzieren, was auf 2000 Einheiten mehr pro Woche hinausläuft. Die neuen Monitore sollen die alten, überholten Komponenten ersetzen, die wir übers Wochen-

ende ausgebaut haben. Unglücklicherweise kamen die neuen Monitore ohne die nötige Software und funktionieren deshalb nicht. Die Software ist unterwegs und sollte Ende der Woche bei uns sein.

Das Problem besteht darin, dass wir beim Demontieren der alten Monitore aus Versehen ihre Programmierung gelöscht haben und niemand weiß, wie sie sich neu programmieren lassen. Die Herstellerfirma ist pleite und existiert nicht mehr.

Es sieht so aus, dass wir keine andere Wahl haben, als den Rest der Woche über die Einheiten von Hand zusammenzusetzen, bis die neue Software für die Monitore kommt. Von Hand können wir allerdings nur 10 % der Produktmenge des automatischen Fließbands schaffen. Ich übernehme die volle Verantwortung für diesen Fehler und arbeite zusammen mit meinem Team hart daran, so viele Einheiten wie möglich fertig zu bekommen, habe Zeitarbeiter angestellt und doppelte Schichten angeordnet.

Ich bitte aufrichtig um Entschuldigung, bitte lass mich wissen, wenn Du Fragen hast. Mit freundlichen Grüßen

Inna Trubble
Production Team Leader
VTI Components
Großwallachei

Okay. Inna hat einen Riesenfehler gemacht und nicht über die möglichen Konsequenzen des Abbaus der Monitore nachgedacht. Sie hatte keinen Plan B. Das wird die Firma viel Geld kosten und, was noch schlimmer ist, könnte die für Ihren Bonus entscheidenden Erfolgskriterien beeinflussen. Das ist schlicht unannehmbar. Was würden Sie tun?

1. Inna den Rücken stärken und ihr versichern, dass Sie fest davon überzeugt sind, dass sie alles in ihrer Macht Stehende tut, um die Situation wieder unter Kontrolle zu kriegen, und dass Sie ihre harte Arbeit und ihre Hingabe zu schätzen wissen.

2. Sie fragen, wie Sie ihr helfen können, die Wirkung des Problems zu verringern.

3. Ihr anbieten, vorbeizukommen und beim Zusammensetzen der Produkte zu helfen.

4. Inna bitten, einen vollständigen Bericht darüber zu verfassen, wie das Problem zustande gekommen ist, und sich Zeit nehmen, mit ihr die Situation in Hinblick auf ihre persönliche Entwicklung zu besprechen.

5. Sie um einen Bericht über die Änderungsmaßnahmen in der gesamten Fabrik bitten.

Wenn Sie bei einem dieser Vorschläge das Gefühl haben, das sei etwas, was Sie tatsächlich tun könnten, dann haben wir noch viel Arbeit vor uns, Sie Weichei. Aber machen Sie sich keine Sorgen, wir sind erst in Kapitel 3, wir haben noch genug Zeit, um Sie in einen miesen Chef zu verwandeln! Bitten Sie jemanden, Ihnen gegen die Knierückseite zu treten – das sollte ein bisschen dabei helfen, das innere Weichei in die Flucht zu schlagen.

Nun, wenden wir uns wieder unserem Vorbild Vlad zu. Was würde er in so einer Situation tun? Richtig, er würde Inna pfählen. Nun, wenn Sie nicht in einem sehr fortschrittlich denkenden Teil der Welt leben, dann stellt Pfählen Sie vor einige logistische Herausforderungen. Die nötigen angespitzten Pfähle in Ihrem Büro oder gar einem Großraumbüro aufzubewahren, könnte etwas seltsam wirken.

Im Allgemeinen werden extreme Formen physischer Gewalt Ihre Karriere kaum voranbringen, es sei denn, Ihr Vorgesetzter ist ein Tyrann und Sie bekommen es hin, die Sache in aller Stille abzuwickeln. Pfählen ist jedoch, nebenbei bemerkt, eine Tötungsart, die schwer leise durchzuführen ist, sodass es wahrscheinlich ein Rohrkrepierer werden würde. Doch wie sieht das heutige Äquivalent aus? Überlegen Sie sich Folgendes:

Erhöhen Sie Unsicherheit und Angst, vielleicht durch eine Antwort per E-Mail nach ein paar Stunden, die so aussehen könnte:

An: Inna.b.Trubble@vticomponents.com
Von: Vladimir.I.Chapman@vticomponents.com

Betreff: Re: Fließbandausfall – Problem mit Monitoren

Nicht gut …

Vladimir Chapman
General Manager
VTI Components
Großwallachei

Lassen Sie sie ein wenig zappeln. In dieser Phase ist es nicht notwendig, dass Sie Ihre Karten zeigen, aber es hilft, wenn Sie Ihre Unzufriedenheit auf unverbindliche Art zum Ausdruck bringen. Das wird Inna darauf aufmerksam machen, dass Sie mit der Situation unglücklich sind, es deutet an, dass Sie womöglich weitere Schritte unternehmen werden, aber sie hat keine Ahnung, welche.

Sie haben damit eine unserer bevorzugten Grundvoraussetzungen für Tyrannei geschaffen – Unsicherheit. Und das mit lediglich zwei Worten – wie Sie sehen, ist Schreckensherrschaft nicht nur effektiv, sie kann auch sehr schnell gehen. Jetzt, da die Bühne frei ist, stehen Ihnen mehrere Optionen zur Auswahl.

1. Nehmen Sie Kontakt mit Ihren Vorgesetzten auf und erklären Sie die Situation. Versichern Sie ihnen, dass jeglicher Schwund in der Produktion in den nächsten Wochen ausgeglichen sein wird, und bringen Sie Ihre Entnervtheit und Unzufriedenheit mit Inna und ihrem Team zum Ausdruck. Lassen Sie Ihren Boss wissen, dass Sie hart durchgreifen werden und die Situation bald wieder unter Kontrolle sein wird. Es ist wichtig, die Schuld von sich selbst weg auf Inna und die Leute in ihrem Umfeld zu schieben.

2. Beraumen Sie für später am Tag ein Treffen mit Inna an, vielleicht zu einem Zeitpunkt, zu dem die meisten Leute schon nach Hause gegangen sind, sagen wir so um 20:00 Uhr. Lassen Sie sie bis etwa 20:25 Uhr warten. Dann schreien Sie herum. Ob ihr klar sei, dass es Pfuscher wie sie seien, die die Firma vor die Hunde gehen ließen? Die Leute würden ihre Jobs verlieren, wenn sie die Firma so führen würden! Sie sei für die Branche offenbar nicht gemacht etc. Denken Sie daran, die Lautstärke richtig hochzufahren und Gestik mit ins Spiel zu bringen. Sie könnten aufstehen und von oben herab auf sie einreden – das sollte funktionieren. Es ist nie verkehrt, sich anklagender Körpersprache zu bedienen. Sobald Sie sie weichgekocht haben, fragen Sie sie, wer schuld ist. Für dieses Verhalten bekommen Sie drei Punkte, denn das erzeugt drei weitere mögliche Optionen:

a) Wenn Inna sagt, dass sie, und nur sie, an der Situation schuld ist, dann bleibt Ihnen nur noch eine Möglichkeit – sie zu feuern. Am besten sofort, sagen Sie ihr, sie soll heimgehen und nicht wiederkommen. Schicken Sie eine E-Mail an die ganze Firma, in der Sie mitteilen, dass die Leiterin des Produktionsteams diese Woche die Firma infolge des Fließband-Debakels verlassen hat. Gepfählt! Schreiben Sie sich 10 Punkte gut!

> **Tyrannei ist nicht nur effektiv, sie kann auch sehr schnell gehen.**

b) Interessanter wird es, wenn Sie Inna dazu kriegen können, einige ihrer Teammitglieder zu beschuldigen. Vielleicht sagt sie, dass Bob und Glen die Sache versaut haben, weil die eigentlich die Experten sein sollten. Daraufhin befehlen Sie Inna, sie solle die beiden feuern, wenn sie morgens wiederkämen. So gelingt Ihnen nicht nur eine Doppelpfählung, nein, Sie haben auch noch Inna dazu gebracht, etwas zu tun, womit sie sich extrem unwohl fühlt, besonders weil sie höchstwahrscheinlich aus Feigheit und Selbstinteresse gehandelt hat. Doppelpfählung und psychologische Prügel! Schreiben Sie sich 20 Punkte gut!

c) Es gibt noch eine dritte Möglichkeit, und diese ist noch subtiler. Hat Inna etwas, was Sie gern hätten? Könnte sie Sie bestechen, um ihren Job zu behalten? Womit könnte sie Sie bestechen? Das ist nun schon der Bereich der fortgeschrittenen Tyrannei, und Sie werden noch viel mehr zu diesem Thema in Kapitel 9 erfahren, aber es ist immer gut, sich vor Augen zu halten, dass die Pleite von heute Ihnen eine Möglichkeit bescheren könnte, etwas zu bekommen, was Sie in der Zukunft brauchen könnten …

Ein weiterer großer Repräsentant des Tyrannentums ist der römische Kaiser Caligula. Über ihn wurde viel geschrieben, beispielsweise über das Pferd, das er zum General beförderte, und seine zahlreichen sexuellen Abartigkeiten. Vieles davon stimmt nicht und wurde von der intrigierenden und mit Dreck werfenden römischen Führungsschicht erfunden.

Um Caligula gegenüber fair zu sein: Viel von dem schmutzigen, verrückten Zeug, das über ihn geschrieben wurde, kam von Leuten, die etwas gegen seine Herrschaft hatten und ihre Werke viele Jahre nach seinem Tod verfassten. Wir wissen jedoch, dass er jemand war, der keine Gelegenheit verstreichen ließ, den Leuten eine Lektion zu erteilen, und sein mieser Ruf ist sicherlich wohlverdient. Caligula wollte, dass seine Leute einen Gott in ihm sahen. Dagegen ist nichts einzuwenden. In seinem Standardwerk über den römischen Kaiser schreibt Anthony A. Barrett[*]:

> **Es ist wichtig für einen Tyrannen, die Fehler seiner Leute niemals unter den Tisch fallen zu lassen.**

»Sueton berichtet, er habe neben einer Statue des Jupiter gestanden und den Schauspieler Apelles gefragt, welcher von ihnen beiden der Größere sei. Als Apelles zögerte, ließ Caligula ihm die Haut abziehen.«

---

[*] Caligula: The Corruption of Power, Yale University Press 1998.

Für einen Despoten ist es wichtig, dass er die Fehler seiner Leute niemals unter den Tisch fallen lässt. Sie bekommen nicht so viele Gelegenheiten, Ihre Leute zu bestrafen, zu ermahnen und ihnen für alle Fälle den Kopf zurechtzusetzen. Denken Sie daran – nicht die wurden befördert, sondern Sie. Also müssen die anderen hin und wieder an diese Tatsache erinnert werden. Jeder Fehler, egal, wie trivial oder unbedeutend, ist eine Gelegenheit zu strafen. Ergreifen Sie diese Gelegenheiten, genießen Sie sie – sie sind nur flüchtige Momente reaktiver Genugtuung in einer ansonsten proaktiven Tyrannei.

Mieser Tipp

Machen Sie eine Liste mit Ihren Lieblingsstrafen und erstellen Sie einen Plan, um dafür zu sorgen, dass Sie alle gleich oft verwenden und jedes Mitglied Ihres Teams eine schöne Auswahl unterschiedlicher Strafen abbekommt. Es gibt viele Möglichkeiten, den Leuten eine Lektion zu erteilen, von physischer Misshandlung (werfen Sie mit einem Tacker nach ihnen) bis hin zu psychologischen Angriffen (putzen Sie sie vor den Kollegen herunter) – also halten Sie sich an den alten Grundsatz: Die Mischung macht's.

Wenn Sie gern aus Respekt vor Caligula Häuten zu Ihrer Strafenliste hinzufügen wollen, dann halten Sie sich am besten an das Vorbild des Hongwu-Kaisers von China. Zhu Yuanzhang regierte China von 1368 bis 1398 und war Gründer und erster Kaiser der Ming-Dynastie. Der erste Kaiser brachte nicht nur Vasen zu internationaler Aufmerksamkeit, sondern auch die Praktik, jemanden bei lebendigem Leibe zu häuten, sowie den Tod durch langsames Zerstückeln. Einmal hatte er die Bewohner eines Dorfes im Verdacht, unvornehme Worte über ihn im Mund zu führen, und befahl daher, 5000 der Frauen des Ortes zu häuten. Vlad war ganz fürs Pfählen, Zhu hatte eine Schwäche fürs Häuten. Für welche Strafe entscheiden Sie sich?

Lektion 2: Teile und herrsche

Im vorigen Kapitel haben wir einen kurzen Blick auf die Mechanismen des Prinzips »Teile und herrsche« geworfen, das zur Anwendung kommt, wenn man den Konkurrenzdruck in seinem Arbeitsumfeld erhöhen möchte, um den Weg für die Tyrannei zu ebnen. Doch an wen können wir uns in den Geschichtsbüchern wenden, wenn wir ein Vorbild für dieses Prinzip suchen?

Am besten an den Helden dieses Buches – Iwan den Schrecklichen. Seine Taten während seiner langen Regierungszeit sind ein regelrechter Meisterkurs in Teilen und Herrschen. Tatsächlich ist seine anfangs unerklärliche und plötzliche Teilung Russlands in zwei Staaten einer der größten Geniestreiche des Tyrannentums für alle Zeiten. Sehen wir uns an, was er tat und warum, was er dadurch erreichte und was wir von seinem Beispiel lernen können.

Iwan gierte nach Macht und Kontrolle, wie es jeder gute Tyrann tun sollte. Er war vom Einfluss der Grundbesitzer, der Boyaren, frustriert, genauso wie es unser Held Vlad der Pfähler hundert Jahre zuvor in der Walachei gewesen war. Er war der Meinung, sie täten wenig zur Unterstützung seiner militärischen Bestrebungen, würden aus seiner Schatzkammer stehlen und unterdrückten das gemeine Volk, was Not und Unruhen erzeugte. Im Wesentlichen ging es ihm darum, ihre Macht und ihren Einfluss zu beschneiden, und um dies durchzusetzen, ersann er einen ausgekochten Plan.

1565 brach er mit seiner Familie von Moskau in einen Urlaub auf. Wenn Sie sich jetzt Iwan, Frau Schrecklich und ein paar Kinder mit vielleicht noch einer Amme und ein paar Haustieren vorstellen, dann liegen Sie ganz schön daneben. Wenn der Großprinz Russlands auf »Pilgerfahrt« ging, nahm er ein riesiges Gefolge mit: Tausende von Menschen, Pferden, Wagen etc. Doch etwas war ungewöhnlich an der Pilgerfahrt, die Iwan 1565 begann. Seine Leibwache war kolossal,

Iwan gierte nach Macht und Kontrolle, wie es jeder gute Tyrann tun sollte.

viele Male größer, als normal gewesen wäre, und, ebenfalls ungewöhnlich, er hatte sein gesamtes Gefolge gebeten, ihre Frauen und Kinder mitzubringen. Warum sollte er so viele Leute mitnehmen? Sie können sich die Unruhe vorstellen, die das verursachte.

Die Leute befürchteten das Schlimmste – würde Iwan wiederkommen? Iwans harter, geradliniger Führungsstil war so ziemlich das Einzige, das Moskau und ganz Russland zusammenhielt. Ohne ihn würden Recht und Gesetz zusammenbrechen, die Grenzen würden fließend werden und die Ordnung kollabieren, Anarchie würde herrschen. Die Leute waren nervös und hatten allen Grund dazu.

Iwan begab sich 100 Kilometer nach Nordosten und schickte von dort die Botschaft, er würde seinen Posten in Moskau aufgeben, stattdessen habe er Russland zweigeteilt: in die Oprichnina und die Zemshchnina. Das war so bizarr, dass es die Historiker noch heute verblüfft. Es hatte den Anschein, als hätte Iwan sich entschieden, ein großes Gebiet, darunter die wohlhabendsten Städte, die Moskau umgaben (aber nicht Moskau selbst), zu nehmen und es in eine Art Kronland zu verwandeln, wo seine Macht absolut sein würde. Er nannte es Oprichnina und machte seine loyalsten Leibwächter zu Herrschern. Den Rest Russlands übergab er den Boyaren; das war die Zemshchnina.

Die Moskowiter waren entsetzt. Unter den Boyaren würde das gemeine Volk wahrscheinlich noch mehr misshandelt und ausgebeutet werden als zuvor, ohne dass es einen Staat geben würde, an den man sich wenden konnte, um die Boyaren in ihre Schranken zu weisen. Sie flehten Iwan an zurückzukommen, und das tat er auch, aber unter der Bedingung, dass seine Macht auch in Moskau absolut sein und er die Autorität eingeräumt bekommen würde, sich »Unruhestiftern« anzunehmen. Die Boyaren von Moskau hatten keine wirkliche Wahl.

Angesichts der Entscheidung zwischen einer Revolte oder einem zurückkehrenden, mächtigeren Iwan wählten sie Iwan und müssen sich rückblickend gewünscht haben, sie hätten sich für die Revolte entschieden, weil Iwans Neuinterpretation von »Unruhestifter« ziemlich vage war. Iwan regierte die Oprichnina mit eiserner Hand. Die Landbesitzer wurden nach und nach verbannt oder verschwanden, was es Iwan gestattete, seinen Oprichniks mehr Land und Reichtum zukommen zu lassen.

Schließlich sollte Iwan die beiden Teile seines Reiches wiedervereinen, doch erst, als die Macht der Boyaren tödlich geschwächt war. Er zentralisierte die Macht in Moskau und in seiner Person und ging hart mit all jenen ins Gericht, die seine Oberherrschaft infrage stellten. Durch die Teilung seines eigenen Reiches lockerte er keineswegs seinen Griff um die Zemshchnina (die in Wahrheit ohnehin nur ein loses Netzwerk konföderierter Gruppen war) und festigte seinen Griff um die strategische Schlüsselgebiete der Oprichnina nur noch mehr. Dieses große Gebiet um Moskau und den Nordwesten war der wichtigste Teil Russlands, und Iwan hatte seine strategische Bedeutsamkeit schnell begriffen.

Er handelte nicht aus dem Wunsch heraus, seinem Reich Frieden und Harmonie zu bringen, er war auch nicht davon motiviert, eine Bedrohung für seinen Führungsanspruch auszuschalten. Er wollte Macht in ihrer reinsten Form, die Fähigkeit, das Schicksal anderer zu kontrollieren, ohne infrage gestellt zu werden. Und um das zu erreichen, musste er teilen, bevor er herrschen konnte.

Wir können uns Iwans Vorbild bedienen und es radikal auf die heutige Geschäftswelt anwenden. Sie werden das Szenario wiedererkennen: Ein Team hochkompetenter Leute arbeitet in einem technischen Bereich wie Finanzen oder IT zusammen. Der Chef ist im Rentenalter und entscheidet plötzlich, wegen schlechter Gesundheit seine Pensionierung vorzuverlegen. Keineswegs ungewöhnlich – und plötzlich haben wir ein Führungsvakuum.

Keiner der direkten Untergebenen des scheidenden Chefs wird für strategiegewandt oder erfahren genug gehalten, um den Führungsposten zu übernehmen, so kompetent sie auch sein mögen, und man holt Sie von außerhalb der Organisation für diesen Posten. Sie befinden sich jetzt natürlich in einer Albtraumposition. Das Team hat den alten Chef geliebt, weil er ein Weichei war und dachte, es sei wichtig, beliebt zu sein (was wahrscheinlich seinen

schlechten Gesundheitszustand erklärt, da ihn zu viele Leute an-
gekotzt haben). Nicht wenige im Team glau-
ben, sie hätten selbst gute Chancen gehabt, den Spitzenposten zu kriegen,
wenn der Alte ginge, sodass sich Ihre
Ernennung und damit Sie selbst als unbeliebt erweisen. Nun spielt es für Sie

**Er wollte Macht
in ihrer reinsten Form,
die Fähigkeit, das Schicksal
anderer zu kontrollieren, ohne
jemandem Rede und Antwort
stehen zu müssen.**

als mieser Chef offenkundig keine Rolle,
ob Sie beliebt sind, und Sie brauchen sich lediglich zu fragen »Was
würde Iwan tun?« Eine iwaneske Reaktion auf diese Situation
könnte in etwa so aussehen:

Schritt 1: Trennen Sie die dienstälteren Mitarbeiter von den
niedrigrangigeren. Ordnen Sie eine strategische Neu-
einschätzung an und fordern Sie Kosteneinsparungen von
20 Prozent, wobei nicht weniger als 15 Prozent durch Personaleinsparungen erfolgen müssen. Zäunen Sie alle höheren Dienstgrade ein und bestehen Sie darauf, dass die Personaleinsparungen in den unteren Rängen der Organisation
erfolgen müssen.

Finden Sie eine Möglichkeit, das Gehalt der meisten Altge-
dienten zu erhöhen, vielleicht durch das Geld, das durch
die Personaleinsparungen frei wird. Lassen Sie »zufällig«
ein oder zwei Details über dieses Arrangement nach außen
dringen, und schon werden die unteren Ränge der Organisation die höheren Ränge zu hassen beginnen.

Schritt 2: Eilen Sie die Führungsetage. Befördern Sie drei
der bisherigen Höherrangigen und machen Sie sie zu Ihren
einzigen direkt Verantwortlichen. Bringen Sie sie in unterschiedlichen Positionen unter und ermutigen Sie sie, ein
deutliches Markenzeichen und eine Identität für die Teams
zu finden, die Sie ihnen aufzubauen erlauben. Achten Sie
darauf, dass sie große, vornehme Büros bekommen, sodass
die Leute deutlich mitkriegen, dass Sie diese Teams für bes-

ser als den Rest der Mannschaft halten. Dann lassen Sie »zufällig« die Information durchsickern, dass es Ihre Leute waren, die die besseren Büros wollten.

Wenn Sie diese Schritte ergreifen, dann werden Sie feststellen, dass Ihr Team nicht länger unversöhnlich und schwer zu handhaben ist. Durch solche Schritte ziehen Sie das Team auf Ihre Seite, und von da an können Sie effektiv lenken und kontrollieren. Schließlich formen Sie eine neue Machtstruktur, eine, die Sie selbst entwerfen und daher steuern können. Denken Sie daran: Eine Position ist nichts ohne Macht; wenn Sie also keine haben, dann folgen Sie dem Grundsatz »Teile und herrsche«.

Lektion 3: Wirtschaften Sie in die eigene Tasche

Sie sind nicht wegen Ihrer Gesundheit auf dem Führungsposten. Es ist ein tougher Job, und genau deshalb bezahlt man Sie so gut dafür, dass Sie ihn machen. Das Problem ist, dass sich die Toughheit nicht in der Bezahlung widerspiegelt, also müssen Sie selbst dafür sorgen, dass sich diese Rolle für Sie auszahlt. Und zwar richtig.

Hören Sie nicht auf den ganzen Weichei-Kram über intrinsische Motivation und die Sehnsucht nach Sinn im Leben. Die einzigen Leute, die nach Sinn im Leben suchen, sind die, die eingesehen haben, dass sie niemals reich werden. Sinn ist ein schlechter Ersatz für Geld.

In Kapitel 9 werden wir uns ein paar praktische Vorgehensweisen ansehen, wie man mehr als nur einen Gehaltsscheck aus seiner Führungsposition herausmelken kann, aber für den Moment wollen wir uns zurücklehnen und einen der herrlichen Dauerbrenner unter die Lupe nehmen.

Dieser Chef wird uns zeigen, dass man, um ein wirklicher Tyrann zu sein, in Großbuchstaben denken muss. Wenn Sie darüber nachdenken, Büromaterialien aus dem Büro »auszuleihen«, dann sollten Sie sich schämen und für eine Weile in der Ecke stehen. Dabei wird nie viel herauskommen. Sie müssen in viel größerem Maßstab denken und daher in die Fußstapfen von Giganten treten ...

2004 veröffentlichte eine deutsche Nichtregierungsorganisation mit Namen Transparency International eine Liste der zehn Bosse, die sich in den vergangenen Jahrzehnten am meisten selbst bereichert hatten. Natürlich handelte es sich dabei um eine Weichei-orientierte Organisation, wie es die meisten Nichtregierungsorganisationen sind, und so dachte man dort, man würde eine Liste der korruptesten und schlechtesten Bosse der jüngeren Geschichte veröffentlichen.

Wir als Tyrannen wissen natürlich, dass das, was da publiziert wurde, eine Liste der effektivsten Despoten der jüngeren Vergangenheit war. Mein Held auf dieser Liste ist nicht die Person auf Platz eins, obwohl Präsident Suharto von Indonesien eine besondere Erwähnung dafür verdient hat, eine wirklich verblüffende Summe von zwischen 15 und 35 Milliarden Dollar stibitzt zu haben. Sie lesen richtig. Es gelang ihm nicht lediglich, Dutzende von Millionen Dollar, sondern Dutzende von *Milliarden* abzuschöpfen.

Sie müssen sehr früh aufstehen, um die Zeit zu finden, so viel Geld zu veruntreuen. Aber Suharto war endlos lange an der Macht und den Großteil der Zeit über weithin beliebt. Der Miesling von der Liste, der wirklich mein tyrannisches Auge auf sich gezogen hat, ist der Typ auf Platz zwei: der Präsident der Philippinen, Ferdinand Marcos.

Ferdinand Marcos ist Jahrgang 1917. Er studierte Jura an der Universität und diente während des Zweiten Weltkriegs in der Armee der Philippinen. Schon in jungen Jahren steckte er in einigen miesen Kisten mit drin, wurde jedoch von dem Vorwurf freigesprochen, einen politischen Rivalen seines Vaters ermordet zu haben.

Diese juristischen Verwicklungen gaben den Filipinos alle nötigen Hinweise, dass Ferdinand kein Mauerblümchen werden würde. 1954 heiratete er Imelda, die mit der Vorliebe für Schuhe, und er wurde 1965 Präsident. In seinen 21 Jahren Amtszeit gelang es ihm, zwischen 5 und 10 Milliarden Dollar abzuschöpfen. Sein Antikommunismus in dieser Zeit sicherte ihm die Freundschaft der USA, die dem Land ein paar saftige Kredite gewährten. Nun erkannte Marcos ganz richtig die Gelegenheit. Nur dank seiner exzellenten Führung waren die USA bereit, ja, brannten sie darauf, dem Land diese großzügigen Kredite zu geben. Daher war es nur recht und billig, wenn er auch im kleinen Stil persönlich davon profitierte.

Die Auslandsschulden der Philippinen belaufen sich auf etwa 28 Milliarden Dollar und es ist anzunehmen, dass sich die Summe und mehr noch auf diversen Bankkonten befindet, die der Familie Marcos gehören. Marcos ist mittlerweile tot, seine Frau ist mit 2700 Paar Schuhen noch in der philippinischen Politik aktiv. Er hat den Philippinen ein interessantes Vermächtnis hinterlassen. Das lässt sich am klarsten an einer Umfrage aus dem Jahr 2005 erkennen, in der die Filipinos gebeten wurden, den Präsidenten zu wählen, den sie am liebsten mochten. Nummer 1 wurde Marcos.

Marcos schaffte es neben seinen Erfolgen in Sachen Selbstbereicherung auch noch, hocheffektiv zu sein. Er tat mehr für die Verbesserung der Bildung, des Gesundheitswesens und der Infrastruktur in seinem Land als alle Präsidenten vor ihm. Er brachte, zumindest anfangs, Stabilität und Frieden.

Er war trotz seiner gelegentlichen Veruntreuungen beliebt und gewann mit Leichtigkeit die Wahl für seine zweite Amtsperiode. Die Verfassung der Philippinen zur damaligen Zeit ließ eigentlich keine dritte Legislaturperiode zu, aber Marcos war auf der richtigen Spur und wollte die Hand noch nicht aus der Keksdose nehmen. Also inszenierte er angeblich einen Attentatsversuch auf seinen Verteidigungsminister und verhängte das Kriegsrecht.

Unter dem Kriegsrecht setzte er die Verfassung außer Kraft und schrieb sie neu, mit dem Wortlaut, dass er so lange würde regieren können, wie das Kriegsrecht notwendig war. Schließlich beruhigten sich die Dinge und es wurde klar, dass man das Kriegsrecht wirklich nicht länger brauchen würde, was Marcos vor ein neues Problem stellte. Aber da es ihm dank der US-Kredite so gut ging, schrieb er die Verfassung einfach abermals um, was es ihm gestattete, so lange zu regieren, wie er wollte, ungeachtet solcher Lappalien wie des Kriegsrechts.

Marcos liefert also den Hinweis für einige zentrale Lektionen. Erstens: Wenn Sie an der Macht sind, dann holen Sie raus, was nur geht. Er fand Möglichkeiten, Geld auf seine eigenen Konten, die Konten seiner Familie und seiner Kumpane zu verschieben, die einfach nur verblüffend sind. Er erlaubte es seiner Familie und seinen Freunden, so ziemlich jede bedeutende Industrie des Landes zu übernehmen, Monopole zu errichten und unglaublich viel Geld zu machen. Unter seiner Herrschaft sammelte sich der Reichtum der Philippinen in den Händen einiger Auserwählter.

Die zweite Lektion, die wir aus Marcos Herrschaft ziehen können, ist die größtmögliche Verlängerung der Herrschaft. Ferdinand und Imelda Marcos verließen die Philippinen nur, weil sie unbedingt mussten. Sie wurden vertrieben und mussten per Helikopter fliehen. Als die US-Behörden sie bei Ankunft in Hawaii fragten, ob sie etwas zu verzollen hätten, fanden sie Goldbarren im Wert von mehreren Millionen im Gepäck.

Wir sollten darauf hinarbeiten, unseren letzten Führungsposten genau so zu verlassen, in letzter Minute davongehetzt, nachdem wir den gesamten Reichtum der Organisation beiseitegeschafft und auf uns geballt haben, heroisch, unter Beschuss kleinkalibriger Waffen (es mag sein, dass ich hier ein wenig übertreibe), den Sprung in den Helikopter wagend. Die philippinische Regierung brauchte 18 Jahre, um auch nur ein bisschen etwas von dem Geld, das die Familie Marcos abgeschöpft hatte, zurückzubekommen, und selbst dann war es nur ein Bruchteil. Der Großteil war längst weg.

> **Wir sollten darauf hinarbeiten, unseren letzten Führungsposten gehetzt in letzter Minute zu verlassen, nachdem wir den gesamten Reichtum der Organisation beiseitegeschafft und auf uns konzentriert haben.**

Von Marcos können wir lernen, dass es bei Tyrannei nicht nur um die Erreichung des Unmöglichen trotz der Nutzlosigkeit der Menschen um einen her geht. Es geht auch um persönliche Bereicherung. Wir können nicht alle so erfolgreich sein wie Ferdinand

Marcos, dafür gibt es auf der Welt einfach nicht genug Geld, aber stellen Sie sich nur vor, Sie könnten 1 Prozent dessen erreichen, was ihm gelungen ist. Sie wären immer noch mehrfacher Millionär.

Lektion 4: Spielen, um nicht zu verlieren

Ein Buch über Tyrannen wäre unvollständig, wenn es nicht sein Augenmerk auf Dschingis Khan lenken würde. Geboren als Borjigin Temujin etwa im Jahr 1162, lebte er ein raues Leben voller Kämpfe, Entführungen und voller Schwierigkeiten. Es gelang ihm durch schieres Charisma und Gewalt, das zuvor gespaltene mongolische Reich wiederzuvereinen. Um 1205 kontrollierte er ein beträchtliches Gebiet, das größenmäßig etwa der heutigen Mongolei glich, doch Temujin war damit nicht zufrieden. Er nannte sich Dschingis Khan und ging daran, ein riesiges Reich zu errichten, das von China über ganz Eurasien reichen sollte. Die Moral, die ich seiner Herrschaft abgewinnen will, besteht jedoch nicht in seinen expansionistischen Tendenzen, nein, ganz im Gegenteil.

Dschingis Khan war ein Plünderer und Zerstörer. In der Mongolei erinnert man sich seiner als großen Helden, also denken Sie nicht, er wäre nur ein größenwahnsinniger Schläger gewesen. Er verschaffte seinem Land eine Größe, wie es wenigen Anführern gelingt. Doch außerhalb seiner mongolischen Festung gingen seine Bestrebungen nicht immer dahin, sein Territorium und seine Kontrolle zu erweitern. Seine Armee fegte wie eine Heuschreckenplage durch die Länder seiner Feinde, plünderte Städte und Dörfer, löschte die Bevölkerung aus und verdarb urbares Land.

Man sagt ihm sogar nach, er habe einen Fluss umleiten lassen, um alle Spuren der Hauptstadt eines Feindes auszulöschen. Er nahm, was er konnte (darunter oft Frauen und Kinder als Sklaven), und schickte es zurück in die Mongolei. Den Rest zerstörte er. Er war für einige der größten Massaker an Menschen in der Geschichte verantwortlich – die Zahlen sollen in die Millionen gehen.

Das ist heutzutage schon viel, aber denken Sie daran, dass wir uns Anfang des 13. Jahrhunderts befinden. Die Weltbevölkerung als Ganze belief sich damals etwa auf 400 Millionen. Wenn Sie heute also ein Massaker von gleichen Ausmaßen anrichten wollten, dann müssten Sie etwa 17,5 Millionen Menschen töten. Dschingis Khan bekam das mit ziemlicher Leichtigkeit jährlich hin. Viele der Landstriche, die er geplündert hatte, gliederte er nicht in sein Reich ein, sondern ließ sie so verwüstet und leer zurück, dass sich große Gebiete in Asien erst nach Jahrhunderten davon erholten. Der Khan errichtete eine Legende des Terrors und der Schlächterei, die sich von seiner mongolischen Festung ausgehend über 1000 Meilen erstreckte und noch heute durch ihr Ausmaß und ihre Bestialität verblüfft.

Er griff Samarkand im heutigen Usbekistan an, wobei seine Soldaten Gefangene als lebende Schilde verwendeten. Einmal eingenommen, wurde die Bevölkerung auf die Ebene vor der Stadt geführt, wo man sie abschlachtete und Pyramiden aus menschlichen Schädeln auftürmte, um den Sieg zu feiern.

Ein persischer Gelehrter schätzte die Anzahl der Getöteten allein in Urgench, ebenfalls im heutigen Usbekistan gelegen, auf über eine Million Menschen. Es ist unwahrscheinlich, dass es in Urgench überhaupt so viele Menschen für die Mongolen zum Töten gab, aber der Punkt ist: Urgench wurde nicht erobert, es wurde ausgelöscht. Das Königreich, zu dem es gehörte, wurde Khwarzemia genannt; als der Khan damit fertig war, war es auf Trümmer und Knochen reduziert.

Dschingis Khan schuf eine Legende des Terrors und der Schlächterei, die auch heute noch durch ihre Größe und Bestialität verblüfft.

Die Mongolen und später die Tataren setzten ihre Überfälle und Plünderungen von da an (etwa 1207) bis Mitte des 15. Jahrhunderts fort. Man vermutet, dass sie in dieser Zeit etwa 45 Millionen Menschen ermordeten. Nur der Zweite Weltkrieg übertrifft in Hinblick auf die Totenzahlen das, was die Mongolen angerichtet hatten. Und denken Sie daran: Das war alles Handarbeit. Ich will nicht unnötig schauerlich werden, aber es besteht ein riesiger Unterschied darin, jemanden mit einer Pistole oder einer Bombe zu töten oder eben mit einem Schwert. Sie müssen jemanden wirklich töten wollen, wenn Sie es mit einem Schwert tun, und schnell geht es auf keinen Fall.

Die Mongolen machten sich krumm, und all das wegen der Tyrannei eines Mannes. Es ist keineswegs überraschend, dass allein die Erwähnung seines Namens noch 800 Jahre später für eine morbide Faszination sorgt.

Aber die Lektion, die wir von Dschingis Khan lernen können, ist nicht nur, dass Sie früh aufstehen und anfangen sollen, den Leuten mit einem hinreichend scharfen Instrument die Gliedmaßen abzuhacken. Das ist zwar durchaus keine schlechte Idee, doch wir können noch etwas anderes überaus Interessantes lernen. Der Khan wusste, dass seine Kontrolle niemals groß genug sein würde, wenn es darum ging, die Grenzen der Gebiete, zu erreichen, die er plündern konnte.

Er besiegte Armeen von China bis Ungarn, Gebiete, bewohnt von Leuten, die niemals voneinander gehört hatten und die noch weniger unter der Herrschaft eines Mannes vereint werden würden – es war einfach ein zu großes Gebiet, als dass man es in der Welt von 1210 effektiv hätte regieren können. Aber dachte Dschingis Khan nun: »Wenn ich es nicht regieren kann, dann lasse ich es eben in Ruhe?« Natürlich nicht, er versammelte seine Truppen, eine kleine Armee von 30.000 oder 40.000 Mann, und stürmte los, um seine Nachbarn auszulöschen. Wenn Sie etwas nicht haben können, warum sollte es dann jemand anderes haben? Die Lektion, die wir hier lernen können, ist: Spiel nicht *immer*, um zu gewinnen, sondern spiel, um nicht zu verlieren. Khan hätte die Gebiete, die er eroberte, nicht für sein eigenes Reich gewinnen können, aber er sorgte verdammt noch mal dafür, dass sie für alle anderen nutzlos wurden.

Dies können Sie auf Ihre eigene Entwicklung zum Tyrannen anwenden. Ich möchte, dass Sie sich vorstellen, Sie wären kaufmännischer Leiter in einer großen internationalen Firma für Konsumgüter. Sie kümmern sich um ein bestimmtes geografisches Gebiet, sagen wir Südostasien. Die nächste Beförderung, die Sie anstreben, ist zum regionalen Generaldirektor und danach wollen Sie einen Posten im Vorstand.

Sie sind sich bewusst, dass Ihre Verkaufszahlen fantastisch sind, und viele von uns wären vielleicht weit weniger an den Verkaufszahlen Ihrer Kollegen in der Region interessiert. Doch nicht so ein von Dschingis Khan inspirierter Miesling. Wenn Sie diese Verkaufszahlen Ihrer Kollegen nicht kontrollieren oder von ihnen profitieren können, warum sollten es ihre Kollegen? Denken Sie daran: Wenn alle es versauen, Sie aber nicht, dann stehen Sie besser da. Spielen Sie nicht, um zu gewinnen, spielen Sie, um nicht zu verlieren.

Die subtile Veränderung in Ihrer Einstellung beginnt, Ihre Bemühungen nützlich zu refokussieren. Statt hart dafür zu arbeiten, zunehmend marginale Verbesserungen Ihrer Verkaufszahlen zu erreichen, denken Sie lieber daran, wie viel profitabler es wäre, wenn Sie ein wenig in den Gebieten Ihrer Kollegen auf Plünderungs- und Vergewaltigungszug gingen. Dschingis Khan war ein Meister der Spionage und benutzte Spione, um die Gebiete seiner Feinde umfassend zu infiltrieren, bevor er angriff. Das können Sie genauso. Bringen Sie ein paar Ihrer Leute in den Regionen Ihrer Kollegen unter. Wenn Sie das als »internationalen Einsatz« bezeichnen, wird niemand die Saboteure erkennen.

Halten Sie sich diese Leute mit dicken Bestechungen loyal und lassen Sie sie dann, zu kritischen Zeitpunkten, heimlich entscheidende Deals unterminieren oder ständig unterbieten, um Bedarfsspitzen gewachsen zu sein. Über einen Zeitraum von Monaten und Jahren hinweg wird ein solch dauerhafter Angriff durchgängig den Beweis liefern, dass nur eine Region die Erwartungen erfüllt oder sogar übertrifft: Ihre.

Wenn Sie spielen, um nicht zu verlieren, statt um zu gewinnen, dann machen Sie sich den Dschingis-Khan-Ansatz zunutze, die Macht um sich herum niederzureißen, statt zu versuchen, Ihre eigene Macht auszubauen. Muskeln sind relativ. Wenn andere schwächer sind als Sie selbst, dann sind Sie per definitionem stark. Und uns alle zieht Stärke an. Stärke erzielt Ergebnisse, Stärke wird befördert. Am Ende sind es die Starken, die den Sieg davontragen.

Muskeln sind relativ. Wenn andere schwächer sind als Sie selbst, dann sind Sie per definitionem stark.

Ich könnte weitermachen. Wir haben noch nicht über Attila, Tamerlane oder Mao gesprochen. Saddam Hussein ist ein tolles Beispiel für Tyrannei. Einige von Ihnen mögen vielleicht denken: »Aber in den Beispielen geht es ja nur um Männer, ist Schreckensherrschaft denn nur was für Jungs?« Wie sehr Sie sich da täuschen. Zugegeben, die meisten wohlbekannten Beispiele für historisches Tyrannentum sind Männer, aber es gibt auch genug weniger bekannte miese Frauen. Ich habe unten ein paar aus dem Hut gezogen, die uns kollektiv eine fünfte und letzte Lektion in Gewaltherrschaft vermitteln sollen. Schauen Sie mal, ob Sie daraufkommen, welche es ist …

Fangen wir an mit Königin Ranavalona von Madagaskar. Sie gewinnt nicht nur den Preis für den längsten offiziellen Namen, den jemals ein Tyrann führte (geboren wurde Sie als Prinzessin Rabondoandrianampoinimerina), sie war auch wirklich eine Heldin ihrer Zeit. Sie regierte von 1828 bis 1861, in einer Zeit des Kolonialismus und starken Drucks vonseiten des Auslands. Es ging ihr vor allem darum, die Unabhängigkeit ihrer Insel von England und Frankreich sicherzustellen, die beiderseits Pläne hegten, sich Madagaskar zur Sicherung der Passage nach Indien einzuverleiben. Sie zerfetzte die Verträge mit England, der Supermacht der damaligen Zeit, baute eine madagassische Waffenindustrie auf und erkannte im Christentum ein politisches Instrument, spirituellen Einfluss auf ihre Insel zu nehmen.

Sie erklärte, dass jeder Madagasse, der bei der Ausübung des Christentums ertappt würde, getötet werden sollte, und ließ die Missetäter an Seilen über Schluchten aufhängen. Wenn sie ihrem Glauben nicht abschworen, wurden die Seile gekappt, und die Delinquenten zerschellten an den Felsen in der Tiefe.

Oder nehmen wir Königin Mary von England. Bekannt war sie als Bloody Mary, wegen ihrer Leidenschaft für Cocktails auf Tomatensaftbasis. Als einziges Kind des berüchtigten Heinrich VIII. führte sie in England den Katholizismus wieder ein und ließ mindestens 300 Protestanten auf dem Scheiterhaufen verbrennen. Dann ist da noch Isabella I. von Spanien, die zusammen mit ihrem Mann Ferdinand die größte militärische Supermacht ihrer Zeit schuf (wir sprechen vom späten 15. Jahrhundert) und die spanische Inquisition auf den Weg brachte, die Hunderte von Juden, Muslimen und Protestanten folterte, um sie zur Konversion zum Katholizismus zu bewegen. Jeder Nichtkatholik zu dieser Zeit wurde des Landes verwiesen, eine Maßnahme, die man selbst im späten 15. Jahrhundert als ziemlich hart ansah.

Diese drei Damen hatten etwas gemeinsam, und durch ihr gemeinsames Vorbild kommen wir zu Lektion 5.

Lektion 5: Statuieren Sie Exempel

Dabei handelt es sich um eine großartige Lektion für Tyrannen, die die Kinder in Großbritannien schon sehr früh lernen, und zwar, weil man sie einer seltsamen Geschichte mit dem Titel »Unten am Fluss« aussetzt. Lassen Sie sich von der Tatsache, dass es in der Geschichte um Kaninchen geht, nicht in einem falschen Gefühl von Sicherheit wiegen. Im Kern geht es um eine (für einen Sechsjährigen) wirklich unheimliche Figur namens General Woundwort, der jedem Hasen, der aus seinem Gehege zu fliehen versucht, die Ohren zerfetzt und dann mit dem blutüberströmten, stumpfohrigen Tropf

> Sie müssen ein paar Leute aussondern und sie schrecklich bestrafen, danach wird jedermann ganz brav zurück ins Glied treten.

vor seinen verängstigten Kollegen vorbeispaziert. Ich träume immer noch von General Woundwort. Mit diesem Hasen stimmte was nicht.

Aber die Hasen mal beiseite, unsere drei eisernen Ladys, die Margaret Thatcher schon ein bisschen wie ein Weichei aussehen lassen, zeigen uns die Bedeutung drastischer Maßnahmen gegen wenige, wenn es darum geht, die vielen zur Räson zu bringen. Sie müssen ein paar Leute aussondern und sie schrecklich bestrafen, danach wird jedermann ganz brav zurück ins Glied treten …

Zufälligerweise war übrigens die schrecklichste Person, die ich bei einem Rückblick über die wirklich großen Tyrannen der Vergangenheit finden konnte, eine Frau. Und wenn Sie sehen wollen, wie schrecklich weibliche Despotinnen sein können, dann geben Sie »Elizabeth von Báthory« in eine Suchmaschine ein, aber sagen Sie nicht, ich hätte Sie nicht gewarnt, Sie werden einen starken Magen brauchen.

Ich hoffe, Sie haben durch unsere kleine Tour ein wenig darüber gelernt, was echte Tyrannei bedeutet. Vlad der Pfähler zeigt uns, wie wir der Inkompetenz jener begegnen sollen, deren Vorgesetzter zu sein wir das Pech haben; Iwan der Schreckliche (es gibt Gerüchte über seine Kanonisierung) zeigt uns, wie man Spaltungen nutzen kann, um die Kontrolle zu behalten; Ferdinand Marcos erinnert uns daran, die Tatsache nicht aus den Augen zu verlieren, dass wir all das nicht tun, weil es solchen Spaß macht, sondern dass wir daran denken müssen, dass sich unser Führungsposten für uns auch lohnt; Dschingis Khan ist unser Denkzettel, den Marcos-Drang in uns, zu stehlen, mit dem tyrannischen Instinkt auszubalancieren, das zu zerstören, was anderen gehört, selbst wenn wir keinen Nutzen dafür haben; und schließlich und endlich helfen uns unsere tyrannischen Ladys, auf unserem Weg Exempel zu statuieren. Als generelle Daumenregel lässt sich also festhalten, dass Sie, wenn Sie sich in einer schwierigen Situation befinden, am Scheideweg stehen oder sich einem Dilemma gegenübersehen, Sie innehalten, reflektieren und nachdenken sollten. Beschwören Sie die Geister der Gewaltherrscher von einst. Ein mächtiges Pantheon von Mentoren ist es, das Ihnen da zur Verfügung steht, also fragen Sie sich: Was hätte Dschingis Khan in dieser Situation getan …?

Kapitel 3 – Lektionen in Tyrannei

▶ Jeder Fehler eines Handlangers ist eine Gelegenheit, jemandem eine Lektion zu erteilen. Lassen Sie die Leute aus ihren Fehlern lernen.

▶ Führen Sie eine Liste über Ihre Lieblingsstrafen und teilen Sie sie der Reihe nach aus, sodass all Ihre unglücklichen Untergebenen nacheinander davon profitieren können.

▶ Wenn Ihnen die Kontrolle über ein Team, eine Abteilung oder Organisation entgleitet, dann holen Sie sie durch Teilen und Herrschen zurück. Nutzen Sie Strukturen, um die Leute gegeneinander auszuspielen.

▶ Wirtschaften Sie in die eigene Tasche. Die Leute zu brutalisieren, macht nicht nur Spaß, es kann auch überaus lukrativ sein; halten Sie nach jeder sich bietenden Gelegenheit Ausschau. In Kapitel 9 finden Sie weitere Informationen.

▶ Gleichen Sie den Drang, in die eigene Tasche zu wirtschaften, dadurch aus, dass Sie spielen, um nicht zu verlieren. Wenn Sie etwas nicht in die Tasche kriegen, weil die schon mit Blankoschecks voll ist, die Sie aus der Finanzabteilung gestohlen haben, dann zerstören Sie es, um zu verhindern, dass noch jemand davon profitieren könnte.

▶ Statuieren Sie Exempel an den Leuten. Und machen Sie's richtig; zerfetzen Sie ihnen die Ohren, verbrennen Sie sie auf dem Scheiterhaufen, zerstören Sie sie bis zur Unwiederherstellbarkeit, sodass alle anderen nur noch in angsterfüllter Taubheit handeln können.

Wir sind mit unseren Machenschaften auf dem Kurs in die Tyrannei nicht allein. Immer wenn wir uns unsicher oder unentschieden fühlen, müssen wir nur einen Blick in die Vergangenheit werfen und können die Lektionen früherer Tyrannen heraufbeschwören.

DIE ALLEIN-
HERRSCHAFT
UND SIE

Wie fühlen Sie sich? Amüsiert Sie der Gedanke, einen Vernichtungsfeldzug gegen die Buchhaltung zu unternehmen und in einer von den Mongolen inspirierten Schreckenskampagne ganze Reporting- und Analystenteams niederzustrecken? Hmmm … verlockend, nicht wahr? Aber bevor Sie jetzt Ihre Flinte rausholen, gönnen wir uns für einen Moment eine Pause von der ganzen Tyrannei und denken nach.

Der miese Chef in Kapitel 1 erobert sich die Gewaltherrschaft zurück. Jetzt, da ich diesen Passus erneut lese, stellt sich bei mir ein leises Zucken ein, eine Sehnsucht nach diesem Gefühl von Macht. Sie müssen vorsichtig sein, wenn es um Führung geht. Diese Rolle ist mit Verantwortung und Rechenschaft für die Leistung anderer verbunden, die man abzulegen hat. Ich habe beobachtet, wie viel zu viele Chefs, besonders jüngere auf ihrem ersten Führungsposten, ein zu großes Interesse an dem Machtaspekt der Führung entwickelt haben. Seien Sie vorsichtig, wenn dieses Gefühl von Macht eine zu starke Anziehungskraft auf Sie ausübt. Denken Sie daran: Die Leute, die richtig Grips haben, sind die, die das Produkt herstellen, verkaufen, die damit verbundenen Dienstleistungen zur Verfügung stellen, es überholen, warten etc. Die verdienen das Geld oder stellen den Service zur Verfügung, nicht Sie. Sie sind dafür da, den Leuten dabei zu helfen, aus ihren Fähigkeiten das Maximum herauszuholen. Und oft sind ihre Fähigkeiten größer, als sie selbst glauben, sodass Ihre Aufgabe darin besteht, dieses Mehr an Kapazitäten und Fähigkeiten freizusetzen. Der Ausdruck »dienende Führung« beschreibt recht gut den Ton, den große Anführer anschlagen, wenn es um Macht geht. Ja, Sie sind entschieden und übernehmen die Kontrolle, wenn es stürmisch wird oder man sich einer Krise gegenübersieht, aber ansonsten verstehen Sie sich als jemand, der da ist, um andere zu unterstützen.

In Kapitel 2 gelingt es dem miesen Chef, eine der wichtigsten Lektionen in Sachen Führung zu verdrehen, die es gibt. Als Chef ist es unsere Aufgabe, den Leuten in unsicheren Zeiten Rückhalt zu geben, ihnen ein sicherer Anker auf stürmischem Meer zu sein, sie an das zu erinnern, was standhält, wenn alles andere schwankend geworden zu sein scheint. Das Letzte, was Sie als Chef tun sollten, ist, Unsicherheit zu akzentuieren. Die Leute können hervorragend mit Veränderungen umgehen. Womit sie für gewöhnlich zu kämpfen haben, ist die Unsicherheit, die mit einer Veränderung einhergeht. Sind wir? Sind wir nicht? Es sind die falschen Anfänge, falschen Dämmerungen, falschen Sicherheiten, aus denen Verzagtheit entsteht. Als Chefs sind wir im Wesentlichen dazu da, zwei Dinge zu tun: bestehende Leistungslevel zu managen und Veränderungen zu organisieren. Anfangs werden Sie mit dem ersten Aspekt der Führung genug zu tun haben und versuchen, das gegenwärtige Leistungslevel aufrechtzuerhalten oder zu verbessern. Mit der Zeit und mit wachsender Kompetenz stellt sich dann der zweite Teil ein. Das ist die Zeit, in der Sie die Veränderung, bei der Sie die Zügel in der Hand haben, mit einem Gefühl von Sicherheit umgeben und eine kohärente Geschichte darüber erzählen können müssen, was sich verändert und warum. Sie müssen Ihre Angestellten unermüdlich anfeuern, wenn Sie die ersten unsicheren Schritte in eine neue Realität tun.

Der Tyrann verbringt auch zu viel Zeit damit, für zu viel interne Konkurrenz zu sorgen. In vielen Industrien und Firmen ist es wichtig, den Geist des Wettbewerbs lebendig zu halten (keineswegs in allen, da das zu sehr kurzsichtigem Verhalten führen kann), ABER sorgen Sie auf jeden Fall dafür, dass dieser Wettbewerb dort stattfindet, wo er hingehört! Nämlich in Bezug auf andere Organisationen und nicht intern. Klar, Sie können einen Abwaschwettbewerb mit den Typen aus der IT-Abteilung machen, aber die richtige Energie sollten Sie sich für den eigentlichen Wettbewerb aufheben.

In Kapitel 3 sollte deutlich werden, dass ich nicht hinter dem Führungsstil von Stalin und Vlad dem Pfähler stehe. Doch dort, wo der Tyrann sein Ziel verfehlt, warten wichtige Lektionen auf uns. Vlad ließ die Leute pfählen. Wir können das Gegenteil tun. Wenn unsere Mitarbeiter Fehler machen, können wir sie ermutigen, aus ihnen zu lernen, und sie unterstützen. Es gibt zwei Arten von Fehlern:

1. Dumme Fehler, die das Ergebnis von Unkonzentriertheit sind. Zum Beispiel wenn ich mitten im Absatz unvermittelt das Wort »Seidenäffchen« fallen lasse. Da. Seidenäffchen. Das ist schiere Schlampigkeit. Ich habe mich in hinreichend strengem Ton zurechtgewiesen und verspreche, dass es nicht wieder passieren wird.
2. Fehler, die entstehen, weil man etwas Neues oder Schwieriges ausprobiert. Fragen Sie sich, wie Sie sich fühlen würden, wenn man Sie wegen so etwas abmahnte. Ziemlich furchtbar. Als Chef können Sie das Leben eines Menschen verändern, der gerade gescheitert ist, weil er sich dazu aufgerafft hat, etwas Neues auszuprobieren. Sie können diesem Menschen gratulieren. So wird er wieder aufstehen und sich das nächste Mal noch mehr bemühen. Bringen Sie ihn zum Nachdenken darüber, was geschehen und was dabei schiefgelaufen ist, klopfen Sie ihm den Staub ab, geben Sie ihm einen Klaps auf den Rücken und weiter geht's. Das funktioniert natürlich nicht, wenn es sich bei der betreffenden Aufgabe um eine offene Herzoperation handelt …

Iwan der Schreckliche sorgte für allerhand Verwirrung, indem er sein Land teilte und dadurch eroberte. Indem er die einzelnen

Gruppen gegeneinander ausspielte, sicherte er sich selbst die Oberhoheit. Das ist wiederum eine Lektion, die sich leicht umkehren lässt, indem man bedenkt, was man zur Stärkung seines/r Teams tun kann. Silos funktionieren fast nie (ich bin mir der Tatsache bewusst, dass es in manchen Gebieten Grenzen geben muss, die die notwendige Unabhängigkeit sicherstellen, aber von solchen Situationen mal abgesehen …). Werfen Sie einen Blick auf Ihr aktuelles Team. Arbeitet es so eng zusammen wie möglich? Was können Sie tun, um die Mitarbeiter zusammenzubringen? Es gibt zwei Kräfte, die Teams und Individuen trennen:

1. Ein Gefühl von Konkurrenz oder »Ich und mein Team sind besser als du und dein Team, also ätschibätsch«. Dieses Gefühl hat seine Geburtsstätte auf dem Kinderspielplatz und überlebt bis hinauf in die Chefetage. Es ist kindisch und dämlich, aber, oh Junge, es ist zäh. Versuchen Sie den Fokus der Leute darauf zu lenken, was sie eint (Ziele der Organisation oder Abteilung). Stellen Sie den positiven Einfluss anderer Teams und Leute heraus. Helfen Sie Ihren Leuten, die Dinge aus der Perspektive anderer zu sehen. Öffnen Sie ihnen die Augen …

2. Eine Art Abwehrhaltung oder »Das ist mein Job, also Hände weg«. Auch bekannt als: »Meins!« Ich frage mich, bei wie vielen Kindern das wohl das erste Wort ist? Es scheint auf jeden Fall der Kniesehnenreflex vieler Leute in der Geschäftswelt zu sein. Der hilft nicht das Geringste. Wiederum: Ermutigen Sie Ihr Team, Außenseiter willkommen zu heißen, zu »teilen und nett zu spielen«. Nur wenn wir von anderen lernen, gehen wir das Risiko ein, besser in dem zu werden, was wir tun.

Ich habe schon ein paarmal versucht, die Lektion von Ferdinand Marcos auf den Kopf zu stellen. Das ist ein interessanter Punkt, und er verweist uns zurück auf besagtes Gefühl vom »dienenden Führen« aus Kapitel 1. Marcos muss viele positive, wertvolle Absichten gehabt haben. Er war immerhin ziemlich beliebt und erreichte viel für die Philippinen. Irgendwann jedoch wurde er gierig. Wenn Sie in Versuchung kommen, dann HÖREN SIE AUF. Machen Sie's einfach nicht.

Bei Führung sollte es um das gehen, was Sie anderen geben können, nicht um das, was Sie für sich selbst rausholen können. Wenn Sie das nicht begreifen, liegt die Ironie darin, dass Sie auf Ihrem Führungsposten nicht weit kommen werden. Das System verfügt über ein eingebautes Gegengewicht. Marcos war aufs Geld aus, und ich bin schon diversen Chefs begegnet, die von der Frage fasziniert waren, wie Sie »die Nase vorn« behalten könnten. Für sie ist der Aufstieg in einer und durch eine Organisation ein Spiel, das sie spielen und das sie als Netz von Verbindungen ansehen, die sie knüpfen, mit übergeordneten Interesseneignern, die sie beeinflussen müssen etc.

Ich kann mir nicht helfen, aber dieser Ansatz macht mich etwas depressiv. Ich würde dagegen stets empfehlen, sich auf das Ziel zu konzentrieren, von dem Sie glauben, dass Sie und Ihr Team es für die Organisation erreichen können. Stecken Sie sich Ihre Ziele hoch und finden Sie dann heraus, wie Sie dorthin kommen können, wobei Sie gleichzeitig dafür sorgen, dass dabei so viele Leute wie möglich unglaublich erfolgreich aussehen. Die Beförderungen passieren so von ganz alleine …

Dann ist da noch der gute, alte Dschingis Khan. Seine Lektion lässt sich ziemlich leicht umkehren. Statt die Dinge zu ruinieren oder zu zerstören, die andere zu gutem Nutzen verwenden könnten (die Sie selbst aber nicht nutzen können), versuchen Sie, diese aufzubauen. Halten Sie nach Gelegenheiten Ausschau, wie andere einen Vorsprung gewinnen können.

Schicken Sie Kollegen die besten Leute aus Ihrem Team, um ihnen zu helfen, wenn Sie wissen, dass sie in der Klemme stecken, ohne dass man Sie darum bitten müsste. »Ihr Bereich« ist überhaupt nicht »Ihr Bereich«. Es ist nur der Bereich, der Ihrem Unternehmen gehört und dessen Verwalter zu sein man Sie für einige Zeit gebeten hat. Also behandeln Sie ihn in diesem Sinn.

Die Damen, die an anderen ein Exempel statuiert haben, haben sich auf die negativen Aspekte statt auf die positiven konzentriert. Es ist absolut richtig, ein Exempel zu statuieren. Wenn also jemand etwas tut, das Sie beeindruckt, sei das absolut (wir reden von einer wirklich großen Leistung) oder relativ (eine kleine Leistung, nachdem monatelang nichts vorwärtsgegangen war, weil der Betreffende noch in der Lernphase steckte), dann schmeißen Sie eine Party. Ich meine es ernst. Eine Party.

Laden Sie das ganze Team zu sich nach Hause ein, backen Sie einen Kuchen, machen Sie eine Flasche Schampus auf und genießen Sie die Gesellschaft Ihrer Leute. Denken Sie daran, der Person, die Sie beeindruckt hat, ein paar Nettigkeiten zu sagen und ihr vor allem mitzuteilen, warum Sie das alles tun. Die Leute werden sich überschlagen, um für Sie arbeiten zu dürfen.

Oh, und ich hoffe, das hat Ihr Gefühl für Anstand und Sitte wiederhergestellt. Denn es geht wieder auf in die Welt der Tyrannen. Und diesmal ist es was Persönliches …

Wie tyrannisch sind Sie?

Bislang haben wir uns in diesem Buch damit beschäftigt, den Begriff der Tyrannei zu erklären, ihn uns zurückzuerobern und zum Modell für unseren eigenen Führungsstil zu erheben. Wir haben überprüft und festgestellt, dass Gewaltherrschaft als Ansatz im Kontext des 21. Jahrhunderts angemessen und zeitgemäß ist. Wir haben einen Blick in die Vergangenheit geworfen und das lautere Genie der großen Tyrannen gefeiert. Wir haben gesehen, dass es für das Errichten echter Schreckensherrschaft viel zu lernen gibt und dass die meisten von uns verglichen mit den in der Vergangenheit erreichten Höhen recht mickrig abschneiden.

Aber wie tyrannisch sind Sie heute? Es gibt fünf Kontexte, in denen Sie sich mit einiger Wahrscheinlichkeit befinden werden:

1. Sie wurden als Tyrann geboren. Sie sind schon so tyrannisch, dass Sie diesen Weg wahrscheinlich schon gar nicht mehr als Weg wahrnehmen. Weg insinuiert ja eine bewusste Entscheidung, wie ein Pfad. Sie sind sich nicht bewusst, diese Entscheidung getroffen zu haben, Sie tauchen einfach in der Arbeit auf und fangen an, die Leute in Stücke zu reißen. Das ist ganz normal, oder etwa nicht?

2. Sie sind auf dem Weg zur Tyrannei schon weit fortgeschritten. Sie mögen als komplettes Weichei angefangen haben oder als Amateur im dunklen Handwerk des Tyrannentums, aber jetzt sind Sie auf Kurs und ernten die Früchte Ihrer exzellentesten Entscheidung.

3. Sie stehen auf dem Weg zur Tyrannei noch am Anfang. Sie sind eingeschüchtert und die Gewaltherrschaft kommt Ihnen vor wie ein exklusiver Klub, wo viele Leute Wolljacken

zu tragen scheinen. Sie sind sich nicht sicher, ob das für Sie das Richtige ist …

4. Ihr Navi scheint den Weg zur Tyrannei einfach nicht finden zu wollen. Sie würden ihn gern beschreiten, aber immer, wenn Sie danach suchen, landen Sie auf der falschen Spur, legen den Rückwärtsgang ein und überschütten die Leute mit Ihrer Sorge um die Gesundheit Ihrer Haustiere.

5. Sie können den Weg erkennen und haben die (seltsame) Entscheidung getroffen, dass er nichts für Sie ist. Sie kehren dem Tyrannentum den Rücken. Das ist uns nur recht, denn so haben wir einen perfekten Ausblick darauf, wohin wir das Messer stoßen werden.

Eine dieser Beschreibungen trifft mit Sicherheit auf Ihre heutige Situation zu und es mag sein, dass Sie den Weg hin zum vollen Tyrannentum gern weiter beschreiten wollen. Aber wie sollen Sie feststellen, ob Sie tatsächlich tyrannischer werden oder einfach stehen bleiben? Stephen Covey legte in seinem bahnbrechenden Werk *The Seven Habits of Highly Effective People* dar, eine zentrale Gewohnheit sei kontinuierliche persönliche Entwicklung (oder »das Schärfen der Säge«, wie er es formulierte). Auch wenn Coveys Buch zu großen Teilen Weicheier-Ratschläge enthält, stimme ich ihm doch darin zu, dass es nötig ist, den eigenen Grad an Tyrannentum ständig im Auge zu behalten und danach zu streben, ihn auf täglicher Basis zu verbessern. Das alte Sprichwort ist treffend: Was sich nicht messen lässt, lässt sich nicht in den Griff bekommen. Gäbe es doch nur eine Tyrannei-Anzeige, irgendeine Möglichkeit, seinen tatsächlichen Tyrannei-Quotienten festzustellen …

Wenn Sie sich daranmachen, ein Buch über Führung zu schreiben (ob das nun die tyrannische Variante ist oder eine andere), dann gibt es etwas, das Ihnen niemand vorher sagt. Es hat fast etwas von einem magischen Zirkel. Ich verrate Ihnen ein kleines Geheimnis:

Eines Nachts, es war wahrscheinlich neblig und eine Eule heulte, hätte ich schwören können, dass mir jemand auf dem Weg nach

Hause folgte. Da ich mitten in London lebe, ist diese Erfahrung keineswegs ungewöhnlich, aber typischerweise wird man etwas aufgeregter, wenn einem dann auch noch jemand durch den eigenen Garten folgt. Nachdem er mich durch meine Haustür gedrängt hatte, zog der Fremde seine Kapuze ab, und zum Vorschein kam ein schwitzender Mann mit beginnendem Haarausfall und schiefen Zähnen. Ein durchschnittlicher Engländer! Weniger durchschnittlich war das

> **Sie müssen den Grad Ihres Tyrannentums ständig im Auge behalten und danach streben, ihn auf täglicher Basis zu verbessern.**

Messer, das er mir an die Kehle hielt. Und alles, was er sagte, bevor er auf dem Absatz kehrtmachte und wieder im Nebel verschwand, war Folgendes: »Sorgen Sie dafür, dass ein Fragebogen drin ist.« – »Worin?«, fragte ich ganz zu Recht, wie ich mir einbildete. »Im Buch, Sie Idiot«, gab er über die Schulter zurück und war weg.

Sie sehen, wenn ein Buch wie dieses keinen Fragebogen enthält, dann geschehen einem schlimme Dinge, wie das informative Pamphlet, das der Mann mir dagelassen hatte, beschrieb. Völliges Fehlen eines Fragebogens würde in seiner Rückkehr in Begleitung einiger »schwerer Jungs« resultieren, die mir dann die Beine brechen würden. Bei einem schlecht recherchierten Fragebogen würde er mir eine Woche lang jeden Tag auf dem Weg zur Bushaltestelle einen Hund auf die Fersen hetzen, der mich in selbige beißen sollte. Ärgerlich, also …

Auf den nächsten Seiten finden Sie den TQ-Test. Er ähnelt stark einem IQ-Test, nur dass er Tyrannentum misst. Machen Sie den Test noch heute. Anders als der IQ kann sich der TQ mit der Zeit verändern (denken Sie daran: Darth Vader fing nicht als Volltyrann an, sondern wurde erst mit zunehmendem Alter besser), sodass Sie den Test am besten alle sechs bis zwölf Monate absolvieren sollten, um festzustellen, ob es mit Ihrem TQ vorwärtsgeht oder nicht.

Vielleicht könnten Sie Ihren Punktestand in einer Art Diagramm festhalten und diesen an gut sichtbarer Stelle in Ihrem Büro aufhängen. Setzen Sie sich ein Ziel und nutzen Sie die Tipps in Kapitel 5, um Ihren Punktestand zu verbessern. Aber – bevor

Sie auch nur daran denken, ein besserer Tyrann zu werden, sollten Sie in diesem frühen Stadium Ihren angeborenen Hintergrund an Despotie festhalten. Lassen Sie es sich nicht zu sehr zu Herzen gehen, wenn Ihr TQ momentan nicht besonders hoch ist – der Tag ist noch jung und Sie sind noch nicht mit dem Buch durch.

Denken Sie daran: Der TQ-Test ist *höchst* wissenschaftlich und wurde über einen längeren Zeitraum hinweg entwickelt, in dem ein Kaffee, ein Stück Plunder und ein paar kalte Biere Platz hatten. Sie sollten die Ergebnisse äußerst ernst nehmen und daran denken, dass sie höchst akkurat sind. Wenn Sie mir nicht glauben, kann ich Wörter wie »Definitionsbereich« und »mannigfaltig« benutzen, so Ihnen das hilft. Sehen Sie, wie Sie zurechtkommen …

»Doktor« Dans »patentierter« Tyrannei-Quotient-Fragebogen

Anleitung: Beantworten Sie die Fragen so, dass durch Ihre Antwort zum Ausdruck kommt, was Sie tatsächlich tun würden. Es heißt ja oft, man würde sich zu Hause einen anderen Hut aufsetzen als in der Arbeit; falls Sie sich jetzt fragen, mit welchem Hut Sie an diese Art von Fragebogen rangehen sollen, dann würde ich Ihnen empfehlen, sich für einen spitzen Hut zu entscheiden, wenn Sie ein gutes Gefühl für Ihr Tyrannentum kriegen wollen – schließlich sind es fast immer die Bösen, die solche Hüte tragen (z. B. der Ku-Klux-Klan, die Nazis, Priester etc.)

Frage 1: Auf wie viel Euro beläuft sich der Wert der Büroeinrichtung, die Sie als Resultat spektakulärer Zornesausbrüche zerstören (z. B. geworfene Stühle, zerschlagene Schreibtische etc.)?

- ☐ A: € 10.000+
- ☐ B: € 5000–10.000
- ☐ C: €1000–5000
- ☐ D: € 100–1000
- ☐ E: Weniger als € 100

Frage 2: Wenn Sie etwas nach einem Angestellten werfen (sagen wir beispielsweise einen Tacker), um Ihre Unzufriedenheit über seine Leistungen zum Ausdruck zu bringen, zielen Sie ...
- ☐ A: ... auf die Augen.
- ☐ B: ... auf den Kopf.
- ☐ C: ... auf den Körper.
- ☐ D: Sie wollen gar nicht treffen.
- ☐ E: Ich werfe nichts auf meine Angestellten, jedenfalls nichts Hartes.

Frage 3: Was wäre Ihr ideales Haustier?
- ☐ A: Ein Leopard oder ein Wal.
- ☐ B: Ein Pitbull-Terrier oder ein Rottweiler.
- ☐ C: Ein übellauniger Dackel.
- ☐ D: Eine Ente.
- ☐ E: Ein Kätzchen.

Frage 4: Sie sehen, wie sich eine alte Frau mit ihren Einkaufstüten eine Treppe hinaufkämpft. Was tun Sie?
- ☐ A: Sie nutzen die Gelegenheit, sie auszurauben, und laufen mit ihrer Handtasche weg.
- ☐ B: Sie schreien irgendeinen nutzlosen Jugendlichen an, er soll der alten Schachtel helfen, und ermahnen ihn, weil er nicht schneller dran gedacht hat, und machen der alten Hexe Vorwürfe, weil sie zu viele Ressourcen beansprucht.
- ☐ C: Sie helfen ihr, nachdem Sie ein hübsches Sümmchen für Ihre Hilfe ausgehandelt haben.
- ☐ D: Sie ignorieren sie.
- ☐ E: Sie helfen ihr.

Frage 5: Was ist Ihre Lieblingsfarbe?
- ☐ A: Das Schwarz von Tod und Zerstörung.
- ☐ B: Das Braun von Krankheiten und größeren Ärgernissen.
- ☐ C: Düsteres Grau.

☐ D: Bescheuertes Blau.

☐ E: Ich liebe alle Farben des Regenbogens!

Frage 6: Im Urlaub entspanne ich mich am liebsten ...

☐ A: ... durch Teilnahme an illegalen Coups in Afrika ODER dem Schmuggeln von Blutdiamanten.

☐ B: ... indem ich meine Feinde stalke.

☐ C: ... durch das Schießen vieler kleiner, flauschiger Tiere.

☐ D: ... durch unhöfliches Benehmen gegenüber den Hotelangestellten.

☐ E: ... durch erfrischende Spaziergänge am Meer.

Frage 7: Auf der Straße schneidet Sie jemand aus nächster Nähe, wodurch Sie plötzlich bremsen müssen und einen Schreck bekommen. Was tun Sie?

☐ A: Sie folgen ihm nach Hause und ermorden ihn und seine Familie.

☐ B: Sie verfolgen ihn, bis er um eine Ecke biegt, fahren von hinten auf, schieben ihn so von der Straße und zerstören sein Auto und lassen ihn möglicherweise schwer verletzt zurück.

☐ C: Sie überholen ihn und schneiden ihn sogar noch knapper.

☐ D: Sie hupen wie wahnsinnig, nehmen noch die Lichthupe hinzu und fahren ihm aggressiv für ein paar Minuten hinterher.

☐ E: Sie halten sich zurück, zucken die Schultern und denken: »Der Typ ist lebensmüde!«

Frage 8: Ihr Ehepartner (oder Ihre Reinigungskraft) hat aus Versehen Ihre Lieblingsjeans im falschen Waschgang gewaschen, sodass sie in einem verwaschenen Rosa zum Vorschein kommen. Was tun Sie?

☐ A: Sie stopfen die schuldige Partei zusammen mit literweise roter Farbe in eine riesige industrielle Waschmaschine, um klarzumachen, dass, obwohl »es nur eine kleine Farbänderung ist«, das doch einen Riesenunterschied macht.

☐ B: Sie warten, bis die Person das Haus verlassen hat, und stecken dann ihre sämtlichen weißen Lieblingsoberteile zusammen mit einer roten Rübe in die Waschmaschine.

☐ C: Sie tragen die furchtbare Jeans zu gesellschaftlichen Anlässen, wo die schuldige Partei will, dass Sie gut aussehen.

☐ D: Sie schreien sie an, nennen sie eine nutzlose, achtlose Person und deuten an, dass das mit einem tief liegenden Charakterfehler in Verbindung steht.

☐ E: Hoppla! So was passiert – Sie rollen einfach die Augen und sagen: »Na, wenigstens ein Grund, shoppen zu gehen!«

Frage 9: Ein Mitglied Ihres Teams kommt mit der Bitte um Fortbildung zu Ihnen: Was tun Sie?

☐ A: Sie feuern ihn. Er ist ganz klar inkompetent und nicht in der Lage, seinen Job zu machen, sonst bräuchte er keine Fortbildung.

☐ B: Sie stellen ihn vor die Wahl, sich für die Fortbildung oder einen Bonus zu entscheiden. Wenn er sich für den Bonus entscheidet, dann verweigern Sie ihm diesen, da er ganz offensichtlich nicht qualifiziert genug dafür ist.

☐ C: Sie weisen ihn darauf hin, dass Sie auch keine Fortbildung gebraucht haben, um da hinzukommen, wo Sie jetzt sind, und legen ihm nahe, sich öfter Gedanken um seine Leistungen zu machen, statt irgendwelche Fortbildungsschemata herbeizufantasieren.

☐ D: Sie seufzen laut und erinnern ihn an den Druck, der auf dem internen Ausbildungsbudget lastet. Sie sagen ihm, Sie würden darüber nachdenken. Und tun es nicht.

☐ E: Sie reagieren enthusiastisch, bitten ihn, die Fortbildung zu machen und die dort gewonnenen Einsichten ins Team einzubringen.

Frage 10: Das Ende der Welt, wie wir sie kennen, ist gekommen. Es gab irgendeine Katastrophe, wahrscheinlich durch Menschen verursacht, vielleicht aber auch nur ein Asteroid auf Kollisionskurs. Es haben nicht viele Menschen überlebt, und die verbleibenden sind größtenteils entstellt oder auf die eine oder andere Art kaputt. Gott sei Dank ist mit Ihnen alles in Ordnung und, was das Beste ist, Ihr iPod funktioniert noch! Was tun Sie?

- ☐ A: Sie machen sich auf die Suche nach haufenweise Kanonen und gründen Ihr eigenes Königreich, in dem Ihre Untertanen sich Ihnen unterwerfen müssen. Sie töten jeden, der ausschert, und schlafen mit den Bestaussehenden, die noch nicht zu kaputt sind.

- ☐ B: Sie drehen ein bisschen durch und fahren wie eine der Figuren aus *Mad Max* durch die Gegend, stehlen, was Ihnen unter die Finger, und töten, wer Ihnen vor die Flinte kommt.

- ☐ C: Sie werden zum Einzelgänger und verbringen Ihre Zeit mit Golfspielen und Weintrinken. Mit anderen interagieren Sie nur, um ihre Nahrung zu stehlen.

- ☐ D: Sie schließen sich mit einer Bande Überlebender zusammen und machen einen netten Eindruck; in Wirklichkeit planen Sie jedoch, die Macht zu übernehmen und mit den ganzen Bestaussehenden zu schlafen, die noch nicht zu kaputt sind.

- ☐ E: Sie schließen sich mit einer Bande Überlebender zusammen und kümmern sich unermüdlich um die Kaputteren, arbeiten für einen »Neubeginn« auf diesem zerstörten Planeten. Vermutlich sind Sie äußerst stoisch und verlässlich.

Die Interpretation Ihrer Ergebnisse

Geben Sie sich Punkte im folgenden Maßstab:

A = 5 Tyranneipunkte
B = 4 Tyranneipunkte
C = 3 Tyranneipunkte
D = 2 Tyranneipunkte
E = 1 Tyranneipunkt

40–50 Tyranneipunkte: Demnächst kommt Iwan der Schreckliche bei Ihnen vorbei, aber nicht, um Ihnen zu gratulieren, sondern um Sie zu enthaupten. Sie sind eine ernste Bedrohung für seine Position als größter Tyrann der Geschichte.

30–40 Tyranneipunkte: Gut gemacht, saubere Arbeit, Sie sind ein Tyrann bis ins Mark und haben eine strahlende, tyrannische Zukunft vor sich. Denken Sie darüber nach, wie Sie Ihrer bereits beeindruckenden Schreckensherrschaft noch ein wenig Glanz und hin und wieder etwas Elan verleihen könnten.

20–30 Tyranneipunkte: Geben Sie die Hoffnung nicht auf! In Ihnen steckt immer noch ein Weichei, das verkrüppelt werden muss (erinnern Sie sich: Rückseite der Knie), aber der Tyrann in Ihnen wartet nur darauf hervorzubrechen. Lesen Sie weiter, um herauszufinden, wie Sie ihn aufpäppeln können …

10–20 Tyranneipunkte: Liebe Güte. Sehr enttäuschend. Lassen Sie schamerfüllt den Kopf hängen. Sie müssen sich einfach mehr anstrengen etc. etc. Vielleicht würde es helfen, mehr Bücher über miese Chefs zu lesen. Das wird ein langer Aufstieg für Sie, aber wie jeder Tyrann weiß, gibt es nichts, was man nicht lernen könnte. Es sei denn, Sie sind einer von den Muppets. In diesem Fall sind Sie dem Untergang geweiht.

Weniger als 10 Tyranneipunkte: Ihre Ergebnisse sind nicht unbedingt beeindruckend.

Also – da haben Sie's, Sie haben den Tiefststand Ihres Tyrannentums in Erfahrung gebracht. Von nun an kann es nur besser werden. Beim Einüben der Kunst der Gewaltherrschaft werden Sie feststellen, dass sich Ihre Einstellung und Ihre Ansichten auf subtile Weise verändern. Wo Sie heute Antwort E oder D gegeben haben, werden Sie in Zukunft das Gefühl haben, das sei lächerlich und dass die richtige Antwort offensichtlich bei B oder C zu finden ist.

In den meisten Fragebögen gibt es keine richtige oder falsche Antwort, es ist nur eine Stilfrage – wir alle haben unterschiedliche Gaben etc. Was für ein Müll! Die richtige Antwort in allen obengenannten Fällen ist natürlich A. Wenn Sie zurückschauen, werden Sie mir zustimmen, dass das die einzig wahre Lösung ist. Doch wie bei so vielen Dingen ist das nur rückblickend. Machen Sie sich keine Sorgen, wenn Sie ein schlechtes Ergebnis (unter 25 Punkten) erzielt haben, dann ist Hilfe bei der Hand. Das nächste Kapitel widmet sich den täglichen Routinen und Ritualen, die Sie einführen können, um jeden Tag ein wenig tyrannischer zu werden …

Kapitel 4 – Lektionen in Tyrannei

▶ Messen Sie jetzt Ihr inneres Tyrannentum und wiederholen Sie das etwa alle sechs Monate, um Ihre Fortschritte im Auge zu behalten.

▶ Kaufen Sie sich einen spitzen Hut.

▶ Werfen Sie mehr Büroeinrichtung auf Leute.

▶ Kaufen Sie sich einen Leoparden.

▶ Werden Sie Ihre Katze los.

Kapitel 5

Jeden Tag ein bisschen tyrannischer

Offenkundig sind alle Kapitel dieses Buches gleich wichtig – aber nicht das hier. Das hier ist das wichtigste von allen. Hier werfen wir einen Blick auf die Routinen und die Disziplin, die Sie brauchen, um ein wahrer Tyrann zu werden. Wir werden uns Übungen ansehen, die Sie in Ihren täglichen Tagesablauf einbauen können, um neue Tyrannei-Muskeln aufzubauen. Befolgen Sie diese praktischen Ratschläge und in null Komma nichts werden Sie Furcht und Schrecken verbreiten, wohin Sie auch kommen. Dazu müssen wir die kleinen Dinge unter die Lupe nehmen, deren sich die wahrhaft Tyrannischen bedienen. Der Teufel steckt im Detail, wie man so schön sagt, und nie hätte ein Satz die Wahrheit besser auf den Punkt bringen können. Wenn Sie jemanden effektiv tyrannisieren wollen, dann müssen Sie auf die Kleinigkeiten achten.

Betrachten wir das tägliche Leben eines fortgeschrittenen Tyrannen. Dieser ist frei erfunden. Nennen wir ihn Gordon. Stellen wir uns vor, Gordon hätte einen hochkarätigen Job in einer Regierungsabteilung, bei dem ihm vielleicht ein paar Tausend Handlanger Rechenschaft ablegen müssen; er verwaltet ein Budget von einigen Hundert Millionen Pfund. Oder Dollar! Es gibt keinen Grund, warum der imaginäre Gordon nicht Dollars oder Euros oder was auch immer ausgeben sollte.

Gordon arbeitet äußerst hart und gleicht seinen anstrengenden Job durch das Familienleben aus (er hat eine Frau und zwei Kinder). Er ist erfolgreich, wird respektiert und man hat ihn auch schon als Kandidaten für den Job seines Chefs gehandelt, der sich aber, sehr zur Frustration Gordons, weigert, in Rente zu gehen. Lassen Sie sich nicht täuschen, Gordon ist kein Weichei. Gordon

Wenn die Leute hören, dass Gordon auf dem Weg zu ihnen ist, dann checken sie, ob sie schusssichere Westen tragen.

ist ein Tyrann bis ins Mark. Wenn die Leute hören, dass Gordon auf dem Weg zu ihnen ist, dann checken sie, ob sie schusssichere Westen tragen. Wenn nicht, brausen sie los, um welche zu besorgen. Was können wir also aus dieser *völlig fiktionalen* Fallstudie über das Leben eines miesen Chefs lernen? (Ich und meine Anwälte können gar nicht genug betonen, dass diese Fallstudie völlig frei erfunden ist und jede Ähnlichkeit mit realen Personen oder Ereignissen rein zufällig ist.)

Der Wecker klingelt. Es ist fünf Uhr morgens. Tyrannen sind Frühaufsteher. Draußen singen die Vögel und das Licht eines Sommermorgens dringt durch die Vorhänge, die kaum hörbar in der leichten Brise hin und her wehen. Gordon klopft auf den Wecker, um ihn abzustellen, und legt sich wieder hin, als seine Frau sich an ihn kuschelt, um ihn darauf hinzuweisen, dass fünf Minuten mehr keine schlechte Idee wären. In vielerlei Hinsicht täte Gordon nichts lieber, als den Arm um sie zu legen und noch für eine Stunde oder länger unter die Decke zu kriechen, aber das ist nicht der Weg des Tyrannen. Auf männlich-schwungvolle Art schlägt Gordon die Decke zurück, schwingt die Beine aus dem Bett, stößt sich sein linkes Knie am Nachttisch und wirft dabei ein Glas Wasser um, das seinen Inhalt über einige wichtige Papiere ergießt. Einen Fuß spießt er sich an einem besonders spitzen Legostein auf.

Gordon lächelt – das wird ein mieser Tag. Er ist erst seit 30 Sekunden wieder bei Bewusstsein und schon in der Stimmung, die er braucht.

Sehen Sie, die meisten von uns stehen morgens einfach nur auf. Nicht so die echten Tyrannen. Sie planen und arrangieren jeden Aspekt ihres Tagesablaufs, um so dafür zu sorgen, dass sich ein Maximum an Tyrannei mit geringstmöglichem Aufwand erzielen lässt. Früher baute Gordon noch bewusst Hindernisse auf dem Weg seiner frühmorgendlichen Rituale auf, aber mittlerweile ist ihm dies zur zweiten Natur geworden.

Ein wohlplatziertes Möbelstück, ein Teller mit einem Marmeladenbrot auf dem Fußboden, selbst ein paar Kinderspielzeuge – all das lässt sich als würdiger Gegner verwenden, bevor das Gehirn begonnen hat, richtig zu arbeiten. Gordon weiß, dass er nicht davon ausgehen kann, von Anfang an in Topverfassung zu sein, aber dank seiner Sorgfalt und Umsicht hinsichtlich der Details ist er bereit, sich um den ersten Geschäftspunkt des Tages zu kümmern.

Gordon geht nach unten ins Büro. Es ist klein, aber er benutzt es ohnehin nur frühmorgens und an Wochenenden. Er fährt den Computer hoch und konsultiert eine Tabelle, seinen allmorgendlichen Berater. Auf dieser sind sorgfältig und nach Farben sortiert seine frühmorgendlichen Anrufe dokumentiert. In der obersten Zeile befindet sich eine Serie von Zeitslots von drei Uhr morgens bis sechs Uhr morgens. Der Slot für drei Uhr morgens ist in wütendem Rot markiert, das langsam in Richtung eines milderen senffarbenen Tons für sechs Uhr morgens verblasst. Für den heutigen Tag steht ein Anruf bei Mike auf dem Programm, seinem Pressesprecher.

> **Die wahren Tyrannen verwalten und arrangieren jeden Aspekt ihres Tagesablaufs, um so für ein Maximum an Tyrannei zu sorgen.**

Mike weiß nichts davon und schläft vermutlich noch. Gordon zieht eine weitere Spalte zurate, um zu überprüfen, was Mike in den letzten Monaten an frühmorgendlichen Anrufen abbekommen hat. Da war ein »verlorene E-Mail«-Anruf um drei Uhr und ein »ab in eine weit entfernte Stadt«-Anruf um sechs Uhr. Der Zeitplan enthält den Hinweis, dass Mike schon länger keinen »willkürlicher Anschiss«- und keinen »obskure/undurchführbare Aufgabe«-Anruf mehr erhalten hat. Gordon entscheidet sich für »zufälliger Anschiss« und geht eine Liste potenzieller Themen durch, bevor er Mikes Nummer auf seinem Schreibtischtelefon wählt. »Mike, hab ich dich aufgeweckt? Gut. Es wird Zeit, dass wir uns über die Qualität deiner Arbeit unterhalten ...«

Das ist Herrschaft für Fortgeschrittene. Gordon überlässt seine frühmorgendlichen Anrufe nicht dem Zufall. Vielmehr besteht ein detaillierter Zeitplan, was wer wann erhalten hat. So ist sichergestellt, dass Gordon all seine Leute gleich behandelt und niemand bevorzugt wird. Jedes Mitglied seiner Führungscrew kriegt regelmäßig zur selben unsozialen Zeit einen Anruf oder eine Nachricht, und zwar zu einem Thema von persönlicher Kompetenz bis hin zu undurchführbaren Aufgaben.

Gordon nimmt sein Tyrannentum wirklich ernst und widmet ihm viel Aufmerksamkeit. Er hat begriffen, dass diese Anrufe seinem Team den richtigen »Schliff« geben und ganz klar für ein Klima der Höchstleistungen sorgen, in dem jeder sich anstrengt, das Beste zu geben. Doch was tut unser mieser Chef als Nächstes?

Gordon nimmt sein Tyrannentum wirklich ernst und widmet ihm viel Aufmerksamkeit.

Gordon legt mit einem Knall den Telefonhörer auf, während Mike noch lahme Argumente vorbringt, und geht in die Küche, um Kaffee zu kochen und Toast zu machen. Die Morgenzeitung muss erst noch geliefert werden – eigentlich wäre sie um 5:30 Uhr fällig. Es ist 5:35 Uhr. Gordon gerät nicht im Geringsten aus dem Tritt.

Bewaffnet mit einem Stück Toast, Schlappen und seinem Morgenrock verlässt er das Haus und geht drei Türen weiter die Straße hinunter, um seinem Zeitungshändler einen Besuch abzustatten. Toastkrümel spuckend wie ein isländischer Vulkan, beschimpft er den Besitzer des Zeitungsstandes für seinen abscheulichen Mangel an Service. Er nimmt sich eine Ausgabe der Zeitung, die eigentlich bereits bei ihm zu Hause liegen sollte, und droht, sein Abonnement zu kündigen, bevor er die Straße zu seiner immer noch offen stehenden Wohnungstür zurückgeht. Der Zeitungsjunge kommt um die Ecke. Als er Gordons Blick sieht, will er den Rückwärtsgang einlegen, ist aber nicht schnell genug. Gordon ergreift die Gelegenheit, eine der linkslastigeren Zeitungen zusammenzurollen und mit einigen Bemerkungen über den Charakter von Leuten, die notorisch zu spät kommen, nach ihm zu werfen.

Es ist 5:45 Uhr und Gordon kann bereits drei tyrannische Akte verbuchen. Können Sie mithalten? Wichtig ist, dass wir es hier mit dem flexiblen Aspekt echter Gewaltherrschaft zu tun haben. Ja, Sie können einige Punkte Ihres Tagesablaufs so legen, dass dadurch der Tyrann in Ihnen akzentuiert wird, aber halten Sie auch im Unerwarteten, Ungeplanten Ausschau nach Gelegenheiten.

Machen Sie sich das Leben schwer, um den notwendigen Zorn zu generieren, den es braucht, um den Tyrannen herauszulassen, aber lassen Sie sich vor allem keine Gelegenheit entgehen, *anderen* das Leben schwer zu machen. Der Zeitungshändler hat jetzt wahrscheinlich die Hosen voll und ist aufgrund dieses Kummers nur allzu bereit, die Zornesschale über dem unglücklichen und vermutlich nutzlosen Zeitungsjungen auszugießen. In vielerlei Hinsicht hat Gordon ihm einen Gefallen getan. Wiederholt sich Derartiges noch ein paar Mal, wird der Zeitungshändler den Lieferjungen wahrscheinlich feuern, einen besseren einstellen und aufgrund dessen zufriedenere, treuere Kunden haben. Sie sehen – bei Tyrannei geht es um *Ergebnisse,* und zwar pronto. Doch verfolgen wir, was Gordon als Nächstes vorhat.

Lassen Sie nie eine Gelegenheit aus, anderen das Leben schwerzumachen.

Es ist 8:40 Uhr. Gordon ist im Büro angekommen. Das Taxi ist war zu spät dran, also rief Gordon, während er noch drin saß, bei dem Taxiunternehmen an und beschwerte sich lauthals, wobei er nicht vergaß, nicht nur über die Verspätung, sondern auch über den seltsamen Geruch im Wagen zu zetern. Er bekommt eine Ermäßigung auf den Preis nächste Woche. Jetzt ist sein Sekretär bei ihm, um mit ihm den Terminplan des Tages durchzusprechen. Das erste Meeting ist für 9:00 Uhr mit jemand Gleichrangigem aus einer anderen Abteilung angesetzt. Sue hat schon seit einiger Zeit versucht, sich in seinen Terminplan zu schmuggeln, um eine Zusammenarbeit zwischen ihren beiden Abteilungen zu besprechen.

Vernünftig, wie er ist, weist Gordon seinen Sekretär an, das Meeting auf 16:00 Uhr zu verlegen, auf die Zeit, wo er eigentlich seinen »Rundgang« machen sollte. Gordon weiß genau, dass sein Sekretär das Management-Team vorgewarnt hat, sodass er durch das Aufschieben des Meetings mit Sue nicht nur dafür sorgt, dass sich diese unbedeutend und frustriert fühlen wird, er hat sich so auch noch eine Gelegenheit geschaffen, mit seinem Rundgang früher zuzuschlagen.

Von 9:00 bis 10:00 Uhr vormittags geht er durch das Gebäude, lehnt sich über die Schreibtische von Leuten und stellt ihnen schwierige Fragen wie »Wie stehst du zu XY?« oder »Wie viele davon hast du diesen Monat schon erledigt?«. Jedermann stottert und stolpert durch eine Reihe inkohärenter Antworten, so gut er kann. Am Ende dieser Vorstellung starrt Gordon die Leute an und schüttelt langsam den Kopf, bevor er weitergeht. Wenn er gut gelaunt ist, kann es vorkommen, dass er ein »tz, tz« hinzufügt. Wenn jemand etwas annähernd Sinnvolles zusammenbekommt, nimmt Gordon seinen Füller heraus, macht sich eine Notiz und runzelt bedrohlich die Stirn.

Er genießt diesen Prozess – die Ergebnisse sind unmittelbar und es ist äußerst zufriedenstellend, so durch die Schichten der Hierarchie zu schneiden. Er schaut sogar im Postzimmer vorbei und wirft kurz einen missbilligenden Blick auf das Chaos auf dem Schreibtisch.

Hier finden sich zwei wichtige Lektionen für Nachwuchstyrannen und ihre täglichen Aktivitäten. Gordon ist »an die Quelle gegangen«, wie es in Handbüchern für Weichei-Chefs heißt. Wenn es auch wichtig ist, die unmittelbaren Untergebenen zu tyrannisieren, weiß Gordon doch, dass sein Schatten auf die ganze Organisation fallen muss, um das ultimative Hochleistungsklima zu erzeugen. Und nichts funktioniert dabei besser, als sich auf die Socken zu machen und die Mitarbeiter einzuschüchtern. Das ist nicht schwer, weil die normalerweise in ihrem Job eh nichts draufhaben und versuchen, das zu vertuschen. Gordon weiß das und toleriert es, da selbstbewusste Mitarbeiter nur für mehr Unruhe sorgen und Probleme verursachen würden.

Mitarbeiter sind nicht schwer einzuschüchtern, weil sie normalerweise in ihrem Job eh nichts draufhaben und versuchen, das zu vertuschen.

Versuchen Sie, jeden Tag zehn Minuten oder eine Stunde die Woche aus Ihrem Büro zu kommen und die Leute zu kontrollieren. Sie werden angesichts der Ergebnisse, die das bewirken kann, in Staunen geraten. Stellen Sie sicher, dass Sie unerwartet am Schreibtisch der Mitarbeiter auftauchen. Ragen Sie über ihnen empor und fordern Sie sie nicht auf, ihrerseits aufzustehen, idealerweise bleiben sie sitzen, während Sie turmhoch über ihnen stehen.

Behalten Sie ihre überlegene Position bei. Selbst wenn Sie den Namen der betreffenden Person kennen, fangen Sie folgendermaßen an: »Alsoooooo (werfen Sie deutlich sichtbar einen Blick auf das Namensschild an dem Schreibtisch) Steve …« Dann stellen Sie schwierige Fragen, über die der Angestellte höchstwahrscheinlich nie im Detail nachgedacht hat, je obskurer und theoretischer, desto besser. Treffen Sie Ihre Auswahl unter:

1. Was sind deiner Meinung nach die drei wichtigsten Funktionen dieser Abteilung?
2. Wie können wir deiner Meinung nach im Kontext von Generation Y am effektivsten die Kosten der Kundenerfahrung rationalisieren?
3. Denkst du, wir sollten Haustiere im Büro erlauben?
4. Was hast du in deinem persönlichen Leben zur Unterstützung des Kyotoprotokolls getan?
5. Wie beeinflusst die jüngste Veränderung in der Abteilungsstruktur die Personalprioritäten über die nächsten zwölf Monate?

Wenn es Ihnen wirklich Spaß macht, dann probieren Sie es mit Folgendem:

6. Was glaubst du, was ich als dein Chef besser machen könnte?

Bei der letzten Frage werden sie sich wirklich zu winden anfangen. Sie können positive Körpersprache benutzen, um, fälschlicherweise, anzudeuten, dass Sie eine ehrliche Antwort wollen. Nicken, ein Lächeln und ein erwartungsvoller Welpenblick sollten genügen. Dann lassen Sie sie natürlich vom Abteilungsleiter feu-

ern, wenn die Antwort eine Herausforderung oder eine Respekt-
losigkeit ist. Das wird sich schnell im Büro herumsprechen, sodass Sie dieses Geschoss nur ein paar Mal abfeuern können, aber
von dieser Stunde an werden Sie stets haufenweise ausweichendes
Lob zu hören bekommen, wenn Sie diese Frage stellen. Das fühlt
sich gut an.

Wenn die Leute erst ihre erbärmlichen Antworten auf Ihre Fragen vorgetragen haben, dann ist die beste Politik für Sie, keine
weiteren Fragen zu stellen, was Ihrem Gegenüber Zeit zum Nachdenken und klareren Formulieren seiner Antworten geben würde.
Es ist viel besser, auf dem Absatz kehrtzumachen und sich an das
nächste Opfer heranzupirschen bzw. an den nächsten »Angestellten«, so Sie immer noch in Weichei-Begriffen denken.

Die zweite Lektion hier ist die des guten Kalendermanagements.
Die meisten von Ihnen werden Dinge in ihrem Kalender notieren
und sie dann auch tun. Gordon weiß, dass dies eine kümmerliche
Art ist, seinen Zeitplan zu entwerfen, und sich viel mehr durch
kreatives Kalendermanagement gewinnen lässt. Sue ist davon aus-
gegangen, er würde sich um 9:00 Uhr mit ihr treffen.

Indem Gordon das Treffen in letzter Minute verschiebt (Sue war
vielleicht schon auf dem Weg zu ihm), lässt er sie auf nicht unbedingt subtile Art wissen, dass er wichtiger und rücksichtsloser ist
als sie. In der tatsächlichen Diskussion,
die die beiden dann über die Zusammenarbeit zwischen ihren Abteilungen
führen werden, hat Gordon sich damit
die Oberhand verschafft und wird so die Verhandlungen gewinnen. Diskussionen über Zusammenarbeit zwischen Abteilungen
sind ein Kürzel für »deine Abteilung bekommt die Scheißarbeit,
die keiner machen will«. Echte Tyrannen wissen das und reagieren entsprechend darauf, wie wir später noch sehen werden.

Es ist 10:18 Uhr und Gordon hat 18 Minuten Verspätung bei
seiner vierteljährlichen Finanzkontrolle. Der Chef seiner Finanzabteilung ist nervös. Er hätte bis dato 15 Prozent Einsparungs-
möglichkeiten finden sollen und hinkt noch einige Prozentpunkte

> **Der Tyrann achtet stets auf das Ungeschriebene, Ungesagte.**

hinterher. Er erklärt seine Gründe, die Vorbehalte bei den Zahlen und die Maßnahmen, die zur Bereinigung der Situation ergriffen werden, so gut er kann. Gordon reagiert positiv, das sei verständlich, er weiß, dass sie alle ihr Bestes getan hätten etc. Das Meeting läuft viel besser, als der Abteilungsleiter erwartet hat. Anfangs ist er noch misstrauisch, das sieht Gordon gar nicht ähnlich, und die Erfahrung lehrt, dass er seine Begeisterung besser im Zaum halten sollte.

Doch um 10:59 Uhr beginnt sich ein leichtes Hochgefühl breitzumachen, und er entspannt sich, hört sogar auf zu schwitzen und lächelt ein wenig. Erst jetzt lässt Gordon die Falle zuschnappen: »Gute Arbeit, weiter so, und alles, was am Ende des Jahres an Einsparungen noch fehlt, holen wir einfach durch Personalkürzungen in der Finanzabteilung rein – einen schönen Tag noch. Wiedersehen.« Der Abteilungsleiter fragt sich, ob das ein Witz ist, und lässt probeweise ein nervöses Lachen hören. Gordon reagiert zu Recht mit einem Donnerwetter, haut mit der Faust auf den Tisch und stößt einen Stuhl um: »Halten Sie das für einen Witz, meinen Sie, das ist zum Lachen? Wie können Sie es wagen, Ihre Inkompetenz etc. etc.« Der Abteilungsleiter und sein Gefolge aus Buchhaltern und Analysten machen sich rasch davon, blass und zitternd. Später am Abend werden garantiert noch einige Pizzen in die Finanzabteilung geliefert. Hier erteilt uns Gordon eine Lehre über die Wichtigkeit des Erwartungsmanagements. Als Tyrann mit voller Kriegsbemalung erwarten die Leute von Gordon, dass er sich tyrannisch verhält. Die echten Tyrannen wissen diese Zwickmühle zu schätzen, weil sie beweist, dass sie fast zu gut für ihren Job geworden sind. Aber nur weil Sie zu gut in dem, was Sie tun, geworden sind, heißt das noch lange nicht, dass andere nicht leiden sollten. Gordon demonstriert sehr bedacht die Fähigkeit, für Kontraste in seinem Verhalten zu sorgen.

Anfangs gibt er sich warm und verständnisvoll und lullt den Abteilungsleiter und seine Spießgesellen mit einem falschen Gefühl von Sicherheit ein. Gordon ist wie eine Python, die sich langsam um ihre Beute windet. Anfangs ist das Beutestück, in unserem Fall der Abteilungsleiter, noch vorsichtig und bereit zur Flucht. Doch ehe er sich's versieht, genießt er Gordons schuppige Umarmung schon fast. Genau da, wenn die Beute die wahre Macht der sie umschnürenden Windungen vergessen hat, drückt der Tyrann zu, und zwar fest.

Die Wucht dieser Maßnahme kann so verblüffend, so alarmierend, so heftig sein, dass sie die fantastischsten Verhaltensreaktionen erzeugt. Es ist durchaus denkbar, dass der Finanzleiter jetzt in einer stressinduzierten Orgie von Überstunden drei Tage lang nicht nach Hause geht. Wenn er keinen Zusammenbruch erleidet, ist er aus dem richtigen Holz geschnitzt; wenn er zusammenklappt oder einen Burn-out hat, kann man ihn loswerden (reden Sie mit der Personalabteilung).

Dieses fortgeschrittene despotische Verhalten bezeichnet man als »Talentmanagement«. Es ist keinesfalls geradlinig und es bedarf echter Anstrengung, um innerhalb eines Augenblicks von zuckersüß auf Hölle und Teufel umzuschalten, doch die Großen wissen, dass dies die einzige Möglichkeit ist, die Spreu vom Weizen, die Habenichtse von den Gesegneten und die Verlierer von den Siegern zu trennen. Das ist eine recht subtile Pointe. Kehren wir für einen Moment zu der allgemeineren Lektion zurück. Wenn Sie Ihr Tyrannentum akzentuieren wollen, dann kann es helfen, wenn sie es ein wenig mit vorgetäuschtem Weichei-Benehmen kontrastieren. So werden Ihre Leute das Ausmaß und die Tiefe Ihrer Schrecklichkeit zur Gänze ermessen lernen und sich Ihrer niemals sicher sein.

Um 11:00 Uhr steht Gordons Wagen bereit, um ihn zu einem anderen Gebäude zu fahren, wo ein Meeting mit anderen Abteilungsleitern anberaumt ist. Es soll darin um ein Briefing durch einige Sicherheitsberater bezüglich der einen oder anderen im Entstehen befindlichen Bedrohung gehen. Er nutzt die Zeit im Auto, um drei kurze Anrufe zu machen, zwei, mit denen er den

Leuten bei ein paar strategischen Projekten Feuer unterm Hintern macht und Berichte für den Nachmittag fordert, und den dritten bei seiner Frau, um sie daran zu erinnern, seine Wäsche von der Reinigung abzuholen.

Um 11:34 Uhr ist Gordon beim Meeting, das für 11:45 Uhr angesetzt ist. Alle anderen sind bereits eingetroffen, und Gordon nutzt die Gelegenheit, um sich in leicht indiskretem Klatsch über Leute, die er am Wochenende im Golfklub gesehen hat, zu ergehen. Um 11:45 werden die Berater hereingebeten und das Briefing nimmt seinen Lauf. Nach etwa 20 Minuten machen die Berater Anstalten, das Briefing zu Ende zu bringen. Einige Leute stellen interessierte, vernünftige Fragen. Gordon wartet ab. Die Fragen werden beantwortet, und nach etwa 40 Minuten sieht es so aus, als sei die Sache pünktlich um 12:30 Uhr vorüber. Genau da schlägt Gordon zu.

Er stellt einige Fragen nach der Stichhaltigkeit der Informationsquelle. Diese werden zufriedenstellend beantwortet, und die Analysten lassen sich von Gordons Unterstellung offenbar nicht beeindrucken. Dieser zieht nun jedoch einen Bericht aus der Tasche, den ihm einer seiner Mitarbeiter verschafft hat. Der Bericht zieht völlig andere Schlüsse als die Berater, mit denen Gordon am Tisch sitzt, sodass er sie bittet, das zu erklären. Das bringt die Berater nun doch deutlich aus der Fassung, einen von ihnen hat Gordon sogar völlig mundtot gemacht, weil er von diesem Bericht nicht das Geringste weiß.

Der andere versucht, mehr schlecht als recht, diesen Bericht zu erklären. Seine stotternde Antwort sorgt für weitere Fragen aus dem Publikum. Gordon lässt die anderen noch für etwa zehn Minuten mit klärenden Fragen feuern und genießt den Blutgeruch in seinen Nasenlöchern. Um etwa 12:35 unterbricht er einen der Sonderberater und verkündet, es sei zwar durchaus unterhaltsam, sich so schlecht informiertes Gerede anzuhören, er sei jedoch nicht bereit, weiter seine Zeit zu verschwenden, es gäbe wesentlich Wichtigeres in seiner Abteilung, um das er sich kümmern müsse. Damit steht er auf und verlässt den Raum. Es steht sowieso fest, dass nach seinem Weggang nichts Interessantes oder Wichtiges mehr gesagt werden und sich die Veranstaltung schnell auflösen wird.

Ein Meisterwerk der Tyrannei, wirklich perfekt in jeder Hinsicht. Obendrein lässt sich dieses Verhalten auch noch im alltäglichen Leben zur Anwendung bringen. Zuerst denken Sie an Folgendes: Es ist wesentlich leichter, niederzureißen als aufzubauen. Lernen Sie den Kritiker in sich lieben.

Benutzen Sie ihn, um Hohn, Zweifel, Lächerlichkeit und Verzögerungen über die nicht so hellen Ideen anderer auszugießen. Wenn Sie Kartenspieler sein sollten, werden Sie wissen, dass es viel leichter ist, ein Spiel auf Niederlage als auf Sieg zu führen – dasselbe gilt für Führung. Es ist wesentlich besser, die Position eines anderen zu unterminieren und sich so eine dominante Position zu sichern, als auf eigene Faust zu versuchen, eine dominante Position zu gewinnen.

> **Es ist wesentlich besser, die Position eines anderen zu unterminieren und sich so eine dominante Position zu sichern, als zu versuchen, auf eigene Faust eine dominante Position zu gewinnen.**

Im Grunde genommen gibt es zwei Möglichkeiten: Lassen Sie Ihre Idee gut aussehen (schwierig und zeitaufwendig) oder lassen sie die Idee des anderen schlecht aussehen (schnell und einfach). Das ist wirklich ein Kinderspiel, das Gordon hier aufs Schönste vorexerziert. Zudem liefert er uns noch den Hinweis auf eine entscheidende Komponente beim Unterminieren der Ideen anderer: Tun Sie es gegen Ende des Meetings. Es ist besser, die Leute ausreden zu lassen, bevor man ihre Ratschläge und Ideen torpediert. Lassen Sie sich nicht zu früh in die Karten schauen, sonst gewinnt der andere Zeit und kann sich ein Gegenargument überlegen.

Die zweite tyrannische Lektion für den Alltagsgebrauch, die wir aus dieser kleinen Randverzierung ziehen können, lässt sich wohl am besten mit den Worten zusammenfassen: »Das Meeting findet nicht statt, wenn ich nicht im Zimmer bin.« Tauchen Sie spät auf, gehen Sie früh, tun Sie, was nötig ist, um klarzustellen, dass Sie die wichtigste Person im Raum sind und dass es kaum Sinn hat, weiterzumachen, wenn Sie nicht da sind. Das ist so simpel, dass Sie schon morgen damit anfangen können, aktiv daran zu arbeiten. Denken Sie nur an all die Zeit, die Sie gewinnen würden, wenn Sie jedes Meeting zehn Minuten zu früh verlassen oder zehn Minuten zu spät dazukämen oder gar *beides*!

Um 13:00 Uhr ist Gordon zurück in seinem Büro, denn er ist mit seinem Chef zum Mittagessen verabredet. Sie arbeiten im selben Gebäude und haben ausgemacht, sich an der Rezeption zu treffen, und obwohl Gordon schon um 12:55 Uhr zurück ist, wartet er um die Ecke im Wagen bis genau 13:00 Uhr, bevor er auftaucht.

Er bringt seinen Boss nach draußen und bittet ihn ins wartende Auto; für einen guten Tisch im besten Restaurant in der Gegend ist schon gesorgt, schließlich weiß Gordon, dass sein Chef dieses besonders schätzt. Eine gute Flasche Wein, glänzende Fortschrittsberichte und entzücktes Gelächter über sämtliche lahmen Witze seines Chefs machen das Mittagessen zu einem großen Erfolg. In der Tat ist sein Boss so von Gordons unbeirrbarer Herrschaft über seinen Bereich und den hervorragenden Ergebnissen, die er ja eindeutig liefert, beeindruckt, dass er ihn bittet, über die Übernahme zusätzlicher Verantwortung nachzudenken, vielleicht noch ein oder zwei weitere Abteilungen. Gordon tritt ernst auf und spricht über die wichtige Phase, die seine Abteilung gerade durchläuft, die Notwendigkeit, die Sache durchzuziehen, und den Wunsch, alles zu einem guten Ende zu bringen. Gleichzeitig gibt er deutlich zu verstehen, dass er durchaus bereit ist, darüber nachzudenken, wenn die Kohle stimmt. Sein Chef fragt Gordon nach potenziellen Nachfolgern für seinen Posten in seiner Abteilung, so er denn tatsächlich den Schritt nach oben täte.

Vor Gordons geistigem Auge versinkt der Chef der Finanzabteilung in einem Loch. Er antwortet, er sei der Meinung, dass man jemanden entsprechend aufbauen könne, wenn seine Führungscrew auch momentan bei schwierigen Entscheidungen noch größtenteils von ihm abhängig sei. Vorsichtig vermeidet er es, Namen zu nennen, versichert seinem Chef aber, dass sich innerhalb einiger Monate etwas zuwege bringen ließe.

Sie trennen sich in bestem Einvernehmen und langem Händeschütteln. Die Autos rollen an, Gordons, um ihn zurück ins Büro zu bringen, das des Chefs, um ihn zu einem Golfspiel mit ein paar wichtigen Diplomaten abzuholen. Die Welt ist in Ordnung, und Gordon gibt seine Aktentasche dem Fahrer, um etwa eine Viertelstunde am Fluss zurück ins Büro zu gehen.

Das ist eine der fundamentalen Wahrheiten der Tyrannei: Sie mag nicht immer unmittelbar anwendbar sein, aber sie ist es wert, dass man sich auf sie vorbereitet. Je tyrannischer Sie werden, desto mehr Gelegenheiten werden sich Ihnen bieten. Je länger, größer und schauerlicher der Schatten, den Sie werfen, desto mehr Leute aus der Führungsetage werden wollen, dass Sie für sie arbeiten. Die können die Macht riechen, die von Ihnen ausgeht.

Sie werden sie absondern wie Pheromone, und wie die Motten zur Flamme strömen, werden auch die Bosse heranschwirren, um sich an Ihrer Energie, Ihrem Elan und Ihren Ergebnissen zu laben. Lassen Sie sie kommen. Versuchen Sie bei Ihrem Vorwärtskommen die nötige Vorsicht der wirklichen Profis an den Tag zu legen.

> **Je tyrannischer Sie werden, desto mehr Gelegenheiten werden sich Ihnen bieten.**

Machen Sie deutlich, dass Ihnen an mehr Verantwortung gelegen ist, vorausgesetzt, die Sache wird richtig angegangen. Versuchen Sie, Ihre Gehaltserwägungen mit dieser Sehnsucht nach dem richtigen Anpacken zu verbinden, spielen Sie sich also nicht so auf, als ob Sie höher stünden, als Sie tatsächlich stehen, das beweist Schwäche und die Bereitschaft, Arbeit zu erledigen, für die man Sie nicht bezahlt. Versuchen Sie anzudeuten, dass Sie, um den Job richtig zu machen, die nötige Autorität brauchen, daher den Posten und die damit einhergehende Bezahlung.

Die zweite Lektion ist äußerst simpel und Ihnen wahrscheinlich bereits bekannt: *Machen Sie sich bei Ihrem Chef beliebt.* Der Tyrann weiß, dass er alles tun muss, was nötig ist, um sich das Wohlwollen seines Chefs zu sichern. Natürlich können Sie ihm ein

Messer in den Rücken stoßen, sobald Sie die nötige Autorität haben, aber auf Ihrem Weg an die Spitze sollten Sie jeden dienstwilligen, kriecherischen Muskel aktivieren, der Ihnen zur Verfügung steht. Ihr Chef wird sagen, dass er keinen Wert darauf legt, von Speichelleckern umgeben zu sein. Das lässt sich am besten folgendermaßen übersetzen: »Ich WILL von Speichelleckern umgeben sein.« Glauben Sie Ihrem Chef kein Wort. Sie werden bald ein Gespür dafür bekommen, wie Sie ihn am besten manipulieren können.

Geschenke können ebenfalls funktionieren, aber passen Sie auf, dass Sie nichts unternehmen, was nach richtiger Bestechung aussehen könnte, es sei denn, Ihr Boss liefert Ihnen direkte Hinweise, dass er auf so ein Verhalten positiv reagieren würde. In aufgeklärteren Ländern (Russland, Pakistan, Brasilien, Italien und vielen anderen) ist offene Bestechung gang und gäbe, zu Recht. Überall dort, wo Weicheier etwas zu sagen haben (die USA, Großbritannien, Frankreich, Deutschland, Skandinavien, um nur einige zu nennen), ist es eher kompliziert, dergleichen zustande zu bringen. Aber selbst wenn Sie nicht bestechen können, können Sie noch immer das Ego polieren, die Leute daran erinnern, wie fantastisch sie sind, und stets zur richtigen Zeit lachen.

Es ist wichtig, niemals Schwäche zu zeigen – fast eine Binsenweisheit unter Tyrannen. Es kann jedoch hilfreich sein, Ihren Chef nach seiner Meinung zu fragen, d. h. ihn ab und an um Hilfe zu bitten. Am besten fragen Sie bei Sachen, bei denen Sie sich völlig sicher sind. So können Sie eine einsichtsvolle, intelligente Konversation führen, bei der Ihr Chef noch das eine oder andere lernen wird. Das hat den Effekt, dass der Boss mit dem Gefühl davongeht: »Wenn er dabei um Hilfe gebeten hat, dann muss er ansonsten brillant sein …«

Laden Sie den Boss zum Dinner zu sich nach Hause ein, wenn Sie sich besonders gut verstehen, vielleicht sogar in den Skiurlaub oder etwas Ähnliches, wenn Ihre Familien sich in ähnlichen Stadien befinden und es sich natürlich anfühlt. Denken Sie daran, das ist der Mann, der am Abzug für Ihre nächste Beförderung sitzt –

also behandeln Sie ihn mit dem Respekt und der Unterwürfigkeit, die er verdient. Das bedeutet, dass diese Person eine völlig andersgeartete Perspektive auf Sie haben wird als jedermann sonst, der Sie als den Tyrannen sehen wird, der Sie wirklich sind. Das ist okay, solange die betreffende Person Ihr Chef ist. Sobald sie nicht mehr Ihr Chef ist, sollten Sie auf die eine oder andere Art dafür sorgen, dass sie aus der Organisation ausscheidet. Sie könnte sich zu einer gefährlichen Gerüchtequelle über Ihr angenehmes, sonniges Wesen entwickeln. Das ist nicht hinzunehmen, und wie ein Kuckuck seine kleineren Geschwister aus dem Nest stößt, sollten auch Sie genau das Gleiche tun, wenn sich Ihnen die Gelegenheit dazu bietet.

Es ist fast 14:30 Uhr und Gordon ist wieder in seinem Büro angekommen. Er verbringt eine halbe Stunde damit, mit seinem Sekretär E-Mails und andere Nachrichten durchzugehen. Um 15:00 Uhr steht dann Mike, sein Pressesprecher, der den willkürlichen Anschiss um fünf Uhr bekommen hat, vor der Tür. Mike ist sichtlich nervös. Gordon tut nichts, um diese Symptome des Unwohlseins zu erleichtern, wissend, dass das kleinste Anzeichen von Schwäche oder Versöhnlichkeit die gesamte harte Arbeit, die heute schon geschehen ist, zerstören wird. Mikes Arbeit ist solide, er ist vielleicht nicht der beste Pressesprecher in der Menschheitsgeschichte, aber er behandelt die Außenkommunikation der Abteilung mit Umsicht, Akkuratesse und Zielgerichtetheit. Gordon vertraut ihm und verlässt sich auf ihn, aber er weiß, dass das kein Grund zum Weichwerden ist.

Mike setzt sich hin und lächelt nervös, bevor er fragt, ob es einen besonderen Vorfall oder ein Versäumnis gegeben habe, das Gordon Kopfzerbrechen bereite, weil er sich während der gesamten Zeit ihrer Zusammenarbeit nicht erinnern könne, etwas versaut zu haben. Gordon geht natürlich nicht in die Falle und antwortet stattdessen mit einer Reihe von Fragen:

▸ Wie lang arbeiten sie schon zusammen?
▸ Was will Mike in seiner Karriere erreichen?

▶ Wie würde er das Wesen der Zusammenarbeit zwischen einem Abteilungsleiter und seinem Pressesprecher beschreiben?

▶ Was wäre sein ideales Haustier? (Gordon muss dieses Buch gelesen haben und zuckt sichtbar zusammen, als Mike sagt, er hätte gern ein Kätzchen.)

Mike tappt im Dunkeln. Er hat keine Ahnung, in welche Richtung dieses Gespräch gehen soll, und manche der Fragen sind einfach nur obskur. Etwa um 15:30 Uhr spürt er, dass sich das Meeting seinem Ende zu nähern beginnt, und nach wie vor liegt nichts Spezifisches auf dem Tisch. Gordon bittet ihn, etwas für einen kurzen Radioauftritt am nächsten Tag fertig zu machen, und deutet an, das Meeting sei zu Ende. Mike ist in Hochstimmung und äußerst erleichtert. Vielleicht ist er doch noch mal davongekommen. Gerade als er gehen will, sagt Gordon: »Wir wollen doch zusehen, dass wir dieses Gespräch nicht noch mal führen müssen.« – »Nein, absolut nicht …, äh … danke«, versucht es Mike.

Er hat das seltsame Gefühl, einem unsichtbaren Geschoss ausgewichen zu sein. Es ist keineswegs klar, was Gordons Missfallen erzeugt hat, obwohl kein Zweifel besteht, dass Gordon mit ihm unzufrieden ist. Also muss er irgendetwas getan oder nicht getan haben. Offenbar muss er seine Anstrengungen verdoppeln und entscheidet sich auf der Stelle, sich mit seinen Pendants in anderen Abteilungen in Verbindung zu setzen, um Notizen zu vergleichen, nur um zu sehen, ob ihm etwas entgangen ist. Es wäre vielleicht auch keine schlechte Idee, ein paar Stunden mehr zu arbeiten …

In Kapitel 2 haben wir uns die idealen Bedingungen angesehen, unter denen Tyrannei gedeihen kann. Eine davon war Unsicherheit, und hier treibt Gordon Mikes Erfahrung von Unsicherheit auf neue Höhen. Mike ist klar, dass Gordon unzufrieden ist, aber er hat keine Ahnung, weshalb. Wenn er ihn fragt, wird Gordon scheinbar nur noch wütender, also lässt er es. Die Lektion, die wir alle hier aus Gordons mustergültigem Verhalten lernen können, ist, dass es unser Job als Chefs ist, die Leistung unserer Leute anzukurbeln. Das lässt sich manchmal am leichtesten erreichen, indem wir ihr bestehendes Leistungslevel als Beispiel für etwas nehmen, was wir nicht zu sehen wünschen. Das mag zu spezifischeren Fragen führen, aber lassen Sie sich nicht in die Details verstricken.

Gordon hält seine Kritik und sein Feedback auf der allerallgemeinsten Ebene und erzeugt so ein Gefühl des Geheimnisvollen in Bezug auf das erwartete Leistungslevel. Das ist eine Gelegenheit für die Angestellten, sich davonzumachen und es selbst herauszufinden. Drücken Sie sich hinsichtlich der genauen Rolle aller Leute, die Ihnen verantwortlich sind, nicht ganz klar aus.

Wenn Sie auf Ihrem Pfad in die Tyrannei voranschreiten und damit gleichzeitig in Ihrer Organisation aufsteigen, werden Sie sich zunehmend der Situation gegenübersehen, Leute unter sich zu haben, von deren Tätigkeiten Sie keine Ahnung haben. Das macht Mikro-Management schwierig, sodass Sie sich wahrscheinlich für neue Ansätze öffnen müssen, um die Leistung auf ein zufriedenstellendes Niveau hochzuschrauben. Die hier

Halten Sie Ihre Kritik und Ihr Feedback so allgemein wie möglich und erzeugen Sie so ein Gefühl des Geheimnisvollen in Bezug auf das erwartete Leistungslevel.

vorgestellte Art, Leistung zu managen, ist höchst effektiv, von professionell gar nicht erst zu reden. Wenn Sie so gewandt wie Gordon sind, brauchen Sie sich nicht mit Formularen und Jahresberichten aufzuhalten.

Gordon hat jetzt ein paar Minuten Zeit, um sich auf Sues Ankunft um 16:00 Uhr vorzubereiten. Es graut ihm vor diesem Meeting, und so bittet er einen vorbeikommenden Handlanger, ihm einen Kaffee mit zwei Stück Zucker zu machen, um seine Energiereserven aufzufrischen. Er zitiert ein paar seiner direkten Untergebenen für einen Moment zu sich ins Büro, um von ihnen einige Details über die Möglichkeiten und Hindernisse bei der Zusammenarbeit mit Sues Abteilung zu hören sowie zusätzlich ein paar Geschichten darüber, wie hinderlich einige spezifische Leute in ihrer Abteilung in der Vergangenheit waren.

Sue wird in sein Büro geführt. Das Meeting geht nur holpernd voran. Sue ist scharf darauf, eine Einheit aus dem Boden zu stampfen, die Mitarbeiter aus beiden Abteilungen umfasst und als gemeinsames Servicezentrum zur Datenanalyse und zum Berichtswesen dienen soll, um Geld und Zeit zu sparen und gleichzeitig übergreifende Berichtsstandards in zwei, wie sie sagt, überaus ähnlichen Disziplinen zu implementieren.

Gordon lässt sich nicht täuschen, denn er erkennt, dass sie versucht, ihre billige Form der Berichterstattung seiner Abteilung aufzuhalsen – die es offensichtlich besser draufhat als ihr Pack. ODER, anders gedacht, sie versucht ihr eigenes Imperium aufzubauen, indem sie ihm sein wertvolles Analystenteam abspenstig macht. Er ist sich nicht ganz sicher, welches davon ihr exaktes Motiv ist, aber er weiß, dass Sue das, was sie will, nur über seine Leiche bekommen wird.

Dementsprechend beginnt er, sich unter allerhand allgemeinen Scherzen und viel ablenkendem Klatsch über andere Abteilungschefs einzugraben. Dann führt er einige spezifische Fälle schlechter Zusammenarbeit auf, die Leute in seiner Abteilung durch ihre Mitarbeiter erfahren haben. Gordon nennt in seiner Akribie die einzelnen Namen und Daten der Fälle. Dann fasst er einige der weitläufigeren Ziele seiner Abteilung zusammen, d. h. die Bereiche, bei denen es am wenigsten nach einer Überlappung zwischen ihren zwei Bereichen klingt.

Um etwa 17:00 Uhr zieht Sue niedergeschlagen und eingeschüchtert ab, überzeugt, dass es niemals zu einer Zusammenarbeit zwischen ihren beiden Abteilungen kommen wird. Gordon bringt sie bis in den Rezeptionsbereich und wartet, als sie sich zum Gehen wendet, bis sie sicher außer Hörweite ist, ehe er sich mit verschwörerischem Augenzwinkern der Rezeptionistin zuwendet und sagt: »Ich kann die Frau wirklich nicht ausstehen.«

Bevor wir uns die allgemeineren Lektionen dieser Episode von Gordons Tagesablauf ansehen, richten Sie Ihr Augenmerk auf ein Detail ganz zu Beginn – den Kaffee. Gordon weiß, dass es wichtig ist, jeden Angestellten in die Unterstützung seiner Führung zu involvieren, und er ist sich über den Kick im Klaren, den es ihnen verschafft, ihm einen Kaffee machen zu dürfen.

Handelt es sich dabei um einen relativ hochrangigen Handlanger, dann ist es vielleicht zugegebenermaßen ein ärgerlicher Kick, doch das verschafft diesem die Möglichkeit, die Aufgabe an einen sogar noch niederrangigeren Handlanger abzugeben. Machen Sie sich niemals selbst Kaffee – nutzen Sie jede Gelegenheit zur Tyrannei, egal, wie trivial sie Ihnen vorkommen mag. Als Nächstes sieht Gordon sich offensichtlicher Konkurrenz aus einer anderen Abteilung gegenüber.

> **Machen Sie sich niemals selbst Kaffee – nutzen Sie jede Gelegenheit zur Tyrannei, egal, wie trivial sie Ihnen vorkommen mag.**

Die erste Lektion hier besteht darin, Kooperation als das zu erkennen, was es wirklich ist. Stellen Sie sich die Frage: Wer will schon wirklich zusammenarbeiten? Sehr richtig, niemand, Sie auch nicht, also lassen Sie sich nicht täuschen. Natürlich müssen Sie die ganze Scharade mitmachen und so tun, als würden Sie zuhören, als seien Sie interessiert, Mehrkosten einzusparen und blablabla. Doch lassen Sie niemals die Tatsache aus den Augen, dass dies eine Gelegenheit ist, Ihre wahre tyrannische Natur zu zeigen, und gleichzeitig ein Risiko, Territorium einzubüßen.

Gordon reagiert genau richtig, mit einer Kombination aus Ablenkung, Aggression und Verwirrung. Einstein hat gesagt: »Wenn Sie sie nicht überzeugen können, dann verwirren Sie sie«, oder etwas in der Art. Ich denke, dass es, selbst wenn man die Leute überzeugen kann, keine schlechte Idee ist, am Ende eine Schleife zu machen und alle durcheinanderzubringen. Wenn Sie selbst im Geschäftsleben verwirrt sind, was tun Sie dann?

Ganz recht, Sie nicken und versuchen intelligent auszusehen, während Sie sich insgeheim Sorgen machen, dass die andere Person entweder viel intelligenter ist als Sie selbst (zugegebenermaßen ein unwahrscheinlicher Fall, aber Sie sind bereit, mit dem Gedanken zu spielen) oder dass sie von dem Thema und seinen komplexen Nuancen wesentlich mehr Ahnung hat als Sie (was wahrscheinlicher ist). Egal, wie die Leute auf Verwirrung reagieren – für den Tyrannen empfiehlt es sich stets, sie zu verbreiten. Verwirrung und Unsicherheit gehen Hand in Hand und wir wissen, wie sehr ein guter Herrscher Unsicherheit schätzt.

Wenn wir bis jetzt eines über Gordon gelernt haben, dann dass er niemals eine Gelegenheit zur Tyrannei auslässt. Achten Sie auf die Akribie, die er zum Ausdruck bringt, indem er die Namen der einzelnen Leute nennt, die für Probleme gesorgt haben. Das liefert Sue Munition, mit der sie in ihre Abteilung zurückkehren kann. Wenn Sue ein Weichei ist, steht sie nun vor dem Dilemma, was sie mit der Information anfangen soll – was in vielerlei Hinsicht sogar noch besser ist. Wir werden uns in den folgenden Kapiteln über die Wichtigkeit der Etablierung einer Kultur der Schuldzuweisung Gedanken machen. Hier liefert Gordon uns einen kleinen Hinweis, wie das geht. Namen zu erwähnen, die in Verbindung mit gescheiterten Projekten stehen, bedeutet, dass Sie es verstehen, subtil die Schuld an einzelne Missetäter zu heften, die Sie dämonisieren möchten. Eine simple Faustregel, wie und wann Sie Schuld zuweisen sollen (wir kommen noch darauf zurück), lautet folgendermaßen:

▶ Wenn es gut gegangen ist – ich war's.
▶ Wenn es okay gelaufen ist – ich war's, und ich habe das trotz der Beschränktheit der Idioten, mit denen zusammenzuarbeiten ich gezwungen bin, geschafft.
▶ Wenn es schiefgegangen ist – es waren die Idioten.

So helfen Sie Ihrem Chef dabei, die Kausalität von Erfolg und Versagen in Ihrem Bereich zu verstehen. Das ist ein wichtiger Punkt bei der Ursachenanalyse und bei Vortrefflichkeit in der Arbeit. Ihr Chef wird Ursache und Wirkung feststellen wollen, wenn etwas schiefgeht. Genau an diesem Punkt müssen Sie in der Lage sein, schnell und deutlich auf den Personalleiter zu zeigen. Sie können stets ihm die Schuld geben,

Namen fallen zu lassen, die in Verbindung mit gescheiterten Projekten stehen, ist eine subtile Art, die Schuld an einzelne Missetäter zu heften, die Sie dämonisieren möchten.

einen Haufen amphibienhafter, mental zurückgebliebener Jugendlicher eingestellt zu haben, Sie wissen schon, die mit den ungleich langen Beinen. Schauen Sie sich mal um, sie tragen wahrscheinlich karierte Hemden.

Es ist 17:00 Uhr, Gordons liebste Tageszeit. Die richtigen Faulpelze in Gordons Büro fangen an, übers Heimgehen nachzudenken. Gordon geht normalerweise nicht vor 20:00 Uhr nach Hause, sodass es seiner Meinung nach auch niemand sonst tun sollte. Natürlich entkommen die Leute in der Realität ab 18:30 Uhr in Scharen, doch nur zu Gordons beständigem Verdruss.

Als Gegenmaßnahme macht er auf dem Weg zurück in sein Büro einen Umweg durch die Verwaltungsabteilungen und verwickelt einige der Schichtleiter in eine allgemeine Diskussion über Ziele und Anrufaufkommen. Jemand fängt an, nervös seinen Computer herunterzufahren und persönliche Gegenstände in einen Rucksack zu packen. Die Person befindet sich auf der abgelegenen Seite des Büros und glaubt törichterweise, man würde sie nicht bemerken; sie befindet sich zwischen Gordon und der Tür, und wenn sie nur hinausschlüpfen kann, ohne aufzufallen, vielleicht indem sie einfach vor dem Typen aus der Postabteilung mit seinem Wägelchen hergeht …

»SIE DA!«, brüllt Gordon, »WO GLAUBEN SIE, DASS SIE HINGEHEN?« Die Person hat noch nicht mal fünf Schritte von ihrem Schreibtisch weg gemacht. Gordon weist sie an, sich in sein Büro zu begeben und dort auf ihn zu warten, findet heraus, wer ihr Abteilungsleiter ist und schleift diesen ebenfalls mit in sein Lager. Nach etwa 15 Minuten des Herunterputzens, Polterns und Schreiens tauchen der Faulpelz und sein Abteilungsleiter wieder aus Gordons Büro auf und eilen an ihre Schreibtische. Heute wird niemand vor 18:40 Uhr versuchen, nach Hause zu gehen …

Jetzt kommt der produktivste Teil von Gordons Tag, wo er sich seiner Korrespondenz widmet, E-Mails schreibt und seinen Zeitplan für die Termine am nächsten Tag durchgeht (die er natürlich gnadenlos herumschiebt). Er versucht, wo nur möglich seine E-Mails auf Einzeiler zu beschränken und dabei im Idealfall nur die Betreffszeile zu benutzen. So kann er in der kurzen Zeit zwischen 17:15 Uhr und 19:30 Uhr über 100 E-Mails lesen und wieder ausspucken. Um 19:30 Uhr ruft er ein Taxi (sein Sekretär ist bereits auf dem Heimweg) und bestellt einen Wagen in zehn Minuten. Die meisten Leute sind bereits nach Hause gegangen, nur das Finanzteam schuftet noch weiter. Auf seinem Weg nach draußen begegnet Gordon einem Pizzalieferanten, der gerade in den Rezeptionsbereich kommt.

Eine nützliche Angewohnheit, die man sich zulegen sollte, ist die, kurze E-Mails zu schreiben. Gordon weiß, dass seine Zeit wertvoll ist. Mit Nettigkeiten hält er sich gar nicht erst auf. Forschungen haben ergeben, dass die Zeit, die ein durchschnittlicher Chef jede Woche mit dem Tippen von »bitte«, »danke«, »mit freundlichen Grüßen«, »hat mich gefreut, Sie zu sehen« und blablabla zubringt, sich etwa auf 43 Stunden beläuft.

Sie sind aber kein durchschnittlicher, Sie sind ein mieser Chef. Als solcher können Sie die ganzen ermüden-

Als mieser Chef können Sie die ganze ermüdende Verpflichtung, nach dem Wochenende der Leute zu fragen, einfach ignorieren.

den Verpflichtungen, danach zu fragen, wie das Wochenende der Leute war, einfach ignorieren. Sie können die Dinge verkürzen, wie Sie unten an einer Reihe von E-Mails, wie sie die besten im Geschäft befindlichen Tyrannen schreiben würden, ablesen können. Hätte Stalin E-Mails geschrieben, hätten sie wahrscheinlich so ausgesehen:

▶ Spätestens Mittwoch um 15:00 Uhr.
▶ Sehr enttäuschend.
▶ Nein.
▶ Nicht deine Aufgabe.
▶ Ganzen Bericht neu schreiben.
▶ Inakzeptabel.
▶ Irrelevant.
▶ Verstanden.
▶ Okay.

▶ Du stellst die falsche Frage.
▶ Keine Priorität.

Zum Tippen einer dieser E-Mails braucht man nicht mehr als eine oder zwei Sekunden. Sie sind prägnant und treffend, und im modernen Geschäftsleben brauchen wir mehr Chefs, die in der Lage sind, sich so auszudrücken. Die Dinge bewegen sich schnell, die Arbeitsmenge wird größer und die Chefs müssen in der Lage sein auszubrechen. Ja, Ihre Leute werden sich das ganze weiche, warme »Wie geht's dir«-Zeug wünschen. Das liegt daran, dass sie überhaupt kein Rückgrat haben. Sie andererseits sind ehrgeizig, beschäftigt und erfolgreich. Oh, und Sie haben Rückgrat.

Ebenfalls wichtig ist Authentizität (hier stimmen wir mit den Weichei-Chefs überein). Sich nach jemandes Gesundheit, Familie oder (noch schlimmer) nach seinen Haustieren zu erkundigen, würde andeuten, dass Ihnen all das tatsächlich am Herzen liegt. Das ist nicht-authentisches Verhalten, und so kann man davon nur abraten. Außer natürlich, Sie sind besorgt, dass der schlechte Gesundheitszustand eines Mitarbeiters ihn davon abhalten könnte, seine Pflicht effektiv zu erfüllen – in diesem Fall ist es weise, sich Klarheit zu verschaffen.

> Ihre Leute werden sich das ganze weiche, warme »Wie geht's dir«-Zeug wünschen. Das liegt daran, dass sie überhaupt kein Rückgrat haben.

Der Personalberater hat dazu vielleicht eine Politik, aber im Allgemeinen lässt sich sagen, dass, wenn jemand einen Schlaganfall hatte und man ihm keinen Kopierer mehr anvertrauen kann, es recht ungefährlich und absolut anzuraten ist, die betreffende Person zu feuern. Ich meine, wer will schon kranke oder kaputte Leute rumhängen haben, die der Firma das Geld absaugen?

Es ist 20:30 Uhr und Gordon kommt zur Haustür herein. Die Kinder schlafen und seine Frau macht gerade die letzte Feinarbeit an seinem Abendessen. Er tadelt sie wegen einer mangelnden Vielfalt beim Gemüse, bevor er sich zum Essen und einem Gespräch über ihren jeweiligen Tag mit ihr hinsetzt. Er muss hören, dass es Schwierigkeiten in der Schule gab, als es darum ging, dem kleinen Oliver das gewünschte Instrument in der Schulband zu sichern, und macht sich eine Notiz, morgens den Direktor anzurufen. Er fragt sich, ob er ihn wohl in die Liste für den morgendlichen Anschiss aufnehmen sollte. Die Reinigung hat bei seinen Anzügen hervorragende Arbeit geleistet, nachdem er nach dem letzten Debakel mit rechtlichen Schritten gedroht hatte.

Er berichtet seiner Frau von seiner bevorstehenden Beförderung – »es ist aber noch nichts fix« – und erzählt ihr einen Witz über seinen rückgrat- und nutzlosen Chef. Um 21:30 Uhr macht er noch einen Spaziergang mit dem Hund, während seine Frau das Abendessen wegräumt, und um 22:00 Uhr gibt er den Kindern einen Gutenachtkuss, macht sich selbst einen Kakao und seiner Frau einen Kamillentee. Die beiden gehen ins Schlafzimmer, um zu lesen. Das Licht geht aus, alles ist ruhig. Die Vorhänge wehen sanft vor dem Fenster hin und her, nur weit entfernte Polizeisirenen und hin und wieder ein Auto durchbrechen die Stille.

Gordon schläft jetzt und träumt von Drachen und Prinzessinnen. An diesem einen Tag hat er uns auf 20 Lektionen aufmerksam gemacht, die uns bei unseren täglichen Bemühungen um die Tyrannei helfen können. Gehen wir sie noch einmal durch.

Kapitel 5 – Lektionen in Tyrannei

1. Kontrollieren Sie die Bedingungen für Ihr Tyrannentum – bringen Sie sich hin und wieder selbst zum Stolpern oder stehen Sie mit dem falschen Fuß auf, damit Sie in der richtigen Verfassung sind.

2. Machen Sie Tyrannei zur Routine, setzen Sie schon für frühmorgens Anschisse an, um zu Höchstleistungen anzuspornen …

3. … aber denken Sie daran, flexibel zu bleiben und jede Gelegenheiten zur Tyrannei wahrzunehmen, die sich Ihnen spontan darbieten.

4. Beschweren Sie sich viel und, wann immer möglich, unbegründet.

5. Managen Sie sorgfältig Ihren Terminkalender, schieben Sie die Leute in letzter Minute hin und her und überraschen Sie dafür andere Leute unerwartet.

6. Schreiten Sie die Reihen ab (oder »managen Sie durch Herumgehen«, wie die Weicheier das nennen) und terrorisieren Sie dabei die Leute.

7. Erinnern Sie sich nie an die Namen der Leute, selbst wenn Sie das tun.

8. Stellen Sie den Leuten zu willkürlich gewählten Zeitpunkten schwierige Fragen und zeigen Sie deutliche Missbilligung, wenn sie mit der Antwort zu kämpfen haben.

9. Managen Sie die Erwartungen der Leute, d. h. sorgen Sie dafür, dass sie niemals bekommen, was sie erwarten, lassen Sie sie raten und schaffen Sie einen fortwährenden Zustand der Unsicherheit.

10. Reißen Sie lieber die Argumente anderer nieder, statt eigene aufzubauen.

11. Kommen Sie spät und gehen Sie früh.

12. Machen Sie sich bei Ihrem Chef beliebt (aber stoßen Sie ihm bei der ersten Gelegenheit ein Messer in den Rücken).

13. Sorgen Sie für Unsicherheit hinsichtlich des erwarteten Leistungslevels.
14. Geben Sie niemals spezifisches Feedback, außer manchmal. Oder vielleicht nicht. Oder …
15. Seien Sie misstrauisch gegenüber Leuten, die zusammenarbeiten wollen.
16. Sorgen Sie für Verwirrung und Ablenkung wo nur immer möglich.
17. Arbeiten Sie darauf hin, eine Kultur der Schuldzuweisung zu erzeugen.
18. Schreien Sie Leute an, die früh nach Hause gehen.
19. Schreiben Sie kurze E-Mails.
20. Werden Sie kranke Leute los.

Wenn Sie in Kapitel 4 nur wenig Punkte beim TQ-Test erzielt haben, dann ist es eher unvernünftig zu versuchen, all diese Hinweise und Tipps auf einmal umzusetzen. Nehmen Sie sich stattdessen einen oder zwei vor und versuchen Sie, sich diese zur Gewohnheit zu machen. Über einen Zeitraum von Monaten oder Jahren hinweg werden Sie feststellen, wie es leichter und leichter geht. In den nächsten paar Kapiteln werden wir uns etwas weiter in die Details vertiefen, wie Sie Ihre Schreckensherrschaft voll zum Ausdruck bringen können.

Wir werden sowohl die Theorie als auch die Praxis betrachten und unser Verständnis wahrer Tyrannei stets erweitern. Doch für den Moment werden wir uns von unserem (völlig frei erfunden und auf niemandem basierenden) Helden verabschieden: Gordon dem Schrecklichen. Möge seine Herrschaft golden und seine Tyrannei legendär sein. Für uns ist es an der Zeit, mit trüben Augen, doch gestützt von seinem positiven Beispiel, in die Realität zurückzukehren …

Kapitel 6

Authentische Schreckensherrschaft

Im vorigen Kapitel haben wir uns eines Vorbilds in Sachen Tyrannei bedient, um zu lernen, wie wir unser tägliches Leben mit tyrannischen Taten würzen können. Manche von Ihnen werden Kapitel 5 gelesen und gedacht haben: »Hervorragend, ich mach mir ein paar Notizen und vielleicht probier ich dies oder jenes am Montag aus.« Andere werden das Kapitel gelesen und gedacht haben: »Das wird bei mir einfach nicht funktionieren.« Das Problem ist, dass es für Sie, wenn Sie sich nicht schon einen Ruf als Tyrann erworben haben, womöglich hart ist, auf einmal mit Büroeinrichtung herumzuwerfen und jedermann als Nichtsnutz zu beschimpfen. Lassen Sie mich das mit einer Geschichte aus meiner Kindheit illustrieren, in der Sie sich bestimmt alle wiederfinden werden.

Ich ging auf eine Knabenschule. Okay, vielleicht finden sich doch nicht *alle* in der Geschichte wieder – aber die meisten. Auf dieser Schule gab es, wie auf allen anderen Schulen, Lehrer, die allein durch ihre Ankunft im Klassenzimmer Angst, Respekt und Aufmerksamkeit erzeugen konnten. Stellen Sie sich vor, Sie versuchen, 30 15-Jährige für jeweils eine Stunde ruhig, konzentriert und diszipliniert zu halten. Es muss beinahe unmöglich gewesen sei, aber diese Lehrer schafften es nicht nur, sie schafften es mit Leichtigkeit.

Wir hatten wirklich Angst vor dem, was sie mit uns machen würden, wenn wir aus der Reihe tanzten. Schreien war das Wenigste, was wir zu erwarten hatten; schlimmstenfalls drohte uns Nachsitzen, ein Besuch beim Direktor, milde physische Einschüchterung oder eine unangenehme Berührung. Im Grunde genommen konnten wir alles erwarten, was den Tag eines 15-Jährigen von gut in absolut schrecklich verwandeln würde, wenn wir ihnen nur ansatzweise Grund dazu gaben. Ein lautes Husten konnte genug sein. Ein raschelndes Bonbonpapier konnte eine Woche Nachsitzen bedeuten. Ein Junge musste einen Monat lang nachsitzen, weil er eine komplizierte Zahnspange trug, die ein Lehrer mit einem Walkman verwechselt hatte.

Diese Lehrer waren Tyrannen bis ins Mark. In ihrer Freizeit gingen sie nicht spazieren, schnitten keine Bonsaibäume zurecht oder bauten die Brücke am Kwai aus Pappmaschee nach. Keineswegs. In ihrer Freizeit terrorisierten sie mehr Kinder bei den örtlichen Pfadfindervereinen oder in der Sonntagsschule. Ihre Schreckensherrschaft im Klassenzimmer war nicht gespielt, sie war authentische Realität. So waren sie einfach, sie zogen es vor, so zu sein. Wenn sie nicht im Klassenzimmer waren, fühlten sie sich seltsam und krätzig, sodass sie sich Hobbys suchten, die es ihnen erlaubten, ihre Tyrannei noch anderswo auszuüben. Wahrscheinlich träumten sie tyrannische Träume, in denen fanatischere Formen der Kindsbestrafung erlaubt waren.

Dann gab es die anderen Lehrer. Sie wollten, dass wir sie respektierten, aber, wie ich vermute, nicht so sehr, wie sie wollten, dass wir sie *mochten*. Für sie war die Klassendisziplin ein absoluter Albtraum. Ihr Wunsch nach Beliebtheit bedeutete, dass sie nie scharf darauf waren, jemanden zum Direktor zu schicken, und viel unwahrscheinlicher war es noch, dass sie nach Gelegenheiten Ausschau hielten, das zu tun. Und so bekamen wir manchmal bei solchen Lehrern die Oberhand, sorgten für Tohuwabohu und schafften es, dass sie in völliger Verzweiflung aus dem Raum stürmten.

Erfahrenere Lehrer mussten intervenieren, die Jungs präsentierten plausible Ausreden und die Klasse wurde für den Morgen oder Nachmittag aufgelöst, man rief die Eltern an und der geschwächte Lehrer bekam vom Direktor eine strenge Ansprache über Disziplin und Kontrolle im Klassenzimmer zu hören. In der nächsten Stunde waren sie dann tougher, viel tougher. Es war jedoch eine unechte Toughheit, aus Not, nicht aus Vergnügen an der Sache geboren. Das war meine erste Lektion darüber, was es heißt, authentische Tyrannei an den Tag zu legen. Sie müssen durch und durch authentisch sein, das ist keine Gaukelei und kein Stil, den Sie sich für neun Stunden am Tag zu eigen machen.

Sie müssen von echtem Schrot und Korn sein. Und wenn Sie das nicht sind, dann werden Sie nie zum Despoten, weil wir alle auf einen Blick erkennen können, dass Sie nur so tun. Wenn ein Schauspieler schauspielert, dann können wir das erkennen. Wenn jemand lügt, dann können wir auch das (meistens) erkennen. Doch wie ist es, wenn Sie erst einige Schritte auf dem Weg zu wahrer Tyrannei hinter sich gebracht haben? Wie können Sie damit anfangen, Authentizität zu signalisieren, bevor diese voll ausgebildet ist? Kann das überhaupt funktionieren?

Sie müssen durch und durch authentisch sein, denn es ist keine Gaukelei und kein Stil, den Sie sich für einen Tag zu eigen machen.

Hierbei handelt es sich um eines der wenigen Gebiete, bei dem sich die Texte und Gedanken zu tyrannischer Führung und Weichei-Führung überlappen. In der Management-Entwicklungsliteratur für Weicheier werden Sie viel Gerede über authentische Führung finden. Eines der schlimmsten, Brechreiz erzeugenden Weichei-Bücher für Manager stammt von Goffee und Jones und trägt den Titel »*Why Should Anyone Be Led By You?*«. Die beiden schreiben ganz klar darüber, wie man ein authentischer Weichei-Chef wird, was natürlich ein schrecklicher Fehler ist, und so sind all ihre Ratschläge und ihr Geschreibsel Kraut und Rüben, Durcheinander und völlig auf dem falschen Fuß. Es geht dabei ständig um persönliche Offenheit, Kommunikation und das Managen von sozialer Distanz.

Wahrscheinlich finden Sie Bilder von Hundewelpen und kleinen Feen, wenn Sie das Buch ganz durchlesen. Wir haben keinesfalls vor, so zu enden, aber in einer Sache treffen die Autoren den Nagel auf den Kopf. Wenn Sie sich nicht *konsistent* wie ein Tyrann verhalten, so klingen, handeln, dann werden die Leute einfach nicht angemessen auf Ihre Herrschaft reagieren.

Zwei Chefs, von denen der eine ein authentischer Tyrann ist und der andere einfach nur ein Programm abspult, die gleichzeitig genau dasselbe sagen und tun, werden keineswegs dieselbe

Wirkung erzielen. Die Angestellten des nicht-authentischen, innerlich ein Weichei gebliebenen Chefs werden wissen, dass sie es sich leisten können, auch feingeschliffene Akte der Tyrannei zu ignorieren. Ein gut durchdachter Anschiss wird einfach als »so ist er eben, wenn ihm was nicht passt« abgespeichert.

Die Drohung, einen besonders nutzlosen Handlanger auf irgendeinen Projekt-Außenposten in einer Sackgassenabteilung zu verbannen, wird als »nur ein Strohfeuer – das macht der eh nie« interpretiert. Können Sie sich etwas Schlimmeres vorstellen als einen Tyrannen, den man nicht ernst nimmt? Wenn Ihnen das bekannt vorkommt, weil es nach Ihnen klingt, dann sollten Sie sich schämen. Machen Sie an einem kalten Tag einen langen Spaziergang ohne Jacke und denken Sie angestrengt über das nach, was Sie getan haben. Es sind Leute wie Sie, die die Alleinherrschaft in Verruf bringen.

Bei Tyrannei geht es nur zu 90 Prozent darum, Leute anzupfeifen, mit den Armen zu fuchteln und willkürlich brutale Strafen zu verteilen. Es geht auch darum, die Leute auf eine persönlich nicht nachhaltige Art zu pushen, um herausragende Ergebnisse zu erzielen, und dann Wege zu finden, persönlich von diesen Anstrengungen zu profitieren. Wenn Sie also ein echter Tyrann werden wollen, müssen Sie authentisch sein, ansonsten werden die Leute Sie schlicht ignorieren. Um dies zu erreichen, müssen Sie die folgenden einfachen Regeln befolgen:

Bei Tyrannei geht es nur zu 90 Prozent darum, Leute anzupfeifen, mit den Armen zu fuchteln und willkürlich brutale Strafen zu verteilen.

1. Zeigen Sie *keinerlei* Schwäche.
Darth Vader in *Star Wars* verriet nicht, dass er sich damit unwohl fühlte, technische Präsentationen des Todessterns zu machen. Ferdinand Marcos gestand niemals seine Tendenz ein, Regierungsfonds zu verlegen. Dschingis Khan gab niemals seine Unfähigkeit zu, Inneneinrichtung aufeinander abzustimmen. Ganz so sollten auch Sie niemals Schwäche zeigen. Ein Tyrann in Höchstform ist auf jedem Gebiet besser als die anderen. Er erzeugt Ehr-

furcht und Furcht in gleichem Ausmaß. Nun sind Sie höchstwahrscheinlich nicht perfekt und haben ein paar Lücken auf Ihrer Liste beeindruckender Fähigkeiten. Hier ein paar verbreitete Führungslücken, die bei Ihnen vorhanden sein könnten:

▶ Schlechter Planer
▶ Geringe strategische Einsicht
▶ Unfähigkeit, höherrangige Interessenseigner zu beeinflussen
▶ Geringe Intelligenz
▶ Schlechte persönliche Hygiene

Offenkundig ist keines dieser Probleme eine wirklich große Sache und nichts davon verhindert, dass Sie ein großartiger Tyrann werden können. Doch sollte einer Ihrer Handlanger herausfinden, dass Sie diese oder andere Schwächen haben, dann müssen Sie schnell handeln. Sie müssen ihn zum Schweigen bringen, entweder, indem Sie ihn töten lassen (es könnte passieren, dass er versehentlich in die Müllpresse fällt), ihn feuern oder, idealerweise, beides (sorgen Sie nur dafür, dass er zuerst gefeuert wird). Dann werden Sie allen, die auf Sie schauen, als undurchdringlich, unberührbar und unverwundbar erscheinen.

2. Lassen Sie nie jemanden wissen, wer Sie wirklich sind. Außer, Sie wollen ihm Angst machen.

Kommen wir noch mal auf den Todesstern zurück. Wir gehen in Darth Vaders Büro. Was glauben Sie, werden Sie dort sehen? Bilder von seinen Freunden und seiner Familie? Ein oder zwei farbenfrohe Stressbälle? Ein paar hirnlose Zitate über die Bedeutung von Innovation unter dem Bild eines verschneiten Berges? Einen Squash-Schläger? Natürlich nicht, es wird kahl und minimalistisch gehalten sein; vielleicht gerade mal eine Kiste mit Lichtschwert-Tüchern und ein Helm-Staubwedel.

Es wird nichts zu sehen sein, das eine Leidenschaft für Molche, eine Vorliebe fürs Radfahren oder die Mitgliedschaft in einem

Football-Fanklub verriete (Vader unterstützte die Yankees, doch der einzige Angestellte im Todesstern, der das zufällig herausfand, ein Techniker namens Gareth Jenkins, wurde auf höchst unangenehme Art zu Tode gelichtschwertet.)

Ihren Handlangern gegenüber müssen Sie distanziert, unbekannt und Furcht einflößend bleiben. Es ist schwer, jemanden zu fürchten, wenn man weiß, dass er alte Barbiepuppen sammelt, oder man mitbekommt, dass er mittwochs früher das Büro verlässt, weil er in der örtlichen Kunstakademie Aktmodell ist. Entfernen Sie also alle Hinweise auf Ihr persönliches Leben aus Ihrem Büro. Vermeiden Sie um jeden Preis die Teilnahme an hirnlosem Geschnatter über Familie, Kinder, Hobbys oder Zeitvertreib. Für Ihre nutzlosen Angestellten sollte Ihr ganzer Daseinsgrund sein, sie das Fürchten zu lehren, und zwar jede einzelne ihrer armseligen, sinnlosen und vergeblichen wachen Stunden. Es sollte keine Ablenkungen geben, und wenn Sie auch ein Hobby haben können, sollte niemand in der Arbeit, der einen niedrigeren Rang hat als Sie, davon wissen.

Es gibt nur eine Ausnahme für diese Regel: das Erzeugen von Angst. Wenn Sie das Gefühl haben, dass ein Handlanger aufmüpfig wird oder es ihm am richtigen Grad schaudernder Furcht und Respekt Ihnen gegenüber mangelt, dann ist es vertretbar, sich ein kleines Detail über Ihr persönliches Leben entschlüpfen zu lassen (es muss nicht wahr sein), von dem Sie meinen, dass es ein Gefühl von Ehrfurcht und Angst erzeugen wird.

Sie könnten zum Beispiel fallen lassen, dass Sie gestern Abend persönlich Ihren Rottweiler kastriert haben, um Tierarztkosten zu sparen. Oder Sie könnten erwähnen, dass Ihr Gegner beim Karateturnier dieses Wochenende im Krankenhaus gelandet ist und für den Rest seines Lebens Nahrung nur noch durch einen Strohhalm zu sich nehmen kann. Sie könnten sich laut daran erinnern, wie Sie den Lehrer Ihres Kindes geohrfeigt haben, als er sich darüber beschwerte, dass Sie bei einer Schultheateraufführung gebuht haben, oder liebevoll des Tages gedenken, als Sie sämtliche Spielzeuge Ihrer Kinder wegwarfen, nachdem diese dabei versagt hatten, sie innerhalb des von Ihnen gesetzten Fünf-Minuten-Limits aufzuräumen. Wenn das nicht funktioniert, dann versuchen Sie es mit einer Erzählung darüber, wie spaßig es war, die Karrieren von ein paar Ihrer früheren Angestellten in Ihrer letzten Firma zu ruinieren.

3. Scheuen Sie keine Mühen, Ihre Angestellten daran zu erinnern, dass sie Bodensatz sind.

Ihre Leute mögen anfangs noch glauben, sie hätten etwas mit Ihnen gemeinsam. Es ist wichtig, dass sie einsehen, dass das nicht der Fall ist, und zwar schnell. Denken Sie daran, Sie wurden ausgewählt, der Boss zu sein, d. h. Sie sind Ihren Angestellten intellektuell, physisch, sozial, moralisch und in jeder sonstigen Hinsicht überlegen. Ihre Mitarbeiter werden es zu schätzen wissen, wenn Sie hin und wieder mit kleinen Gesten auf diesen Punkt hinweisen. Die Kaffeemaschine, die sie benutzen, ist für Ihre leitenden Ansprüche nicht ausreichend, also lassen Sie daneben eine bessere einbauen und stellen Sie klar, dass Sie jeden bei lebendigem Leibe häuten lassen werden, der es wagen sollte, sie zu benutzen.

Es sei denn, jemand macht Kaffee für Sie. Dann wird er bei lebendigem Leibe gehäutet, wenn er die alte Maschine benutzt. Wenn Sie nicht feststellen können, welche Maschine benutzt wurde, wenn Ihnen jemand Kaffee bringt, dann häuten Sie ihn auf jeden Fall bei lebendigem Leib, werden Sie die bessere Maschine los und ersetzen Sie sie durch eine noch bessere, sodass der Unterschied deutlich wird. Machen Sie das alle paar Monate, schließlich gewöhnen sich Ihre leitenden Geschmacksnerven an den guten Kaffee.

Sorgen Sie dafür, dass Sie Parkplatzprivilegien haben und dass ein Schild auf dem Parkplatz darauf hinweist, dass Sie sie haben. Gönnen Sie sich ein großes, luxuriöses Büro mit wunderschönen Topfpflanzen, Ledersesseln, einem versenkten Plasmafernseher, einer privaten Toilette – alles in allem: Holen Sie sich, was Ihnen einfällt. Nicht weil Sie es haben wollen – keineswegs, sondern weil es ein Denkzettel für Ihre nutzlosen Angestellten ist, *dass Sie besser sind als die anderen*. Die Angestellten werden das zu schätzen wissen, weil es ihnen zeigt, dass sie an Sie glauben können, an Ihre Entscheidungen und Ihre Fähigkeiten. Und es gefällt den Leuten, wenn Sie Vertrauen in ihren Boss haben können, Sie tun all das also in Wirklichkeit nur für sie.

4. Schaffen Sie ein Umfeld mit hohem Risiko und geringer Unterstützung für alle außer Ihnen selbst.

Authentische Tyrannen erschaffen ein für ihre Untergebenen hochriskantes Umfeld, in dem man Erfolg mit Misstrauen und Versetzung zu Randprojekten, Misserfolg mit Peitschenhieben begegnet. Wenn jemand in Ihrem Team etwas gut hinkriegt, dann sollten Sie ihm gegenüber auf der Hut sein (siehe Kapitel 7 und 8) – vielleicht ist er auf Ihren Job aus.

Machen Sie sich Gedanken, wo Sie ihn hinversetzen können, um künftige Erfolge höchst unwahrscheinlich zu machen. Zu diesem Zweck ist es hilfreich, ein paar besonders giftige, karriereruinierende Posten im Ärmel zu behalten. Genauso sollten Sie, wenn Sie sehen, dass jemand zu kämpfen hat, sich bemühen, ein Gefühl des freien Falls zu erzeugen; das Gefühl tödlicher Geschwindigkeit, unmittelbar bevorstehenden Todes, der Angst und des Kontrollverlusts über den Schließmuskel.

> **Tyrannen erschaffen ein für ihre Untergebenen hochriskantes Umfeld, in dem man Erfolg mit Misstrauen und Versetzung zu Randprojekten begegnet.**

Vermeiden Sie es, mit solchen Leuten zu sprechen, und halten Sie auch andere davon ab, dies zu tun. Laden Sie ihnen mehr auf und fordern Sie schnellere Arbeit. Unterminieren Sie ihre Kompetenz bei den Hauptinteressenseignern und machen Sie »tz, tz«, wenn Sie an ihnen vorbeigehen.

Wenn Sie es schaffen, diesen Vier-Punkte-Plan zu befolgen, dann wird man Ihre Tyrannei bald weit und breit als wirklich authentisch wahrnehmen. Die Leute werden Ihre tyrannischen Absichten wahrnehmen und sich entsprechend verhalten. Ein guter Maßstab, um einzuschätzen, ob Sie ein authentischer Tyrann geworden sind, ist der Genuss, den Sie aus einem willkürlichen Akt der Tyrannei ziehen. Wenn Sie den Grad Ihrer Authentizität im Auge behalten wollen, dann legen Sie sich ein Messungssystem dafür zu. Machen Sie sich eine Liste mit den Dingen, die Ihnen am meisten Spaß machen. Versuchen Sie an alles Nicht-Tyrannische zu denken, was Ihnen Spaß macht. Auf dieser Liste findet sich vielleicht Folgendes:

▶ Den Deckel einer frischen Packung Instantkaffee öffnen.
▶ Ein zusammengeknülltes Stück Papier direkt in den Mülleimer werfen.
▶ Laufen, weil man zu spät zum Zug losgegangen ist, ihn aber noch kriegen, weil auch er spät dran ist.
▶ Das perfekte hart gekochte Ei aufbrechen.
▶ Der Geruch von frisch gemähtem Gras.
▶ Frisch gefallener Schnee im Park, auf dem noch niemand seine Fußspuren hinterlassen hat.
▶ Der Geruch von frischer Wäsche auf dem Bett.

Sie kennen dieses Zeug, das Sie glücklich macht. Jetzt versuchen Sie, diese Punkte in eine Reihenfolge zu bringen. Für welche würden Sie am meisten kämpfen? Sobald Sie ein Ranking für die einzelnen Punkt gefunden haben, haben Sie eine Art Glücksskala in der Hand. Relativ weit oben ist Mega-Glück und weiter unten ist tiefe Zufriedenheit.

Sobald Sie die Glücksskala hingekriegt haben, müssen wir uns auf einen zufälligen Akt der Tyrannei festlegen. Hier ein paar gute:

▶ Grundlos einen Handlanger beschimpfen.
▶ Absichtlich einem Mitarbeiter Kaffee drüberschütten.
▶ Auf eine E-Mail »Sie sind ein Idiot« antworten.
▶ Einen hervorragenden Mitarbeiter ohne Grund von einem profilierten Projekt abziehen.
▶ Ein kleines Team anweisen, Überstunden zu machen, um sich abends noch mit Ihnen zu treffen, und dann das Meeting in letzter Minute absagen.

Es spielt nicht wirklich eine Rolle, wofür Sie sich entscheiden. Versuchen Sie einfach, dafür zu sorgen, dass es diskret und leicht zu bewerkstelligen ist und Spaß macht. Vollführen Sie etwa alle drei Monate so einen willkürlichen Akt der Tyrannei und holen Sie dann Ihre Glückstabelle heraus. Wo würden Sie ihn auf der Glückstabelle eintragen?

Wenn Ihr Tyrannentum sich entfaltet und wächst, dann ist dergleichen anfangs wahrscheinlich noch recht weit unten auf der Liste, wie vielleicht das Essen von Mince Pie (eine englische kulinarische Kuriosität: ein Weihnachtskuchen, der aus getrockneten Früchten besteht – komisches Zeug), der tatsächlich okay statt ranzig schmeckt. Aber mit der Zeit, wenn Ihre Herrschaft sich festsetzt und sorgsam genährt wird, werden Sie hoffentlich feststellen, dass Sie einen solchen Akt viel höher einstufen.

Schließlich werden Sie merken, dass der Geruch von frisch gebackenem Brot nichts ist im Vergleich mit dem Geräusch, das ein Tacker macht, wenn er mit einem fleischigen Klatschen auf den Kopf eines niederrangigen Handlangers trifft. Und wenn Sie keine Mühe mehr scheuen, um Gelegenheiten zu schaffen, damit Ihre Tyrannei sich Bahn brechen kann, dann hat sich die Authentizitätsfrage von selbst beantwortet. Sie werden nicht mehr nur äußerlich ein Tyrann sein, sondern bis ins Mark.

Kapitel 6 – Lektionen in Tyrannei

▶ Es besteht ein Unterschied zwischen innerem Tyrannentum und zur Schau gestellter Tyrannei. Der Idealzustand besteht darin, den Antrieb für Letztere aus dem Ersteren zu gewinnen, doch es braucht Zeit und Disziplin, um das zu erreichen.

▶ Authentische Tyrannei herrscht dann, wenn Sie nicht länger bewusst tyrannisch handeln, sondern Sie es einfach so machen, weil Sie es einfach so machen …

▶ … und weil es Ihnen so Spaß macht.

▶ Zeigen Sie niemals Schwäche. Ihre Mitarbeiter müssen das Gefühl kriegen, dass Sie in allem besser sind als sie.

▶ Lassen Sie unter keinen Umständen zu, dass Ihre Mitarbeiter herausfinden, wer Sie wirklich sind. Bleiben Sie erhaben und geheimnisvoll, es sei denn, Sie wollen ihnen Angst einjagen.

▶ Erinnern Sie Ihre Mitarbeiter daran, dass sie Ihnen unterlegen sind. Investieren Sie in all die kleinen Signale, die sie an ihre Unterlegenheit erinnern, wie etwa das schöne Büro und üppige Topfpflanzen, mit denen Sie auftrumpfen, während das Fußvolk auf billigen Secondhand-Stühlen sitzt.

▶ Erzeugen Sie ein Klima mit hohem Risiko und geringer Unterstützung für Ihre Leute. Wenn diese sich gut anstellen, schicken Sie sie in die Verbannung. Wenn sie sich schlecht anstellen, setzen Sie sie unter Druck. Lassen Sie die zufrieden, die gerade so durchkommen, und sie werden Ihnen dankbar sein.

▶ Messen Sie den Genuss, den Sie aus willkürlichen Akten der Tyrannei ziehen, um Ihren Authentizitätsgrad im Auge zu behalten.

Die besten Tyrannen handeln nicht tyrannisch.
Sie *sind* es.

TYRANNISCHE
TEAMCHEFS

Legen wir noch mal eine Pause ein beim Tyrannischsein. Gleich wird der Tyrann lospreschen und seinem Team wahrhaft Grauenvolles und Unaussprechliches antun. Bevor wir ihm in die Düsternis folgen, wollen wir kurz darüber reflektieren, was wir in den vergangenen drei Kapiteln über unsere Beziehung zum Führen gelernt haben.

Kapitel 4 ist auf einer Ebene völlig bescheuert (wenn Sie sich also einen Leoparden gekauft haben, dann hoffe ich, Sie haben noch die Quittung). Aber auf einer anderen Ebene ist es todernst. Sie müssen ein Bewusstsein für Ihre angeborenen Stärken und Schwächen als Anführer entwickeln. Wir alle wurden als Rechts- oder Linkshänder geboren oder als Mischung von beidem. Genauso sind einige von uns für manche Aspekte des Chefseins geschaffen und für andere nicht.

Eigentlich spielt das keine Rolle, genauso wie es keine Rolle spielt, ob Sie Rechts- oder Linkshänder sind, aber es ist extrem nützlich zu verstehen, wie man verkabelt ist. Beispielsweise haben einige von uns ein natürliches Interesse daran, was als Nächstes, morgen oder in ferner Zukunft passiert. Bei anderen ist das nicht so. Aber Führung ist (größtenteils) eine zukunftsorientierte Rolle. Um das Hier und Jetzt können sich Ihre Mitarbeiter kümmern. Wenn Sie sich selbst verstehen, hilft Ihnen das, sich selbst zu managen. Also, gehen Sie online und finden Sie eine gute, seriöse Firma, die Ihnen eine Führungspsychometrie verschaffen kann, und holen Sie sich Feedback.

Kapitel 5 steckt voller umkehrbarer Ratschläge. Die meisten der 20 Lektionen kann man buchstäblich umschalten wie z. B. Lektion 10: Reißen Sie die Argumente der anderen nieder, statt eigene aufzubauen. Sie müssen wissen, dass die effektivste Art, andere zu beeinflussen, darin besteht, ihre Vorschläge ganz auszuloten, deren Wert zu sehen und Möglichkeiten zu finden, das, was sie zu erreichen versuchen, mit Ihrem Vorschlag zu verbinden. Das heißt, Sie tun exakt das Gegenteil wie im Ratschlag empfohlen. Behalten Sie kranke Leute (Lektion 20) und passen Sie sich der Situation an, ermutigen Sie sie, sich ganz einzubringen.

Gehen Sie nicht herum, um die Leute zu terrorisieren (Lektion 6), sondern drehen Sie Ihre Runde, um die Leute zu ermutigen und zu unterstützen. Bei Lektion 12 möchte ich näher ins Detail gehen: Machen Sie sich beim Chef beliebt (aber stoßen Sie ihm bei der ersten sich bietenden Gelegenheit ein Messer in den Rücken). Dass Sie ihn rücklings ermorden sollen, ist freilich nicht ernst gemeint. Finden Sie vielmehr Möglichkeiten, positiv über seinen Einfluss und seine Wirkung zu sprechen. Es ist jedoch wichtig, eine fruchtbare Beziehung zu seinem Chef aufzubauen. Der Schlüssel bei dieser Lektion besteht aus den Worten »machen« und »beliebt«. Sie können sich bei Ihrem Chef nicht beliebt »machen«. Sie sollten sich bemühen, Ihren Chef kennenzulernen und sich sein Vertrauen wie das Ihrer Kollegen zu verdienen. Wenn Sie dadurch »beliebt« werden – umso besser.

Die Lektionen in Kapitel 6 sind tatsächlich eher subtil und schwer umzusetzen, wenn Sie von Natur aus eine Privatperson sind. Es fühlt sich für manche Leute unprofessionell an, Dinge über ihr Privatleben zu enthüllen. Der Ansatz des Tyrannen, keine Schwäche zu zeigen und nichts über sein Privatleben zu enthüllen, mag sich attraktiv anhören. Aber hier ist der Haken: Wir vertrauen Leuten, die wir kennen. Und wenn wir jemandem vertrauen, dann fühlen wir uns auch dann sicher, wenn wir uns in eine angreifbare Position begeben. Schließlich glauben wir daran, dass dem Gegenüber an unserem Wohl gelegen ist. Im Kontext der Arbeit sieht das so aus, dass man wirklich hart arbeitet.

Unsere Leute werden nur dann wirklich hart für uns arbeiten, wenn sie darauf vertrauen, dass wir nicht hinter ihrem Rücken »Deppen« keckern und die Lorbeeren für ihre harte Arbeit einstreichen. Man hat errechnet, dass die Leute bis zu 48 Prozent mehr Leistung bringen, wenn sie ihrem Arbeitgeber Vertrauen entgegenbringen und sich mit ihrer Arbeit identifizieren können. Es ist also wichtig für Ihren Erfolg, dass Sie das Vertrauen der Leute gewinnen. Das wird Ihnen jedoch niemals gelingen, wenn Sie sich als erhaben und fehlerlos präsentieren. Mit anderen Worten: Teilen Sie Ihre Schwächen und Ihr »wahres Selbst« mit Ihren Angestellten und sie werden sehen, dass es sich bei Ihnen nicht um einen unnahbaren Klugscheißer handelt. Sie werden hart arbeiten, weil sie wissen, dass Sie ihnen so viel Anerkennung zukommen lassen werden wie nur möglich.

In Kapitel 6 finden sich auch Lektionen darüber, wie wichtig es ist, die Kluft zwischen den Firmenebenen zu verringern. Der Vorgesetzte, der sein komfortables Eckbüro aufgibt, einen Raum für Meetings daraus macht und im Großraumbüro auf einer Ebene mit den anderen arbeitet, nimmt einiges auf sich, um zu signalisieren: »Wir sitzen in einem Boot.« Als Chefs sollten wir zugänglich und normal bleiben und uns an unseren Taten bemessen lassen, nicht an Symbolen für unseren Status. Schließlich und endlich ist es wichtig, ein Umfeld zu erzeugen, das Risiken und Herausforderungen mit Unterstützung ausgleicht, statt den tyrannischen Ansatz zu wählen, hohes Risiko mit geringer Unterstützung einhergehen zu lassen.

Das gilt besonders dann, wenn Ihr Team innovative neue Produkte, Ansätze, Dienstleistungen etc. entwickelt. Wenn Sie schwierige Probleme lösen müssen, dann muss man Sie darin unterstützen, Risiken einzugehen, was uns direkt zu Kapitel 3 und der umgekehrten Lektion von Vlad dem Pfähler zurückbringt: Behandeln Sie Fehler (die richtigen, nicht die dummen) als Gelegenheit zum Lernen und gratulieren Sie Leuten dafür, sich vorgewagt zu haben.

Wenn Sie in Ihre Führungsrolle hineinwachsen, dann ist meine Hoffnung für Sie, dass Sie in Dialog mit sich selbst kommen. Nicht die Art von Dialog, die eines der Frühzeichen von Demenz ist, ich meine eine reflektierte Konversation zwischen dem Teil von Ihnen, der andere führt, und dem Teil von Ihnen, der das nicht tut. Diese zwei Stimmen werden mit der Zeit verschmelzen, aber für den Augenblick ist es hilfreich, wenn Sie hin und wieder einen Schritt zurücktreten und darüber nachdenken können, wie es sich anfühlt, Sie als Chef zu haben.

Wenn Sie sich nicht sicher sind, wie sich das anfühlt, dann können Sie immer noch diejenigen fragen, die das Glück haben, diese Erfahrung bereits zu machen. Das ist übrigens eine schöne Überleitung zu Teil 3 dieses Buchs: Tyrannei in einer modernen Firma. Also los, schauen wir, was der Tyrann so treibt …

Wie man sie leiden lässt

Bisher haben wir uns auf die Tyrannei und Sie konzentriert. Im Rest des Buches wird es darum gehen, wie Sie Ihre Schreckensherrschaft auf Ihr Umfeld anwenden können. Wir werfen einen Blick auf die Menschen, die Ihre neu entdeckten tyrannischen Tendenzen auskosten dürfen: Ihre Mitarbeiter. Das sind immerhin die Leute, die Ihnen aller Wahrscheinlichkeit nach die meisten Probleme bereiten. Sie schauen zu Ihnen, wenn Sie einen Anführer brauchen, und ihre Leistung bestimmen größtenteils Ihren Erfolg und Ihr Schicksal.

Sie sind Ihnen unterlegen, nicht nur in Bezug auf Gehalt und Intelligenz, sondern auch hinsichtlich ihres Status und ihrer Bedeutsamkeit innerhalb der Organisation. Vielleicht haben Sie viele Tausend Leute unter sich, vielleicht nur einen Menschen. In den folgenden drei Kapiteln wollen wir uns ansehen, wie man Angestellte führt und managt, und zwar unter strenger Befolgung tyrannischer Prinzipien.

Die wichtigste Lektion, die Sie jemals über das Chefsein lernen werden, lautet, dass die größte Bedrohung für Ihre zukünftige Karriere, tyrannisch oder andersgeartet, von denen ausgeht, die Sie managen. Ja, es sind diese nervtötenden Handlanger, die die größte Gefahr für Sie darstellen. Sie können nicht glauben, dass eine Handvoll Typen, deren Gehirne zusammengenommen auf die Größe einer Walnuss kommen, Sie entmachten könnte? Das ist verständlich, aber machen Sie sich Folgendes klar: Chefs ziehen nur aus äußerst wenig Gründen jemals weiter:

1. Sie sterben. Entweder aus natürlichen Gründen, aber in diesem Fall sind Sie höchstwahrscheinlich schon in Pension, sodass das eigentlich kein Thema ist, es sei denn, Sie sind in letzter Zeit nicht ganz auf dem Damm gewesen. Aber man kann auch sterben, weil man vergiftet oder sonst wie von seinem Team mit Aufmerksamkeiten bedacht wird, sodass man sich bei Essensgeschenken besser vorsieht.

2. Sie werden befördert. Das ist die Art, auf die Sie weiterkommen wollen, denn das bedeutet, dass Sie einen hinreichenden Grad an Tyrannentum erreicht haben, um eine Beförderung zu rechtfertigen.

3. Sie werden abgesetzt. Sie werden gefeuert, aus dem Rennen gedrängt, ersetzt oder man bittet Sie zu gehen. Das ist der häufigste Grund dafür, dass jemand weiterzieht. Denken Sie mal drüber nach: Es gibt immer weniger Führungsposten, je höher Sie in der Organisation aufsteigen, d. h. dass es die meisten Chefs notwendigerweise nicht schaffen und gehen müssen. Und wer setzt Sie ab? Ihr Chef. Falsch! Ihr Chef hat nichts zu gewinnen, wenn er einen Handlanger absetzt, es sei denn, er hätte ihn im Verdacht, sich gegen ihn zu verschwören, was Sie, Tyrann, der Sie sind, ihn niemals auch nur für eine Sekunde denken lassen würden (wobei Sie natürlich trotzdem weiter Intrigen spinnen). Nein, das Absetzen bewerkstelligen Ihre Untergebenen. Nicht nach außen hin natürlich, denn um Ihren Untergang offen herbeizuführen, fehlt es ihnen an Macht oder Intelligenz. Aber sie können intrigieren, sich verschwören, unterminieren und verleumden, bis Ihr Name in der ganzen Organisation durch den Dreck gezogen wurde.

Ich möchte, dass Sie gleich jetzt über Ihre Teammitglieder nachdenken. Versuchen Sie, sich ihre Gesichter vorzustellen. Sie mögen vielleicht lächeln, anerkennend und dankbar nicken oder bewundernd und respektvoll zu Ihnen aufblicken. Es ist schwer zu glauben, dass einer von ihnen Ihr persönlicher Brutus, Ihr Judas ist. Doch die Wahrscheinlichkeit dafür ist hoch.

Die größte Bedrohung für Ihre zukünftige Karriere, tyrannisch oder andersgeartet, geht von denen aus, die Sie managen.

Sie müssen aufwachen und Ihre Angestellten als die Bedrohung erkennen, die sie sind. Dass sie den kollektiven Drive, die Intelligenz und den Witz eines Quallenschwarms haben, bedeutet nicht, dass sie weniger gefährlich wären. Tyrannen sind sich, anders als Weichei-Chefs, dieser Tatsache bewusst und managen die Risiken entsprechend. Beim Risikomanagement geht es um Identifikation, Quantifikation und Schadensbegrenzung. Hoffentlich fangen Sie an, sich des Risikos bewusst zu werden.

Sie werden sehen, dass dies stets das größte Einzelrisiko für Ihren Erfolg in der Zukunft darstellen wird. Nun können wir damit anfangen, dieses Risiko zu minimieren. Auf irgendeine seltsame Art scheinen auch Weichei-Chefs dieses Risiko zu kennen, doch sie gehen das Problem komplett anders an. Bevor wir uns den korrekten, vernünftigen, tyrannischen Ansatz ansehen, nehmen wir uns eine Minute Zeit für eine leichte Ablenkung und sehen wir uns den Ansatz der Weicheier an.

Weichei-Chefs versuchen, sich mit ihren direkten Untergebenen anzufreunden, um die Leute davon abzuhalten, ihnen gnadenlos bei der ersten sich bietenden Gelegenheit in den Rücken zu fallen. Sie lernen ihre Leute kennen, versuchen, ihre Karriereziele, ihre Hoffnungen und Befürchtungen zu verstehen. Sie werden zeigen, dass ihre Leute ihnen wichtig sind, und ihre Karrieren fördern, indem sie ihnen Entwicklungsmöglichkeiten bieten. Sie werden Zeit dafür opfern, ihre Ziele durchzuarbeiten, ihnen klare, eindeutige Ziele vorzugeben, und sogar den Kopf hinhalten, wenn ihre Leute was Blödes machen. Sie versuchen »eine Kultur von Vertrauen und Ermächtigung« zu schaffen.

Unglaublich, nicht wahr? So viel verlorene Liebesmüh! Machen wir uns unsere tyrannische Logik zunutze, um diesen Ansatz direkt auseinanderzunehmen. Zunächst einmal den Gedanken, sich mit Ihren Angestellten anzufreunden. Wir wissen, dass das eine dämliche Strategie ist, denn wenn einer unserer Angestellten tyrannische Tendenzen haben sollte (und dieses Buch kann ja unglücklicherweise jedem in die Hände fallen), wird er diesen Ansatz sofort ausnutzen.

Er wird Sie glauben lassen, er sei Ihr bester Kumpel, und Sie dann über glühende Kohlen schleifen, sobald sein Bonus nicht ganz so hoch ist, wie er es sich vorgestellt hat. Auch braucht es Zeit und Mühe, jemandes Freund zu werden. Sie sind hier, um befördert zu werden und Geld zu verdienen. Stellen Sie sich folgende Frage: Wie hilft es Ihnen, befördert zu werden oder Geld zu verdienen, wenn Sie sich mit Ihren direkten Untergebenen anfreunden? Richtig! Gar nicht, also lassen Sie's!

Zweitens, diese Idee, die Karriereziele und Hoffnungen Ihrer Mitarbeiter kennenzulernen. Wenn sie ehrlich sind (und die meisten sind es wahrscheinlich nicht), dann wollen diese Leute Ihren Job. In ihren kümmerlichen, derangierten Geistern meinen die, sie könnten es besser als Sie. Manche werden sogar die Frechheit besitzen, Ihnen das direkt zu sagen. Ein offenkundiger Fall von Insubordination. Wenn Auspeitschen in den Verhaltensmaßregeln Ihrer Firma erlaubt ist, würde ich vorschlagen, dass Sie damit anfangen.

Erkundigen Sie sich aber zuerst beim Personalchef, denn manchmal ist es besser, sie einfach zu feuern. Die meisten von ihnen werden nicht so dreist sein, doch noch einmal: Lassen Sie sich nicht täuschen. Nur weil die Leute nicht sagen, dass sie Ihren Job wollen, heißt das nicht, dass es nicht so ist. Sie sind einfach schlau. An diesem Punkt angelangt, können Sie Ihre direkten Untergebenen in vier klar abgegrenzte Gruppen einteilen:

Gruppe 1

Wollen Ihren Job und sagen das auch (üblicherweise nicht mehr als 5 Prozent der Angestellten).

Geeignete Management-Reaktion: Auspeitschen oder unmittelbare Entlassung (Rücksprache über die lokale Personalpolitik halten).

Gruppe 2

Wollen Ihren Job, sagen aber, dem sei nicht so (etwa 70 Prozent der Angestellten).

Geeignete Management-Reaktion: Behalten Sie die Oberhand, erschöpfen Sie sie, verhindern Sie, dass sie jemals glauben, sie seien gut genug (siehe unten bei Hinweise und Tipps).

Gruppe 3

Wissen nicht, was sie wollen (etwa 20 Prozent der Angestellten).

Geeignete Management-Reaktion: Allgemeines Malträtieren – werden sich nicht sonderlich zur Wehr setzen (siehe Kapitel 9 zu Ideen hierzu). Damit haben sie etwas, worauf sie sich konzentrieren können, und für Sie und die Organisation kann es recht fruchtbar sein.

Gruppe 4

Wirklich glücklich da, wo sie sind, kein Aspirieren auf Beförderung (äußerst selten, weniger als 5 Prozent).

Geeignete Management-Reaktion: Zunächst einmal tiefer Zynismus, denken Sie daran, dass es sich um eine extrem seltene Gattung handelt, etwa wie Schneeleoparden. Um die Metapher weiterzuspinnen: Sind Sie sicher, dass es sich nicht lediglich um eine Katze handelt, die Sie zu gut gefüttert haben? Und wenn Sie, um die Metapher noch weiterzuspinnen, sicher sind, dass es sich um einen echten Schneeleoparden handelt, dann tun Sie das Richtige: Erschießen Sie ihn, häuten Sie ihn und hängen Sie die Trophäe an die Wand in Ihrem Büro. Okay, hier bricht die Metapher irgendwie zusammen, aber im Wesentlichen sollten Sie dieser Gruppe nicht trauen. Ihre Motivation ist seltsam und fremdartig und ihr Verhalten schwer vorauszusagen. Versuchen Sie, sie an eine andere Abteilung loszuwerden, wo sie jemand anderem Ärger machen können.

Also: Wie Sie sehen können, haben Forschungen ergeben, dass etwa 70 Prozent Ihrer direkten Untergebenen im Wesentlichen darauf hinarbeiten, Ihren Job zu kriegen. Das mag sich etwas alarmierend anhören und es tut mir leid, wenn Ihnen mulmig wird, sobald Ihnen das klar wird. Aber bitte geraten Sie nicht in Panik. Panik ist unziemlich und gar nicht tyrannisch. Hilfe ist bei der Hand. Wir werden eine Reihe wohlerprobter Ansätze durchgehen, mit denen Sie Ihre verräterischen Untergebenen im Zaum halten können. Wir werden uns ein Tyranneimodell ansehen, das den Titel 4-E-Modell trägt.

4-E steht für Ermächtigung, Empathie, Engagement und Energie. Es ist Ihr Job, all diese so niedrig wie möglich zu halten, denn je höher der Stand dieser Werte ist, umso wahrscheinlicher ist, dass sich ein Coup gegen Sie zusammenbraut. Die Leute leiden zu lassen (das Thema unseres Kapitels) ist kein ironischer Wegwerfkommentar, es ist ein Management-Mantra. Es stellt sicher, dass Sie Ihre momentane Rolle lange behalten und ungehindert zum nächsthöheren Posten weitermarschieren.

Das 4-E-Modell der Tyrannei

Ermächtigung

Sehen wir uns den ersten der vier Punkte an. Ermächtigung ist ein komplexes Konzept. Achten Sie zunächst einmal auf das Wort in der Mitte des Wortes Er*mächt*igung. Macht ist offensichtlich nichts, von dem Sie wollen, dass es Ihren direkten Untergebenen in die Finger kommt. Die verbleibende Er-igung klingt nicht so gefährlich, aber wahrscheinlich ist es das Beste, auf der sicheren Seite zu bleiben und ihnen auch noch diese zu verweigern. Wenn jemand ermächtigt ist, beinhaltet das normalerweise drei Dinge:

1. Er ist sich darüber im Klaren, wofür er verantwortlich ist und dass er befugt ist, jede Handlungsweise zu befolgen, die er für sinnvoll hält, um dieser Verantwortung gerecht zu werden.

2. Er hat die notwendigen Fähigkeiten und Kompetenzen, um der Aufgabe gerecht zu werden.

3. Er hat das Selbstvertrauen, dass er handeln kann, um sein Ziel zu erreichen.

Schon allein das Aufspalten der Ermächtigung in ihre Einzelteile sollte Ihnen den Geruch einer Gelegenheit in Ihre tyrannischen Nasenlöcher treiben. Wir haben uns der Ermächtigung schon in Kapitel 2 zugewandt, wo wir gesehen haben, dass Unsicherheit essenziell ist, wenn man Tyrannei zum Führungsansatz machen will. Daher sind logischerweise Unsicherheit und Ermächtigung einander direkt entgegengesetzt, womit klar ist, dass wir beim Umgang mit diesem ersten Aspekt der Ermächtigung eine feste Hand brauchen. Das lässt sich durch eine Reihe von Techniken bewerkstelligen, und ich würde empfehlen, dass Sie sich einer Auswahl derselben bedienen statt nur einer oder zwei.

Versuchen Sie Konversationen, bei denen es um direkte Ziele geht, zu vermeiden. Das liefert Ihren Leuten nur einen viel zu klaren Rahmen für ihre Leistungen. Wenn Sie den Leuten ein Ziel geben, dann hat es den Anschein, dass sie sich mit der Zeit darauf einschießen, was sich als Motor für Lebhaftigkeit und Selbstvertrauen erweisen kann – also für Dinge, die Sie nicht wollen.

Sie müssen sich wahrscheinlich einmal pro Jahr mit jedem Ihrer Angestellten hinsetzen, um eine Leistungsbeurteilung durchzuführen und die Ziele für das nächste Jahr durchzusprechen, was natürlich eine hervorragende Gelegenheit darstellt, das Selbstwertgefühl der Mitarbeiter herabzusetzen und ihnen einen Teil von ihrem Bonus abzupressen. ABER: Gehen Sie nicht in die Falle und stellen Sie Parameter auf, die zu leicht zu verstehen sind, sonst werden Ihre Angestellten die Tendenz entwickeln, mitzumachen, Dinge zu erreichen und mit einem aufgeblasenen Selbstbewusstsein zurückkommen, mit denen sie Ihnen dann im Hochgefühl der eigenen Effektivität das Leben schwer machen. Setzen Sie stattdessen Ziele, die kaum greifbar sind. Hier ein paar gute, die ich gern benutze:

▶ Erzeuge in deinem Team eine Kultur der Offenheit und Zusammenarbeit – nachhaltig.
▶ Erhöhe die Standards des Berichtswesens bis zum Ende des zweiten Quartals.
▶ Sei wirkungsvoller – besonders bei den höheren Chargen.
▶ Sieh zu, dass die Stimme des Kunden Einfluss auf den Prozess der Produktentwicklung nimmt.

Diese Ziele sind definitionsgemäß unerreichbar. Trotzdem kann es passieren, dass Ihre Leute zu Ihnen zurückkommen und gute Argumente dafür vorbringen, eins dieser Ziele doch erfüllt zu haben. Dann erklären Sie einfach, was Ihre Erwartungen bezüglich »Offenheit und Zusammenarbeit«, »verbessern« oder »mehr« eigentlich bedeuten, und geben ihnen die schlechtestmögliche Evaluierung. Die meisten von uns haben eine angeborene Tendenz, Ziele viel zu schwammig zu formulieren. Wenn Sie die Zielvorgaben Ihres Teams durchgehen und viele von diesem unklaren Typus vorfinden, dann Gratulation! Sie sind auf dem besten Weg, jegliches Gefühl von Ermächtigung in Ihrem Team zu zerbrechen. Wenn Sie jedoch andererseits einen Haufen lasergeführter Präzisionsziele vorfinden, benutzen Sie folgende Eselsbrücke, um sich an den tyrannischen Ansatz der Zielsetzung zu erinnern:

GR = Groß – versuchen Sie, die Dinge aufzublasen.
I = Inkohärent – sorgen Sie dafür, dass es nichts gibt, worauf man Sie festnageln kann, sodass Sie sich später herauswinden können, falls es notwendig werden sollte.
N = Nutznießer – bei allem, was Ihre Leute tun, sollte der *direkte* Nutznießer Ihr Bonus sein.
D = Diskutabel – lassen Sie viel Raum für »Diskussion« und Interpretation.

Manche Weichei-Chefs mögen über SMART-Ziele reden. Jetzt können Sie wissend sagen, dass Sie auf smarte Ziele scheißen (die sind für Weicheier – wobei Sie das vielleicht nicht laut sagen sollten), denn Sie sind einen Schritt weitergegangen, hin zu GRIND-Zielen, welche wesentlich fortschrittlicher sind. Wenn Sie gute GRIND-Ziele setzen, dann sorgt das für ständiges Chaos hinsichtlich Verantwortlichkeiten bei Ihren direkten Untergebenen. Ermächtigung kann man allerdings auch noch an ganz anderen Orten als in der Ziel-Riege untergraben.

Um mehr Unklarheit zu verbreiten, können Sie beispielsweise auch vielen Leuten eine ähnliche Arbeit zuteilen. Niemand wird mehr wissen, wer wofür verantwortlich ist. Ein hervorragender Ansatz, und zwar aufgrund einer wohlbekannten Eigenschaft aller menschlichen Wesen, ist das Revierverhalten. Wir sind Tiere wie alle anderen auch. Die meisten Tiere markieren ihr Territorium, indem sie an Plätzen urinieren, die sie regelmäßig besuchen, oder indem sie sich an solchen Orten mit einer Duftdrüse reiben. (Anfangs haben wir bei einigen Tyrannei-Testläufen versucht, dieses Verhalten zu imitieren. Wir mussten jedoch feststellen, dass es nur geringfügig Angst verbreitet, ins eigene oder in fremde Büros zu urinieren. Wenn Sie wirklich Wert darauf legen, sich dieses animalische Verhalten zu eigen zu machen, dann empfehlen wir definitiv, Ihre urinalen Exkursionen auf die Büros anderer Leute zu beschränken. Und für unsere weiblichen Tyrannen: Benutzen Sie ein SheWee, erhältlich im Internet.)

Wie die Tiere werden auch wir defensiv, wenn es um unser Territorium geht. Sobald wir nicht genau wissen, was unser Territorium ist, ist unser erster Impuls, gegen die Leute um uns herum zu kämpfen und es zu definieren. Indem Sie einander überlappende Ziele und Verantwortlichkeiten vergeben, sorgen Sie dafür, dass die Leute den Großteil ihrer Energie darauf verwenden, einander zu bekämpfen, statt Ihre Position zu untergraben. So lässt man sie produktiv arbeiten, ohne die eigene Karriere zu gefährden.

Und falls Ihnen Zweifel kommen, dass es sich dabei um gute, produktive Arbeit handelt, dann denken Sie daran, dass Jungtiere

in der Wildnis miteinander kämpfen, um sich für die Überlebens-
kämpfe der Zukunft vorzubereiten. Hier ist dasselbe Prinzip am
Werk – Sie helfen Ihren Mitarbeitern lediglich, ihre Klauen zu
schärfen. Die Stärksten werden unversehrt daraus hervorgehen.
Die Schwächeren werden zerzaust, entmutigt und ausgegrenzt en-
den. Das ist Talentmanagement in Aktion. Sie versetzen die
Schwächeren zu anderen Projekten und haben ein wachsames
Auge auf die Erfolgreichen – das sind Ihre Konkurrenten …

Schließlich und endlich: Versuchen Sie hinsichtlich der »Starterlaubnis« fließende Übergänge zu schaffen. Es empfiehlt sich anzudeuten, Sie *hätten* Ihren direkten Untergebenen die Erlaubnis
gegeben, ihre Aufgabe zu erfüllen. Es hilft jedoch, wenn Sie hin
und wieder, zeitweise und völlig grundlos, damit aufhören.

Das bewirkt, dass die Leute hellhörig bleiben und Sie nicht als
selbstverständlich ansehen. Wenn Sie ein Absinken der Qualität
feststellen, dann ist es eine gute Idee, für ein paar Wochen die
»Hier rührt sich nichts, wenn ich es nicht sage«-Politik zu fahren,
zumindest, bis Ihnen langweilig wird. Lassen Sie sich von allen
jede E-Mail schicken, um sie abzusegnen. Das erzeugt einerseits
einen schrecklichen Protokollstau, aber andererseits unterminiert
es das Ermächtigungsgefühl Ihrer Leute. Und was wollen wir
nicht? Ermächtigung!

Also, in Summe: Wenn Sie jegliches Gefühl von Verantwortlichkeit, Klarheit und Starterlaubnis als Aspekte von Ermächtigung
(welche wiederum eines unserer vier E's ist) unterminieren wollen, ist es hilfreich, wenn Sie:

1. GRIND-Ziele stecken können.
2. Überlappende Zielvorgaben setzen, um für Revierverhalten zu sorgen.
3. Schwammig bei den Genehmigungen sind.

Bei Ermächtigung geht es jedoch um mehr als nur um Verantwortlichkeiten. Unsere zweite Angriffslinie richtet sich auf Fähigkeiten und Kompetenzen. Es macht unglaublichen Spaß, Leuten

mit klaren Verantwortlichkeiten und Handlungsgenehmigungen zuzusehen, denen es an den notwendigen Fähigkeiten und Kompetenzen mangelt. Stellen Sie sich vor, dass ein Zoo einen neuen Krokodilwärter einstellt und ihn dem Chef der Reptilienabteilung zuteilt. Der Abteilungsleiter ist lediglich ein Anfänger in den dunklen Künsten der Tyrannei und tritt in Sachen Ermächtigung gleich ins Fettnäpfchen. Statt GRIND-Ziele zu formulieren, setzt er SMARTe Ziele und macht so schmerzhaft deutlich, was von einem neuen Krokodilwärter erwartet wird:

To-do-Liste für Krokodilwärter:
1. Krokodile einmal täglich von Hand füttern, sodass die Krokodile einmal am Tag vor den Augen der zahlenden Öffentlichkeit ihr Futter aus der Hand eines Menschen bekommen (die Leute sehen so was gern).
2. Machen Sie zuvor erwähnter Öffentlichkeit klar, dass es völlig ungefährlich ist, auf einem Krokodil zu sitzen, d. h. wenn man sich sehr still hält – einmal täglich.
3. Zweimal wöchentlich dem Krokodil von Hand die Zähne putzen.
4. Alle zwei Tage den Krokodilzwinger ausmisten.

Unser neuer Rekrut ist von einem solchen Ausmaß an Klarheit begeistert, hat aber keine Erfahrung im Umgang mit vier Meter langen Krokodilen, ein Punkt, auf den er schon früh nachdrücklich hinweist. Unser Abteilungsleiter, der von Anfang an einen Textbuch-Fehler gemacht hat, gewinnt die Fassung und seine Tyrannei zurück und erklärt, der beste Ort zum Lernen sei der Arbeitsplatz, er habe volles Vertrauen in die Fähigkeit seines Mannes, zu lernen, von der

Verantwortlichkeit ohne die notwendigen Fähigkeiten und die notwendige Kompetenz führt tendenziell zu einem Zustand erhöhter Aufregung.

der Krokodile gar nicht zu reden. Damit wird der Neuling in den Krokodilzwinger geschickt und mit der Anweisung, loszulegen, alleingelassen.

Versetzen Sie sich nun in die Lage des neuen Krokodilwärters. Es sollte klar sein, dass Verantwortlichkeit ohne die notwendigen Fähigkeiten und die Kompetenz zu einem Zustand erhöhter Aufregung führen. Was natürlich hervorragend ist – der neue Rekrut wird wahrscheinlich einen Fehler nach dem anderen machen. In diesem Szenario macht er vermutlich nur einen einzigen Fehler, aber in den meisten normalen Büroszenarien haben Fehler nicht die Tendenz so ... endgültig zu sein und können daher wiederholt werden.

Sie können diese Bedingungen selbst herstellen, indem Sie ein paar einfache Regeln befolgen:

▶ Verhindern Sie, dass Ihre Leute sich weiterentwickeln. Das gilt nicht nur für Kurse, Coachings, Weiterbildungen etc. Um diese ist schnell ein Bogen gemacht, geben Sie den Leuten einfach nicht die Zeit und die Gelegenheit, welche zu besuchen. Ausschau halten müssen Sie jedoch nach den hinterhältigeren Formen des Lernens wie etwa Wiederholung. Beschränken Sie diese, indem Sie die Angestellten hin und her schieben, sodass sie niemals die Fähigkeit entwickeln können, eine ihnen gestellte Aufgabe zu bewältigen.

▶ Vermeiden Sie es von Anfang an, sich hinsichtlich der Fähigkeiten und Kompetenz, die für die Aufgabe nötig sind, klar auszudrücken. Sie müssen auf der Hut sein, wenn der Personalleiter Sie zwingen will, eine »Jobbeschreibung« oder ein »Rollenprofil« zu formulieren. Schreiben Sie niemals sämtliche Verantwortlichkeiten und Fähigkeiten nieder, die jemand in einer bestimmten Rolle braucht. Lassen Sie sich nicht dazu nötigen! (Wenn Sie darum kämpfen, sich in dieser Sache vom Personalbüro den Rücken freizuhalten, dann lesen Sie Kapitel 10 »Wie man die Personalabteilung vernichtet«).

▶ Erfinden Sie neue Kompetenzen, vorzugsweise solche, die es gar nicht gibt, um dafür zu sorgen, dass die Angestellten wachsam bleiben müssen. Stellen wir uns vor, unser Krokodilwärter hat die ersten paar Monate überlebt und trifft sich dann mit dem Abteilungsleiter. Wenn er bis dahin Zeichen echter Kompetenz an den Tag legt, ist vonseiten des Abteilungsleiters eine Herausforderung angebracht, die lauten könnte, der Krokodilwärter solle – im Rollstuhl sitzend – herausfinden, wie sich das Digitalzeitalter auf die Krokodilhaltung auswirken wird.

▸ Halten Sie sich ein paar Krokodile in Ihrem Büro. Sprechen Sie auch diesen Punkt mit der örtlichen Politik der Personalabteilung durch, aber wenn alles andere scheitert, sind Krokodile ein unübertreffliches Werkzeug, um auf genau diesen Punkt nachdrücklich hinzuweisen.

Zwei Drittel des Weges, jegliche Ansprüche vonseiten Ihres Teams zu eliminieren, haben Sie schon geschafft. Wenn Sie zwei Räder von einem Dreirad abschrauben, werden Sie nur noch sehr wenige Leute finden, die bereit sind, sich draufzusetzen. Doch vielleicht gibt es ein oder zwei Betonfresser, die sich dank eines unerschütterlichen Selbstvertrauens weigern loszulassen. Bei denen müssen Sie die Sache direkt angehen und sich der Wurzel des Problems annehmen – ihren Glauben an sich selbst. Einige Leute (die sich selbst in die Tasche lügen) glauben an sich selbst, obwohl sie nicht wissen, was sie zu tun haben, und auch nicht über die nötigen Fähigkeiten dazu verfügen. Eine innere Stimme sagt ihnen, dass sie es rauskriegen, gut darin werden und Erfolg haben können. Diese Leute leben noch immer im Vollgefühl ihres Ermächtigtseins, sodass die volle Befriedigung Ihrer Tyrannei noch aussteht.

Um diese zu erleben, müssen Sie anfangen, diesen Glauben an sich selbst zu untergraben. Dazu gibt es eine ganze Reihe von Methoden. Offene Kritik ist immer ein guter Start. Im Allgemeinen geben wir Manager und Chefs nicht einmal annähernd genug negatives Feedback. Jedes Mal, wenn unsere Leute etwas falsch machen,

Nach einer Weile werden sie anfangen, Ihre niedrige Einschätzung ihrer Kompetenz und ihres Wertes zu teilen.

egal, wie geringfügig es auch sein mag, ist es wirklich wichtig, darauf hinzuweisen, es bedeutsamer erscheinen zu lassen, als es ist. Wir sollten die Sache außerdem mit anderen, ähnlich gearteten Fehlern in Verbindung bringen, die sie gemacht haben mögen, und liegen diese noch so weit zurück, um dann dem Ganzen noch ein paar Wörter wie »faul« oder »dumm« beizumischen. Sie können auch geringes Zutrauen in die Fähigkeiten Ihrer Leute zum Ausdruck bringen, indem Sie stets nachfragen und alles überprüfen, was sie tun. Nach einer Weile werden die Mitarbeiter anfangen, Ihre niedrige Einschätzung ihrer Kompetenz und ihres Wertes zu teilen.

Also bitte: eine Reihe einfacher, praktischer Schritte (wenn Sie die Idee, Krokodile in Ihrem Büro zu halten, nicht mitzählen, das braucht tatsächlich etwas Denkarbeit, denn die fressen nicht einfach »alles«), die Sie unternehmen können, um jegliche Ansprüche in Ihrem Team völlig zu ersticken, zu zerquetschen und völlig zu eliminieren.

Doch bevor Sie nun selbstzufrieden werden und sich in Ihren neu erworbenen tyrannischen Fähigkeiten suhlen, machen Sie sich klar, dass Sie erst ein Viertel des Wegs durch die vier schrecklichen E's hinter sich gebracht haben. Sie müssen sich immer noch um Empathie, Engagement und Energie kümmern. Es ist noch genug zu tun.

Empathie

Bei Empathie handelt es sich um eine diskretere Idee als bei Ermächtigung, und deswegen kann man mit ihr auch leichter fertigwerden. Ermächtigung ist etwas, das ihre Leute entweder erleben oder nicht erleben. Empathie ist etwas, das Sie an den Tag legen können oder auch nicht. Sie unterliegt daher von Natur aus wesentlich mehr Ihrer Macht und Kontrolle.

Leute, die viel Empathie empfinden, sind schlechte Tyrannen. Empathie bringt es mit sich, dass man sich in die Lage eines anderen versetzt. Das bedeutet, dass Sie sich die Emotionen und Gefühle anderer lebhaft vorstellen und sie selbst erfahren können.

Das führt normalerweise dazu, dass man auf andere Leute in einer Weise reagiert, die Sorge um ihr Wohlergehen und ihr Glück zum Ausdruck bringt. Wie Sie sich ausmalen können, untergräbt das jeglichen Versuch, die Tyrannei aufrechtzuerhalten, was unter allen Umständen vermieden werden sollte.

Viele unerfahrene Beobachter nehmen an, Schreckensherrscher würden Vergnügen aus dem Schmerz und Kummer anderer ziehen. Das stimmt nur teilweise. Natürlich machen der Schmerz und Kummer anderer Spaß (wie etwa in den meisten japanischen Gameshows) und, ja, wir erleben Vergnügen wie jeder andere. Aber wenn der Schmerz und der Kummer peinlich und unangenehm sind, dann haben wir, um ganz ehrlich zu sein, lieber nichts damit zu tun. Wie etwa mit jemandem, der Gesichtswarzen hat.

Nein, der Tyrann versucht, den emotionalen Zustand anderer zu ignorieren. Das erlaubt es uns, richtig zu agieren, nämlich tyrannisch und im besten Interesse der Firma (okay, eigentlich in unserem eigenen Interesse in Hinsicht auf unseren Bonus), nicht, weil es uns egal wäre, wie es den Leuten geht, sondern weil wir nicht *wissen*, wie es den Leuten geht.

Um Wissen zu vermeiden, dürfen wir kein Mitgefühl mit anderen haben oder zeigen. Wir müssen strikt bei unserer eigenen Perspektive bleiben und uns von der der anderen fernhalten.

Hier noch ein paar nützliche Hinweise und Tipps, wie Sie den emotionalen Aufruhr vermeiden können, den zu viel Empathie mit sich bringt:

▶ Stellen Sie nicht zu viele Fragen. Sie werden dafür bezahlt, ein intuitiver, aufmerksamer Chef zu sein. Vertrauen Sie Ihren Instinkten und verlassen Sie sich darauf, dass diese Ihnen sagen, wie sich die Leute fühlen – die könnten es wahrscheinlich eh noch nicht mal besonders klar artikulieren, wenn Sie fragen würden.

▶ Paraphrasieren Sie niemals. Das tun nur Weichei-Chefs, um »klarzumachen, dass sie verstanden haben«. Das ist ba-

nal und lässt Sie wie einen Papagei klingen. Sie sind ein Anführer, kein Papagei.

▶ Verhindern Sie, dass andere zu viel reden. Was Sie zu sagen
haben, ist wichtiger als das, was Ihre Leute zu sagen haben,
denn Sie sind schließlich der Boss. Das ist logisch. Daher
hilft es, wenn Sie verhindern, dass die anderen ebenso viel
reden wie Sie. Das lässt sich üblicherweise erreichen, indem
Sie ihnen mitten im Satz das Wort abschneiden. Wenn das
nichts bringt, bitten Sie sie höflich, aber nachdrücklich, das
Maul zu halten, weil sie Sie langweilen.

Ihre Leute sollten sich keine Hoffnungen machen, sie würden Ihnen irgendwie am Herzen liegen. Zeigen Sie daher einen ernsten
Mangel an Empathie. Versuchen Sie bewusst, die Namen Ihrer
Gegenüber falsch zu sagen – tun Sie das beständig, selbst nachdem man sie korrigiert hat. Wenn Sie noch durchschlagendere
Wirkung erzielen wollen, dann vergessen Sie bewusst den Namen
eines Angestellten, wenn Sie ihm Kunden oder neuen Mitarbeitern vorstellen – oder benutzen Sie den Namen seines Vorgängers.
Bitten Sie Ihre Leute wiederholt um ihre Anwesenheit bei Meetings, wenn sie Ihnen bereits gesagt haben, dass sie in dieser Woche im Urlaub sind.

Wenn sie Vegetarier oder Juden sind, dann bieten Sie ihnen aus
Prinzip ein Schinkenbrot an. Wenn sie Muslime sind, dann lassen
Sie die Zweiergespräche immer über einem alkoholischen Ge-
tränk stattfinden und tun Sie überrascht, wenn Ihr Gegenüber
eine Cola bestellt. Wenn Ihre Mitarbeiter Familie haben, dann
versuchen Sie sie bei Meetings zurückzuhalten, wenn Sie wissen,
dass sie ihre Kinder abholen wollen. All diese Taktiken und mehr
können eingesetzt werden, um klarzumachen, dass Sie an Ihren
Leuten als Menschen nicht interessiert sind, sondern sie nur als
Einheiten in der Produktionskette sehen.

Ist es uns wichtig, wie sich unsere Autos fühlen? Natürlich nicht!
Ist es uns wichtig, ob sie funktionieren? Oh, ja! Dasselbe gilt für
Ihre direkten Untergebenen. Weichei-Chefs geben wahrschein-

lich ihren Autos Namen und tun dasselbe mit ihren Leuten. Den Tyrannen geht es um Ergebnisse, und so nennen sie ihr Auto »Auto« und ihre Leute »Arbeiter« oder »Handlanger«. Dadurch können Sie den rechten Grad an Empathie demonstrieren, was verhindern sollte, dass Sie sich in die Angelegenheiten und Sorgen Ihrer Leute verstricken, und Ihnen gleichzeitig erlaubt, ihre Produktivität und Arbeitsraten mit Fröhlichkeit und kühler Distanz nach oben zu treiben.

Okay, damit hätten wir Ermächtigung und Empathie erledigt. Jetzt müssen wir nur noch einen Blick auf Engagement und Energie werfen, und Sie werden auf dem besten Weg sein, Ihre Leute in einem fortwährenden Zustand der Untauglichkeit zu halten. Also genau da, wo Sie sie haben wollen, wenn Ihnen Ihr Job lieb ist.

Engagement

Engagement ist ein weiteres Management-Mantra der Weicheier. Führungsberater haben viel Geld damit verdient, über Engagement zu plappern. Im Wesentlichen reden sie darüber, dass die Leute eine sinnvolle Verbindung mit der Arbeit, die sie verrichten, erleben – d. h. sie sehen darin »mehr als nur einen Job«. Was völlig lächerlich ist, denn alles, was Ihre Leute tun, *ist* »nur ein Job«. Und obendrein ist es ein schlechter Job, den sie da machen. Engagierte Leute gehen mit Leidenschaft an die Arbeit. Sie glauben, die Arbeit, die sie verrichten, sei tatsächlich von Bedeutung und hätte einen Wert, sowohl für das Unternehmen als auch für die Gemeinschaft.

Auf der Habenseite lässt sich für uns als Tyrannen verbuchen, dass engagiertere Leute dazu neigen, härter und länger zu arbeiten, und zwar bis zu 48 Prozent, wenn man den Forschungen Glauben schenken kann. Doch unglücklicherweise werden engagierte Leute auch höchstwahrscheinlich dafür kämpfen, dass das »Richtige« (zumindest das, was sie dafür halten) getan wird, statt blind Ihren einsichtsvollen Direktiven zu folgen. Das wird mit der Zeit ermüdend. Sie müssen etwas unternehmen, um zu verhindern, dass Engagement sich zu einer ernsten Bedrohung für Ihre Führungsrolle auswächst.

Engagement geht zum Teil darauf zurück, dass eine klare Sichtlinie besteht zwischen dem, was ein Einzelner tut, und den Resultaten, die eine Firma für ihre Kunden erzielt. Stellen Sie sich ein Tau oder ein Band vor. Eine engagierte Person macht die Erfahrung, an dem Tau zu ziehen und dann eine direkte, beobachtbare Bewegung an etwas mit intrinsischem Wert und Bedeutung (sei diese intern oder extern) für den Kunden wahrzunehmen. Ihre persönlichen Anstrengungen und beobachtbare Ergebnisse stehen in direkter Verbindung. Das Beste, was Sie tun können, ist, dieses Band zu zerschneiden.

Der direkteste, am wenigsten subtile und verheerendste Ansatz ist, den Leuten Arbeit zu geben, die völlig wertlos ist und mit nichts in Verbindung steht, was die Kunden jemals wollten. Fotokopieren und der Großteil aller Projektplanungen fallen unter diese Kategorie.

> **Geben Sie den Leuten Arbeit, die völlig wertlos ist und mit nichts in Verbindung steht, was die Kunden jemals wollten. Fotokopieren und der Großteil aller Projektplanungen fallen unter diese Kategorie.**

Strategische Berichte und Fahrpläne (die ignoriert werden), Kommunikationspläne und Fokusgruppen eignen sich ebenfalls hervorragend, um die Leute beschäftigt zu halten und gleichzeitig ihr Engagement drastisch zu reduzieren.

Wenn Sie die Leute für solche Aufgaben abstellen, sollten Sie sich bei Ihren Anweisungen und den gewünschten Ergebnissen vage halten und bei den Deadlines nur schwammige Angaben machen. Sagen Sie, Sie möchten die Ergebnisse bis zum Ende des zweiten Quartals, aber wenn bis Ende des Jahres nichts da sei – auch gut. So bekommen die Leute eine klarere Vorstellung davon, dass die Arbeit, die sie machen, keine Bedeutsamkeit oder Wichtigkeit hat. Jetzt werden Sie sich logischerweise fragen: »Wie soll mir das helfen?« Sie denken immer noch ein bisschen wie ein Weichei, oder? Es hat dreifachen Wert, den Leuten monotone, wertlose, sinnlose Aufgaben zu erteilen:

1. Es verhindert, dass sie Engagement entwickeln und frech werden und Sie in Ihrer Position bedrohen (was Grund genug wäre – aber es gibt noch andere gewaltige Vorteile).

2. Es vergrößert Ihr Team. Wir alle wissen, dass Sie umso wichtiger sind, je mehr Leute Ihnen Rede und Antwort stehen müssen. Und je wichtiger Sie sind, desto mehr Geld werden Sie verdienen und desto mehr guten Sex werden Sie haben. Das ist ein Naturgesetz. Nun, sinnvolle, produktive, fokussierte Arbeit für viele Leute zu finden, ist schwierig und verlangsamt nur die Rate, mit der Sie neue Leute ins Boot holen können. Tyrannen lassen sich von solchen Sorgen nicht irremachen. Stattdessen schaufeln Sie so viele Leute auf wie möglich, geben ihnen sinnlose Aufgaben (von diesen jedoch einen ganzen Haufen) und sehen zu, wie sich die Beförderungen einstellen.

3. An diesem Punkt werden Sie von den logischen, sinnvollen Vorzügen dieser Maßnahmen bereits überzeugt sein – doch warten Sie, da kommt noch mehr. Da es Ihnen möglich ist, den Arbeitstag Ihrer Leute so zu füllen, dass sie ihren Selbstwert und ihre ganze Existenz auf diesem Planeten infrage stellen, können sie nicht besonders fähig sein. Jeder kann sich in Selbstzweifeln und Unsicherheit suhlen. Selbst ein kompletter Volltrottel kann depressiv bis zum Selbstmord werden, wenn man ihn nur lange genug Sinnlosigkeiten und vergeblichen Mühen aussetzt. Als Personalmanager werden Sie niemals versagen. Sie werden weithin als der Manager bekannt werden, der aus seinen Leuten das meiste herausholt. Und Sie werden nicht viel Zeit damit verplempern müssen, Lebensläufe durchzublättern, denn Sie können einfach die Leute mit den attraktivsten Fotos aussuchen und sich danach richten. Ganz einfach. Wieder einmal können wir beobachten, dass Tyrannei nicht nur Ergebnisse erbringt, sondern dass sie auch einfach, direkt und schnell sein kann.

Es gibt noch mehr Möglichkeiten, die Bemühungen der Leute von ihrer Wertschöpfung zu entkoppeln.

Statt das Band zu zerschneiden, können Sie einfach das verstecken, womit es verbunden ist. Stellen Sie sich vor, dass es in einer Wolke oder einer Nebelbank verschwindet. Ihre Aufgabe besteht nun darin, diese Wolke zu managen. Eine gute Option, um die Verbindung unklar und ungewiss zu machen, liegt in der Komplexität der Firmenstrukturen. Wenn die Anstrengungen einer Person sie mit einer anderen verbindet, die wiederum mit einer anderen verbunden ist und so weiter und so weiter, gelangen Sie tatsächlich einmal zu jemandem, dem etwas an der Sache liegt (üblicherweise ein Kunde). Aber nur eine Person erlebt die Befriedigung, für den Kunden eine Leistung zu erbringen.

Ansonsten sind alle von dem Engagement, das diese Erfahrung schüren könnte, geschützt. Wenn die Leute auf der letzten Ebene, die tatsächlich mit den Kunden interagiert, etwas zu gut in dem werden, was sie tun, gibt es ein einfaches Heilmittel. Befördern Sie einen von ihnen auf jene entfernteren Ebenen, und schon bald werden sie abstumpfen, sich beruhigen und feststellen, dass der Gehaltsscheck wichtiger ist als das Endergebnis.

Eine weitere Möglichkeit, die Dinge nebulös und verwirrend zu gestalten, ist es, viele Meetings abzuhalten (80 bis 90 Prozent der Zeit Ihrer Leute sollte für Meetings draufgehen). Das verhindert, dass die Angestellten etwas von Wert zuwege bringen, und stiftet Verwirrung hinsichtlich dessen, was sie eigentlich zu tun haben und wie es mit dem, was jedermann sonst tut, in Verbindung steht.

Das Band zwischen Anstrengung und echtem Ergebnis zu zerschneiden oder in einem dicken Nebel der Überkomplexität zu verbergen, ist ein guter Anfang, um Engagement zu unterbinden. Sie können aber noch mehr tun. Engagierte Leute fühlen üblicherweise eine Verbindung mit und ein Pflichtgefühl gegenüber den Kunden. Dies können Sie untergraben, indem Sie auf das Offensichtliche hinweisen, nämlich darauf, dass der Kunde ein gieriger, geldgeiler Tunichtgut ist, der wahrscheinlich eher Ihrer Mutter ins Gesicht spucken als seinerseits einen Hauch von Loyalität oder Dankbarkeit an den Tag legen würde. Wenn Ihre Mitarbeiter Ihnen das nicht glauben wollen, sollten Sie ihnen regelmäßig einige Kunden vorstellen.

Bitten Sie Ihre Leute einfach in Ihr Büro, setzen Sie sie mit den Kunden unter dem Vorwand »einander kennenzulernen« zusammen und fragen Sie den Kunden: »Was würden Sie an unserem Service ändern?« Das funktioniert bei internen Kunden ebenso gut wie bei externen. Diese werden dann anheben, eine Reihe unmöglicher, unvernünftiger und fantastischer Wünsche zu äußern. Danken Sie ihnen für ihre Zeit, bitten Sie sie zu gehen und nehmen Sie sich etwas Zeit, mit Ihrem Team über deren Naivität und Lächerlichkeit zu schmunzeln. Vielleicht sind Ihre Teammitglieder ein wenig verletzt, wenn sie feststellen, dass das, was Sie gesagt haben, von Anfang an gestimmt hat und die Kunden tatsächlich dumm und überheblich sind. Sie können Ihre Empathie für diese Missstimmung zum Ausdruck bringen, indem Sie Ihren Leuten sagen, sie sollen erwachsen werden. So praktizieren Sie tyrannisches Engagement und tyrannische Empathie auf einen Schlag.

Sie sind fast am Ende der vier E's angelangt, nur die Energie braucht noch eine Abreibung, und damit hat sich die Sache. Doch bevor wir uns dem Punkt Energie widmen, möchte ich Ihre Aufmerksamkeit auf ein interessantes gemeinsames Charakteristikum von Ermächtigung, Empathie und Engagement lenken. Sie werden recht oft feststellen, dass Ihre Firma, wahrscheinlich beeinflusst durch irgendein Weichei in der Personalabteilung, eine jährliche Erhebung durchführen lässt, die den Grad dieser drei Faktoren in Ihrer Firma messen soll. Das sind hervorragende Neuigkeiten. Bei dieser Gelegenheit können Sie überprüfen, ob dieser Grad hinreichend niedrig ist, um die Wahrscheinlichkeit eines bevorstehenden Coups im harmlosen Bereich zu halten. Ein gutes Ergebnis sind positive Reaktionen von 25 Prozent oder weniger. Idealerweise sollte Ihnen daran gelegen sein, dass sich weniger als ein Viertel aller Leute ermächtigt und engagiert fühlt und glaubt, dass man sie mag. In einer perfekten Welt wären es 0 Prozent, aber es ist unwahrscheinlich, dass sich das jemals voll realisieren lässt (es sei denn, es gelingt Ihnen, einen Polizeistaat zu errichten, doch dann legt die Polizei großes Engagement an den Tag … Sie sehen das Problem).

Zielen Sie auf 25 Prozent und versuchen Sie dann, die Zahl immer weiter zu drücken, Jahr für Jahr, und zwar mittels der oben beschriebenen Techniken. Der alte Spruch stimmt vollkommen: Wenn es sich messen lässt, lässt es sich managen. Vielleicht steckt jemand aus der Personalanteilung seine Nase in Ihre Angelegenheiten und versucht, Ihr Ergebnis zu verstehen oder sogar zu verbessern. Weicheier meinen, das Ergebnis solle hoch sein, und statt zu versuchen, sie in diesem offenkundigen Irrtum zu korrigieren, gibt es eine narrensichere Methode, sie von der Fährte abzubringen. Sorgen Sie einfach dafür, dass Sie Ihren Mitarbeiterstab jedes Jahr neu organisieren, und schieben Sie die schlechten Ergebnisse darauf.

Man nickt stets weise in der Personalberatung, wenn man dort diese Erklärung bekommt, und wird sie für vernünftig ansehen. Der Personalleiter wird ohnehin alle zwölf Monate ausgewechselt, höchstwahrscheinlich weil er nutzlos und ineffektiv ist, sodass Sie, wenn Sie dieselbe Ausrede im nächsten Jahr vortragen, sicher sein können, wieder Glauben zu finden. Eine jährliche Reorganisation ist aus mehreren Gründen eine gute Idee:

▸ Sie sorgt für einen erhöhten Zustand von Unsicherheit und Aufregung, besonders wenn die Leute das Risiko wittern, redundant zu werden. Im Allgemeinen ist es jedoch keine gute Idee, jemanden aus der Organisation ausscheiden zu lassen, da alle dem wertvollen Zweck dienen, Ihren Mitarbeiterstab aufzublasen und so Ihr Gehalt zu rechtfertigen. Finden Sie dann in letzter Minute eine neue Projektrolle, die übernommen werden kann, idealerweise etwas recht Bedeutungsloses und Sinnleeres (siehe die Ausführungen zum Engagement weiter oben). Der Betreffende wird sich erleichtert fühlen und sich glücklich schätzen, nicht weg vom Fenster zu sein – und genau da wollen Sie ihn haben: als Handlanger mit niedrigem Selbstbewusstsein, den Sie nach Ihrem Gutdünken ge- und missbrauchen können.

▶ Die Umstrukturierung ist jedes Jahr aufs Neue ein Projekt, für das Sie Leute einstellen müssen, um es zu verwirklichen. Wenn Sie es ausdehnen können, dann haben Sie eine Rechtfertigung, diese Leute in Vollzeit zu behalten, um Ihre Abteilung zu reorganisieren. Sie sollten es sich zum Ziel setzen, 5 bis 10 Prozent Ihrer Mitarbeiter nur damit zu beschäftigen, ständig nach einem Weg zu suchen, wie sich die Abteilung am besten einrichten lässt.

Wenn der Personalleiter Ihnen nicht in die Hände spielt und die Umfrage für Sie durchführt, sollten Sie selbst eine veranstalten. Der Fragebogen-Ansatz empfiehlt sich, weil er es den Leuten erlaubt, ehrlich zu antworten. Wenn Sie die Leute fragen, ob sie mit Engagement bei der Arbeit sind und sich ermächtigt fühlen, dann werden sie aus Angst, dass die falsche Antwort zu einer Entlassung führen könnte, die Antwort geben, von der sie glauben, dass Sie sie hören wollen, d. h. sie werden Ja sagen.

Damit ist das Ziel verfehlt und Sie haben ausnehmend hohe Ergebnisse. Diese können Sie, wenn Sie wollen, der Personalabteilung zuspielen (es könnte Ihnen hinsichtlich einer Beförderung zugutekommen), aber Sie müssen auch auf jeden Fall die echten, darunter verborgenen Ergebnisse überprüfen und feststellen, ob diese so niedrig sind, wie sie sein sollten.

Wenn Sie den Gedanken, einen Fragebogen zu schreiben und zu verteilen, unerträglich finden, dann bitten Sie ein Weichei aus einer anderen Abteilung, ein paar Fragen zu stellen. Allerdings unter der klaren Übereinkunft, dass alle Daten anonym bleiben müssen (das meinen Sie natürlich nicht ehrlich, aber es hilft, wenn Sie es sagen). Wenn Ihre Leute mit dem Weichei reden, ist es wahrscheinlicher, dass sie mit der Wahrheit darüber herausrücken, wie sie die Erfahrung, Sie zum Boss zu haben, wahrnehmen. Bitten Sie das Weichei, zu Ihnen ins Büro zu kommen und Ihnen die Ergebnisse mitzuteilen, mit der expliziten Bitte, sie niemand anderem mitzuteilen, bevor sie bei Ihnen gelandet sind.

Wenn das Weichei Ihnen den Bericht bringt, sollte dieser einen niedergeschlagenen, eingeschüchterten, unengagierten, nicht-ermächtigten, verwahrlosten Mitarbeiterstab widerspiegeln. Je schockierter und entsetzter das Weichei ist, desto besser haben Sie Ihren Job erledigt. Dann stellen Ihre Leute keine Bedrohung für Ihre Führungsrolle dar und Sie bleiben auf dem Posten, bis Ihre Beförderung ansteht. Nun hat jedoch das Weichei einige äußerst gefährliche Informationen in seinem Besitz. Bitten Sie es, Ihnen sämtliche Notizen, handschriftlich und abgetippt »über Nacht zur Durchsicht« dazulassen, und versprechen Sie, dass Sie am nächsten Morgen mit der Personalleitung reden werden.

Dann schicken Sie dem Weichei jemanden hinterher, der es beseitigt. Verbrennen Sie alle Papiere und seinen Computer, wenn Sie ihn in die Hände bekommen können. In manchen Ländern ist es ziemlich teuer, Leute ermorden zu lassen, und in ebendiesen ist es oft schwierig, das als legitime Geschäftsausgabe zu verbuchen. Denken Sie darüber nach, diesen Prozess jedes Jahr zu wiederholen, wenn sich die jährlichen Knebelverträge als unökonomisch herausstellen.

> **Je schockierter und entsetzter das Weichei ist, desto besser haben Sie Ihren Job erledigt.**

Energie

Kommen wir zum letzten der vier E's: Energie. Es sollte Ihnen mittlerweile klar sein, dass Leute mit zu viel Energie ungeheuer gefährlich sind. Denn bei solchen ist die Wahrscheinlichkeit am höchsten, dass sie Ihre wohlüberlegten Plots, zu entmächtigen und desengagieren, erkennen. Sie müssen also versuchen, einen gewissen Hintergrundgrad von Entropie und Apathie aufrechtzuerhalten.

Eine Art, dies zu lernen, besteht darin, Partys zu beobachten. Wenn wir eine Party zu Hause geben, dann wollen wir, dass sie so ist wie die bei *Breakfast at Tiffany's*, wo eine nicht enden wollende

Reihe von Freunden und Bekannten in jede Ecke und jeden Winkel gequetscht wird. Alle guten Partys finden in der Küche und auf den Treppen statt, aber eben

Es sollte Ihnen mittlerweile klar sein, dass Leute mit zu viel Energie ungeheuer gefährlich sind.

nur, wenn auch genug Leute im Wohnzimmer, im Esszimmer, im Garten und in den Schlafzimmern sind.

Genauso ist die Energie in summenden, vollen Büros deutlich höher. Das können Sie verhindern, indem Sie mit Ihrem Einrichtungsteam darauf hinarbeiten, die Leute voneinander zu entfernen. Halten Sie sich an eine Politik der äußerst geringen Mitarbeiterdichte in Ihrem Büro und stellen Sie sicher, dass die Leute einander über die hohen Trennwände hinweg nicht sehen können oder noch besser: Setzen Sie sie in kleine Arbeitsnischen. Das hält die Leute davon ab, miteinander zu reden, einander kennenzulernen, Freunde zu werden und sich mit Energie aufzuladen.

Sie können noch andere Maßnahmen ergreifen, um den Grad köchelnder Auflehnung, der Ihr Team mit Energie versorgt, gering zu halten. Hier ein paar schnelle Hinweise und Tipps:

▸ Lassen Sie das Belüftungssystem so anpassen, dass es etwas weniger Sauerstoff liefert, sodass die Leute schläfrig bleiben.

▸ Zielen Sie darauf ab, die Mitarbeiter in großen, rechteckigen Gebäuden unterzubringen. So reduziert sich natürliches Licht auf ein Minimum.

▸ Ersetzen Sie alle Fenster, die sich öffnen lassen, durch solche, die sich permanent versiegeln lassen – so verhindern Sie Ventilation und das Eintreten von Frischluft.

▸ Geben Sie Kaffee und Tee kostenlos aus, aber lassen Sie die Leute für frisches Wasser bezahlen. Stellen Sie die Flaschen in einen Automaten und entfernen Sie alle Waschbecken außer denen in der Toilette – aus denen trinken die Leute nicht gern. Koffeinüberschuss (mehr als drei oder vier Tassen am Tag) macht nicht wach, sondern stumpft die Sinne ab und macht jähzornig und mürrisch.

▶ Sorgen Sie dafür, dass das Essen in der Kantine schwer und auf Kohlehydratbasis ist. Pommes, Burger, Kartoffeln, Pasta, gebratener Fisch, Curry, gezuckerte Nachspeisen und Kuchen sind empfehlenswert. Dieses Essen verschafft den Leuten einen schnellen Schub, macht sie dann jedoch für den Rest des Tages über träge und nutzlos. Vermeiden Sie Salate, Nüsse, Früchte, gedünsteten Fisch, Porridge etc. Diese Nahrungsmittel geben nicht nur über Stunden gleichmäßig Energie ab, sondern die Leute fühlen sich, wenn sie dergleichen gegessen haben, auch noch tugendhaft und selbstgefällig, ein unangenehmer Nebeneffekt.

▶ Wenn es im Büro ein Fitnessstudio gibt, schließen Sie es.

▶ Halten Sie die Leute davon ab, mit dem Rad zur Arbeit zu kommen, indem Sie Duschen und Umkleiden abschaffen. Das ist wertvoller Platz, der sich verwenden lässt, um die Zusammensitzdichte Ihrer Mitarbeiter zu verringern (d. h. geben Sie ihnen mehr Platz), sodass die Energie effektiver verfliegt.

Wieder einmal sind es diese Details, in denen sich echte Tyrannei unter Beweis stellen lässt und zur Perfektion getrieben werden kann. Es ist äußerst unwahrscheinlich, dass jemand Ihre Bemühungen bemerken wird. Niemand wird Ihnen danken und niemand wird eine Ahnung haben, dass Sie versuchen, die verräterischen Energien der Leute zu ersticken. Der Tyrann ist wagemutig und unverhohlen sowie subtil und verstohlen zugleich.

Wenn Sie erfolgreich sind, sollte es Ihnen gelingen, Ihre Mitarbeiter in einen Haufen stumpfsinniger, niedergeschlagener und deprimierter Nulpen zu verwandeln, die völlig von Ihnen und Ihren überlegenen Qualitäten abhängig sind.

Indem Sie die vier E's Ermächtigung, Empathie, Engagement und Energie in den Griff bekommen, sorgen Sie dafür, dass Ihr Stern unausgesetzt, unbefleckt und unbelästigt von Ihren grapschenden, kriecherischen Untergebenen erstrahlt, während Ihre Weichei-Kollegen entmachtet, zurückgewiesen und außer Gefecht gesetzt werden. Wenn Sie erfolgreich sind, sollte es Ihnen gelingen, Ihre Mitarbeiter in einen Haufen stumpfsinniger, niedergeschlagener und deprimierter Nulpen zu verwandeln, die völlig von Ihnen und Ihren überlegenen Qualitäten abhängig sind. Dieser Zustand bedeutet für Sie eine Herausforderung und eine Gelegenheit gleichermaßen.

Die Herausforderung

Sind diese Bedingungen erst hergestellt, wie sorgen Sie dann dafür, dass noch ein hinreichender Grad von produktiver Arbeit erreicht wird? Im nächsten Kapitel werden wir uns ansehen, wie Sie Ihre tyrannischen Techniken einsetzen können, um Ihre Leute zu motivieren, genügend Arbeit zu erledigen, sodass Ihr Team, Ihre Abteilung oder Ihre Organisation als ausreichend profitabel, produktiv und als positiv wahrgenommen wird, und dadurch Ihre eigene fortgesetzt erfolgreiche Karriere sicherstellen.

Die Gelegenheit

Wenn es Ihnen gelungen ist, diese Bedingungen herzustellen, dann bietet sich Ihnen nun eine Reihe fantastischer Gelegenheiten. In Kapitel 9 werden wir uns ansehen, wie Sie das Vakuum an Selbstbestimmtheit, Optimismus und Energie genießen können, das Sie erzeugt haben. Echte Tyrannen erzeugen nicht nur die Bedingungen für Tyrannei, sie machen sie sich zunutze. Wozu ist Ihr Tyrannentum denn gut, wenn Sie es nicht ein wenig genießen?

Kapitel 7 – Lektionen in Tyrannei

▶ Ihre nutzlosen Handlanger sind, mögen Sie auch harmlos und hässlich aussehen, in Wahrheit die größte Bedrohung für Sie und müssen als solche behandelt werden.

▶ Sie müssen die vier E's (Ermächtigung, Empathie, Engagement und Energie) auf das niedrigstmögliche Niveau reduzieren:

▶ Reduzieren Sie Ermächtigung, indem Sie jegliche Klarheit hinsichtlich der Ziele eliminieren; halten Sie sich dabei an die GRIND-Methodologie.

▶ Halten Sie die Leute davon ab, irgendwelche Fähigkeiten zu entwickeln, indem Sie verhindern, dass sie an Fortbildungen teilnehmen, sowie durch häufige Versetzungen.

▶ Zerstören Sie das Selbstvertrauen Ihrer Mitarbeiter, indem Sie gnadenlos kritisch sind.

▶ Töten Sie jegliche Empathie in Ihnen ab, um nicht herausfinden zu müssen, wie Ihre Leute sich fühlen: Stellen Sie keine Fragen und sagen Sie den Leuten, sie sollen das Maul halten.

▶ Verhindern Sie, dass sich Engagement entwickelt, indem Sie die Bemühungen der Leute von sinnvollen Ergebnissen entkoppeln.

▶ Helfen Sie Ihren Mitarbeitern, die Kunden (interne wie externe) als die naiven, unrealistischen, selbstsüchtigen Typen zu sehen, die sie sind.

▶ Reduzieren Sie die Energie, indem Sie die Arbeitsplätze über das ganze Büro verteilen, das Fitnesscenter schließen und die Leute davon abbringen, mit dem Rad zur Arbeit zu kommen.

▶ Benutzen Sie die von der Personalabteilung verfügten Umfragen, um zu überprüfen, ob der Grad an Engagement und Ermächtigung niedrig ist. Wenn es in Ihrem Unternehmen keine Mitarbeiterbefragungen gibt, dann bitten Sie ein

Weichei, für Sie eine Umfrage durchzuführen (aber bringen Sie es zum Schweigen, damit es Sie nicht bei Ihrem Chef verpfeift).

▸ Lesen Sie Kapitel 8, um niedrige Ergebnisse bei den vier E's durch reichliche Leistung und Produktivität wettzumachen.

▸ Lesen Sie Kapitel 9, um volles Kapital aus dem niedrigen Stand der vier E's schlagen zu können.

Tyrannen sind weise, wenn es um die von ihren Mitarbeitern dargestellte Bedrohung geht. Statt den Kopf in den Sand zu stecken, ergreifen sie umsichtig berechnete Maßnahmen, um ihre Teammitglieder ständig elend und niedergeschlagen zu halten. Können Sie es sich leisten, einen anderen Kurs einzuschlagen?

Kapitel 8

Motivation für Tyrannen

Im vorangegangenen Kapitel »Wie man sie leiden lässt« haben wir uns auf die Frage konzentriert, wie man sicherstellt, dass die eigene Führungsposition niemals bedroht wird. Das ist der erste logische Schritt auf Ihrem Weg zum echten Tyrannen. Alles andere können Sie falsch machen, aber wenn Sie Ermächtigung, Empathie, Engagement und Energie auf dem niedrigstmöglichen Niveau halten, dann werden Sie weit kommen. Den wahren Schreckensherrscher zeichnet aber noch mehr aus als nur die Fähigkeit, seine direkten Untergebenen zu zermürben. Tyrannen sind Erfolgsmenschen. Unter ihrer Herrschaft bewegt sich etwas, und das üblicherweise schnell.

Die wahrhaft Schrecklichen halten Konkurrenten nicht nur im Zaum, sondern sorgen auch dafür, dass Möchtegern-Konkurrenten in einem Zustand erhöhter Produktivität gehalten werden. Das erreichen sie teilweise, indem sie schlau überlappende Zielvorgaben erteilen, wie bereits im vorigen Kapitel erörtert (Göring, Hess, Heydrich und Goebbels scheinen die meiste Zeit während des Regimes mit Kämpfen untereinander zugebracht zu haben), aber der Tyrann managt auch clever die Leistungsanreiz-Struktur seiner Handlanger.

In diesem Kapitel wollen wir den tyrannischen Ansatz zu Anreizen und Motivation unter die Lupe nehmen. Wir werden der Frage nachgehen, wie Sie dafür sorgen können, dass Ihre Leute, obwohl sie bis zum Hals im Schlamm der Verzweiflung stecken, immer noch alles in ihrer Macht Stehende tun, um Ihren Erfolg sicherzustellen. Die amerikanische Politik- und Militärmaschinerie hatte das subtile Gleichgewicht von Anreiz und Motivation voll verstanden, als man 2003 zum zweiten Mal in den Irak einfiel. Ich bin mir nicht ganz sicher, wer das gesagt hat, aber es war jemand Wichtiges, und die Aussage lief auf den Zuckerbrot-und-Peitsche-Ansatz der Amerikaner im Irak hinaus:

Peitsche = *Denkt* nur daran, nicht zu kooperieren, und wir stopfen euch so viele Artilleriegranaten in den Allerwertesten, dass zukünftige Generationen von Irakern bis zum jüngsten Tag Metall scheißen.

Zuckerbrot = Kooperiert, und wir schlagen euch nicht.

Indem sie sowohl die Vergeltungsmaßnahmen bei negativem Benehmen sowie die Vorzüge positiven Benehmens aufzählten, haben die Amerikaner den Irakern einen Deal auf den Tisch gepackt, den sie einfach nicht ablehnen konnten. Und das taten sie auch nicht.

In Büchern über Weichei-Führung werden Ihnen wahrscheinlich sämtliche Details über das Wesen von »Push« und »Pull« in Sachen Motivation und Beeinflussung dargelegt. Nebenbei bemerkt: »Motivation«, »Beeinflussung«, »Manipulation«, »Zwang« – das sind alles Worte für dieselbe Sache, nämlich »dich dazu bringen, etwas zu tun, was du anfangs nicht machen wolltest«. Wir versuchen, die Terminologie von Motivation und Beeinflussung beizubehalten, in erster Linie, um uns den Personalleiter vom Hals zu halten und die Gefahr zu minimieren, dass wir unsere Handlanger aus Versehen fragen, wie manipuliert sie sich fühlen, statt zu fragen, wie motiviert sie sind. Es läuft auf dasselbe hinaus.

Aber zurück zu den Weichei-Management-Büchern und ihren »Push«- und »Pull«-Faktoren. Die Idee ist, dass die »Push«-Faktoren das Verhalten durch Repressalien antreiben, die eintreten, wenn etwas nicht getan wird, wobei die Repressalien unangenehmer oder ungünstiger sind als das Tun der Sache selbst. Das lässt sich anhand eines kleinen Beispiels veranschaulichen. Stellen Sie sich folgende Frage: Würden Sie gern einen lebenden Frosch verspeisen? Natürlich nicht. In dieser Mixtur ist jedoch noch nicht genug »Push« vorhanden. Versuchen wir es stattdessen mit Folgendem: Ich habe Ihre Familie und all Ihre Freunde entführt, so ziemlich jeden, der Ihnen jemals am Herzen lag. Ich habe jedem von diesen Leuten einen hoch qualifizierten Folterer zugeteilt, der seine Klammern, Nadeln und Skalpelle vorgewärmt hat und bereit für eine Drei-Tages-Session ist. Ich lasse alle unversehrt gehen, wenn Sie einen lebenden Frosch essen. Lecker! Sie würden einen ganzen Teller voll essen, nicht wahr? So funktioniert »Push«.

Die Alternative zu »Push« ist »Pull«. »Pull«-Faktoren beeinflussen das Verhalten, indem sie die potenzielle Belohnung für eine bestimmte Handlung so angenehm und verlockend darstellen, dass das Unangenehme, überhaupt etwas tun zu müssen, ausgeglichen ist. Also legen Sie sich den lebenden Frosch auf den Teller. Er sieht immer noch nicht wirklich appetitlich aus, oder? Jetzt sagen wir, ich gebe Ihnen eine Million Dollar, wenn Sie ihn essen. Frosch? Welcher Frosch? Ich bin mir nicht mal sicher, ob Sie überhaupt gekaut haben. Sie konnten ihn gar nicht schnell genug runterkriegen, nicht wahr? Nur für den Fall, dass ich meine Meinung ändere – sehr vernünftig. Hier haben Sie Ihre Million. So funktionieren »Push« und »Pull«, es ist im Grunde dasselbe Prinzip wie bei Zuckerbrot und Peitsche. Die Weichei-Management-Bücher weisen jedoch nie darauf hin, dass es zwei fundamentale Wahrheiten über das Manipulieren Ihrer Mitmenschen gibt, die Sie verstehen *müssen*, um als Tyrann durchzukommen:

> **Wenn Sie die Leute dazu kriegen wollen, etwas zu tun, dann ist »Push« stets »Pull« vorzuziehen.**

1. Das beste Zuckerbrot ist die Abwesenheit der besten Peitsche (siehe oben das Beispiel USA/Irak). Wenn Sie die richtige Peitsche haben, ist alles, was Sie noch tun müssen, sie nicht zu benutzen, und schon haben Sie eine fantastische Peitsche.

2. »Push« und »Pull« sind nicht gleich effektiv. Wenn Sie die Leute dazu kriegen wollen, etwas zu tun, dann ist »Push« stets »Pull« vorzuziehen.

Wir werden uns diese fundamentalen Wahrheiten vornehmen und sehen, was sie für uns als Tyrannen bedeuten. Zunächst: Holen wir uns die richtige Peitsche …

Das Problem mit Angestellten ist, dass sie alle ein wenig unterschiedlich sind. In einer idealen Welt, möglicherweise der Welt der Zukunft, werden sich alle Handlanger strikten Spezifikationen fügen. Bis dahin müssen Sie einsehen, dass die effektivsten Peitschen bei unterschiedlichen Leuten verschieden sind.

Wenn Sie darüber nachdenken, ergibt es auch Sinn: Manche von uns haben Angst vor Skorpionen, andere halten sie sich als Haustiere. Ich habe Angst vor teuren Handtaschen, wohingegen meine Frau sie wirklich zu mögen scheint und kein Problem damit hat, dass mehrere im Haus sind, obwohl mir nur der *Gedanke* daran schlaflose Nächte beschert. Jedem das Seine, wie es so schön heißt. Als Tyrannen sollten wir den Satz vielleicht zu »jedem die Seine« umwandeln – jedem die richtige Peitsche …

Die wirkungsvollsten Peitschen sind die extremsten. Schmerz, Hunger, Leiden und Big Brother erzeugen üblicherweise extreme Reaktionen. Diese sind in der Umgebung eines modernen Büros schwer einzusetzen (allerdings Hut ab, wenn Sie das schaffen – belohnen Sie sich mit ein paar Tyrannei-Bonuspunkten), sodass es sich auszahlt, etwas genauer über die Peitschen nachzudenken, die man an einem typischen Arbeitstag einsetzen kann. Ein Trick bei Peitschen (und Anreizen im Allgemeinen) ist, etwas im täglichen Arbeitsleben einer Person zu finden, das sie schätzt, und zu drohen, ihr das wegzunehmen, wenn sie nicht tut, was man ihr sagt. Um uns das Leben etwas zu erleichtern, wollen wir die Leute in drei Kategorien einteilen.

Kategorie eins

In diese Kategorie fallen Leute, die im Innersten motiviert sind, Ziele zu erreichen und etwas zu schaffen. Theoretiker (McClelland etc.) nennen das Leistungsdrang; wir nennen sie *Arbeiter*. Die besten Peitschen für diese Art von Leuten sind die Dinge, die ihre Fähigkeit, ihre persönliche Leistung zu verstehen und zu bewerten, eliminieren. Für diese Gruppe ist die Methodologie besonders effektiv, die wir im letzten Kapitel als GRIND-Ziele kennengelernt haben, da sie ihren Grad an Engagement und Ermächtigung auf einem Rekordtief hält. Aber wenn Sie sie in Bewegung bekommen und dafür sorgen wollen, dass sie für Ihre nächste Beförderung arbeiten, dann sehen Sie sich die folgenden tollen Peitschen an:

1. Drohen Sie damit, alle Team- oder Einzelziele zu verschrotten (also solche, denen Sie überhaupt zu existieren erlaubt haben), um stattdessen alle zu gemeinsamer Arbeit zu zwingen, so sich die Leistung nicht erhöht (das wird blöderweise den Leuten in Kategorie zwei – siehe unten – entgegenkommen; es handelt sich also um einen gezielten Ansatz).

2. Wenn die Angestellten an etwas Schwierigem arbeiten und Sie wollen, dass sie härter arbeiten, dann deuten Sie einfach an, dass die Aufgabe wohl etwas zu schwierig für sie sei, und fragen Sie, ob sie nicht lieber eine Weile an etwas Leichterem arbeiten würden. Arbeiter lieben Herausforderungen und hassen einfache Jobs. Sie werden sehen, wie das Leistungslevel in die Höhe schießt!

3. Wenn Sie mehr Output wollen, dann drohen Sie damit, den Arbeitern ein paar der Nassauer des Unternehmens zu schicken, die ihnen für ein paar Monate helfen sollen. Arbeiter mögen kein totes Gewicht, sie hassen alles, was das Gefühl ihrer eigenen Leistung trübt, sodass es ihnen überhaupt nicht gefallen wird, einen Haufen Verlierer mit sich herumzuschleppen. Sie werden ihre Anstrengungen lieber verdoppeln.

4. Wenn sie nicht die nötigen Zahlen schaffen, dann drohen Sie damit, die Torpfosten zu versetzen. Das bedeutet: Wenn sie zum Beispiel neue Kontoeröffnungen reinholen sollen, dann drohen Sie damit, ihre Zielvorgaben am Ende des zweiten Quartals auf Kundenzufriedenheit umzustellen. Da wird ihnen die Galle hochkommen. Geben Sie ihnen die Gelegenheit, das alte Ziel mit leicht erhöhtem Output

beizubehalten, und sie werden mit Freuden bis spät in die Nacht arbeiten.

5. Wenn die Arbeiter sich dem Team anschließen, dann machen Sie klar, dass Sie erwarten, dass sie innerhalb der nächsten zwei Jahre befördert werden. Die werden es auf Teufel komm raus darauf anlegen. Nach etwa 18 Monaten lassen Sie dann den Prozess einsetzen, diese Beförderung weiter in die Zukunft zu rücken, wenn sich die Leistungsergebnisse nicht erhöhen. Das können Sie über Jahre so weitertreiben. Ihre Leute werden sich selbst bis zum Wahnsinn voranpeitschen, solange nicht der Hinweis zu ihnen durchdringt, dass sie niemals befördert werden– dann werden sie gehen. Aber in der Zwischenzeit – wow, die werden wirklich tonnenweise Arbeit erledigen.

Die Arbeiter sind wahrscheinlich die wichtigste Gruppe für Sie als Tyrann. Im Allgemeinen mögen sie es, mit den Dingen voranzukommen (sie sind nicht immer die Hellsten). Viele scheinen zu glauben, dass sie aufgrund ihrer harten Arbeit beurteilt und befördert werden. Natürlich wissen wir, dass das nicht wahr ist und man in Wirklichkeit aufgrund seiner Schrecklichkeit befördert wird. Aber es ist nützlich, viele Arbeiter an Bord zu haben. Sie sind die geradlinigste, formbarste und im Allgemeinen am leichtesten zu missbrauchende Gruppe von allen.

Geben Sie ihnen einfach genug zu tun, lehnen Sie sich zurück und schauen Sie zu, wie sie sich auf die Arbeit stürzen. Es hilft, wenn Sie reichlich Konkurrenz zwischen den Einzelnen und den Teams erzeugen, denn Arbeiter werden das Gefühl, zu siegen, genießen und extrahart arbeiten, um das Gefühl, zu verlieren, zu vermeiden. Die meisten Industrien ziehen Arbeiter an, und wahrscheinlich besteht Ihr Mitarbeiterstab zu 30 Prozent bis 60 Prozent aus Arbeitern. Gute Neuigkeiten also für die Tyrannen unter uns …

> **Viele scheinen zu glauben, dass sie aufgrund ihrer harten Arbeit beurteilt und befördert werden. Wir wissen natürlich, dass das nicht stimmt.**

Kategorie zwei

Zu dieser Kategorie gehören Leute, die im Innersten motiviert sind, in bedeutungsvollen Beziehungen mit anderen Menschen zu stehen. Sie mögen es, in einem Team zu sein und sich weniger Gedanken darum machen, was sie tun, als vielmehr, mit wem sie es tun. Wir nennen diese Gruppe die *Softies*.

Obwohl sie offenkundig mental unterentwickelt und nicht ganz richtig im Kopf sind, reagieren diese Leute auf die richtig konstruierten Peitschen. Aber seien Sie vorsichtig! Viele der Peitschen für Arbeiter funktionieren als Zuckerbrot für die Softies. Sie mögen spezifische Individualziele nicht besonders und arbeiten viel lieber in einem unklaren Kollektivstil, bei dem alle zusammenhelfen müssen. Wenn Sie ihnen die größten Loser der Abteilung zur Zusammenarbeit anbieten, dann fehlinterpretieren sie das wahrscheinlich als Zeichen von Ihrer Seite, dass Sie es ihnen zutrauen, auch noch die Nutzlosesten voranzubringen. Also passen Sie auf, dass Sie nicht dieselbe Peitsche bei einem Softie einsetzen, die Sie einen Arbeiter spüren lassen würden. Es gibt jedoch ein paar tolle Peitschen für Softies, darunter:

1. Erklären Sie ihnen, dass Sie einige Entlassungen vornehmen müssen, wenn es keinen Produktivitätszuwachs gibt. Hier müssen Sie allerdings vorsichtig sein. Wenn Sie es so klingen lassen, als würde der Softie selbst in Gefahr schweben, entlassen zu werden, wird er in einen Zustand blinder Panik verfallen und sich in sein Schneckenhaus zurückziehen. Lassen Sie stattdessen einige wenig subtile Hinweise darüber fallen, wer zuerst seinen Job verlieren würde. Um den maximalen Effekt zu erreichen, wählen Sie die schwächste, verwundbarste Person im Team. Jemanden, bei dem gerade eine bösartige, lebensbedrohliche Krankheit diagnostiziert wurde, einen frischgebackenen Vater, der darum kämpft, einen Kredit abzuzahlen, den Neuen an seinem ersten Arbeitsplatz. Natürlich planen Sie nicht, diese

Leute wirklich zu entlassen, aber die Andeutung wird Ihren Softie zu mehr Produktivität antreiben.

2. Erklären Sie den Softies, dass Sie die Leute weiter auseinandersetzen müssen, wenn sich nicht die Arbeitsraten erhöhen, damit sie sich mehr auf ihre Arbeit konzentrieren können. Softies unterhalten sich gern und glauben, sie hätten das Recht, etwa 80 Prozent des Tages mit Geplapper zuzubringen. Zeigen Sie einem Softie einen kleinen Schreibtisch in einer abgelegenen Ecke weit weg von jedermann und teilen Sie ihm mit, Sie würden darüber nachdenken, ihn dort unterzubringen. Er wird über Glassplitter kriechen, um die einsame Ecke zu vermeiden.

3. Softies hassen Konkurrenzdruck. Viel wohler fühlen sie sich mit Zusammenarbeit und Gemeinschaftlichkeit und flauschigen Hasen und Marshmallows und Rehkitzen. Wenn Sie also erreichen wollen, dass sich ihre Arbeitsrate erhöht, dann führen Sie ein monatliches Meeting ein, bei dem jeder Teamchef für die fortgesetzte Investition in sein Team oder sein Projekt argumentieren muss. Wenn das scheitert, holen Sie ein Rehkitz und drohen Sie, es während der Mittagspause auf dem Parkplatz zu erschießen, wenn nicht alle mehr arbeiten.

Softies gibt es viele, aber sie sind keineswegs gleichmäßig auf die Branchen verteilt. Wenn Sie in der Hochfinanz, im Investmentbanking, in der Ölsuche oder der Glücksspielindustrie arbeiten, haben Sie wahrscheinlich nicht viele im Team. Wenn Sie jedoch im öffentlichen Sektor sind, stehen die Chancen gut, dass die Softies 40 Prozent bis 50 Prozent Ihrer Handlanger ausmachen. Das mag alarmierend klingen, aber keine Sorge – als Tyrann arbeiten Sie mit dem, was zur Hand ist, und mit der richtigen Peitsche kann sich sogar aus einem Softie signifikante Leistung herausprügeln lassen.

Der zweite gute Punkt an Softies ist ihre Loyalität, selbst gegenüber Tyrannen. Das mag seltsam erscheinen, aber Softies leiden an einer Krankheit, die man als »Inter-Gruppenzwang« bezeichnen könnte. Das bedeutet, dass sie der Zugehörigkeit zu einer bestimmten Gruppe unproportional viel Bedeutung und Wichtigkeit beimessen. Ein Großteil ihrer individuellen Identität geht in ihrer Gruppenzugehörigkeit auf. Sie sind ihnen schon auf Dinnerpartys begegnet. Das sind die Leute, die glauben, es sei interessant und bedeutungsvoll, dass sie für irgendjemand Unbekannten in einer unbekannten Abteilung in einer obskuren Firma arbeiten. Niemand interessiert sich dafür, aber die fasziniert das. Das liegt daran, dass sie kein stark ausgeprägtes Identitätsgefühl haben und sich stattdessen Informationen darüber, wer sie sind, von den Gruppen borgen, zu denen sie gehören. Das bedeutet für den Tyrannen mehreres:

Erstens können Sie die Leute lange pushen, bevor sie zusammenbrechen. Arbeiter sind da zynischer. Wenn sie das Gefühl haben, von Ihnen gnadenlos getreten zu werden, werden sie sich so lange damit abfinden, wie Sie das falsche Zuckerbrot einer Beförderung glaubwürdig vor ihnen herumwedeln. Softies kümmern sich als weniger zielorientierte Wesen nicht so sehr um eine Beförderung, machen sich aber stattdessen endlos Sorgen, die Mitgliedschaft in der Gruppe einzubüßen, von der sie Sinn und Identität absaugen. Sie fürchten eine Entlassung mehr, als sie sich eine Beförderung wünschen.

Zweitens können Sie diesen Leuten trauen, Ihre Abteilung bei Meetings zwischen den Abteilungen zu repräsentieren. Die Arbeiter werden einfach mitmachen und logisch ausarbeiten, ob Abteilungen zusammenarbeiten sollten oder nicht. Das könnte sich als desaströs erweisen. Softies werden von Anfang an warm und flauschig sein, aber da sie ein so starkes Zugehörigkeitsgefühl zu ihrer eigenen Gruppe haben, werden sie alle anderen Gruppen als verdächtig und unterlegen betrachten.

Kategorie drei

Diese Kategorie umfasst Leute, die von Macht, einem Gefühl der Kontrolle und Einfluss motiviert sind. Nennen wir sie die Raffinierten. Raffinierte sind die gefährlichste Kategorie von Mitarbeitern. Aus ihnen gehen die meisten Tyrannen hervor. Sie sind weniger an klaren Zielen und der Zusammenarbeit mit anderen Leuten interessiert, sondern an der Zusammenarbeit mit Höhergestellten und an profilierten Projekten. Sie wollen, dass man sich ihre Meinungen anhört, und glauben im Allgemeinen, dass sie es, egal worum es geht, am besten wissen. Sie werden nichts tun, solange sie nicht sehen können, wie es ihnen in Zukunft helfen wird, und sie hassen sinnlose Beschäftigung.

All das bedeutet, dass es die Raffinierten sind, die die größte Bedrohung für Sie darstellen (sie ähneln Ihnen am meisten) und die gleichzeitig am leichtesten auf einem hohen Level von Produktivität gehalten werden können, weil Sie, selbst wenn Sie keine anderen Anhaltspunkte haben, deren intrigierenden, machiavellischen Geist verstehen. Hier ein paar Tipps, wie Sie anfangen können:

1. Erklären Sie den Raffinierten, dass es zwei wichtige Aufgaben gibt, die im nächsten Quartal erledigt werden müssen. Die eine ist ein Projekt, das dem CEO oder einem anderen wichtigen Bonzen vorgelegt werden soll, während das andere bei ein paar obdachlosen Lakaien landet. Wenn sie sich nicht ranhalten, werden sie dem Lakaienprojekt zugeteilt.

2. Teilen Sie sie einem strategischen Komitee oder dergleichen (davon gibt es immer haufenweise) als Berater zu. Immer wenn Sie etwas mehr aus ihnen herausholen müssen, deuten Sie an, dass ihre Beraterrolle vielleicht einer Revision unterzogen werden muss, damit sie sich auf ihre »tägliche Arbeit« konzentrieren können. Sie werden Himmel und Hölle in Bewegung setzen, um diese Beraterrolle zu behalten.

3. Wenn die Raffinierten damit beginnen, bei Meetings ihre Meinungen oder Ideen zum Besten zu geben, dann deuten Sie an, dass man ihnen erst erlauben wird, ihre Meinung zu allem anderen herauszuposaunen, wenn sie in der Lage

sind, ihre bestehenden Zielvorgaben zu erfüllen. Bis dahin sollten sie sich besser darauf konzentrieren, ihren eigenen Job zu machen. Das wird sie beflügeln, in ihrer bestehenden Rolle mehr zu leisten.

Die Raffinierten sind die am wenigsten verbreitete Gruppe von Menschen. In Ihren Teams sind vielleicht nur 5 Prozent bis 10 Prozent solcher Leute. Auf den Ebenen des Managements und in unternehmerischeren Branchen kann dieser Prozentsatz jedoch auf 30 Prozent bis 40 Prozent ansteigen. Die Raffinierten lassen sich aufgrund ihrer launenhaften Natur nur schwer führen, denn sie werden pampig und eingeschnappt, wenn sie nicht ihren Willen bekommen. Sie lassen sich viel schwieriger festnageln als die Arbeiter und Softies, die sich im Allgemeinen wie Schafe verhalten und sich mit starker Hand gut führen lassen.

Um die Raffinierten am Laufen zu halten, ist es wichtig, ihnen zahlreiche Privilegien einzuräumen, die Sie dann eines nach dem anderen entfernen können, um dafür zu sorgen, dass sie sich hinreichend zu Höchstleistungen motiviert fühlen. Das erfordert mehr sorgfältige Planung und vorausschauendes Denken als bei den anderen Gruppen. Auf lange Sicht werden Sie feststellen, dass es die Sache durchaus wert ist, wenn Sie Ihre Raffinierten hecheln lassen, um ihren Status als Spezial-Dies oder Spezial-Jenes zu behalten.

Eine Eigenschaft, die man bei den Raffinierten im Auge behalten sollte, ist ihre absolute Empfänglichkeit für Hierarchie und Titel. Sie sind absolut süchtig nach schrittweisen, bedeutungslosen Zusätzen zu ihren Stellenbezeichnungen. Wenn sie heute Executive Administrative Assistant sind, werden Sie feststellen, dass sie sich krumm machen werden, um zum Senior Executive Administrative Assistant gemacht zu werden. Die Tatsache, dass sich ihre Rolle als Ergebnis dieser bahnbrechenden Beförderung überhaupt nicht ändern wird, wird ihnen entgehen. Sie werden noch nicht

Sie sind absolut süchtig nach schrittweisen, bedeutungslosen Zusätzen zu ihren Stellenbezeichnungen.

einmal das Budget strapazieren müssen, da sie sich normalerweise nur mit dem neuen Titel zufriedengeben.

In den USA haben viele Organisationen eine ganze Serie an exzellenten Mechanismen entwickelt, um die Raffinierten zufrieden zu stellen. In Europa haben wir uns diese Ideen zu langsam zu eigen gemacht oder sie zu schnell über Bord geworfen. Viele Firmen haben strikte Zuteilungen bei Dingen wie Büro- oder Arbeitsnischenteppichtiefe, Kalendergröße und Topfpflanzenhöhe, abhängig vom relativen Rang des Mitarbeiters.

Topfpflanzen sind ein gutes Beispiel. Sie können einen Raffinierten auf einen infinitesimal höheren Posten befördern und dies mit einer Topfpflanze illustrieren, die fünf Zentimeter höher ist. Er wird das lieben! Es scheint unglaublich, aber es stimmt. Und um es noch mehr auf den Punkt zu bringen: Er wird sich den Arsch für Sie aufreißen, um sich den neuen Titel in seiner E-Mail-Signatur und die etwas höhere Pflanze zu sichern. Und was kostet Sie das? Genau – gar nichts.

Oft werde ich gefragt, wie man erkennen kann, zu welcher Kategorie ein bestimmter Handlanger gehört. Eine schwierige Angelegenheit. Das Beste ist es, nacheinander mit jeder Peitsche zu drohen und zu sehen, bei welcher die höchste Leistung herankommt. Alternativ können Sie es mit diesen Beobachtungsnotizen versuchen, um herauszukriegen, wo jemand hingehört:

Arbeiter
- reden höchstwahrscheinlich darüber, wie viel sie erreicht haben, wie schnell es gegangen ist oder welche Zahlen sie vorweisen können.
- schreiben kurze, auf den Punkt gebrachte E-Mails.
- interessieren sich nicht sehr für das Privatleben anderer.
- sind bei Außentagungen (sofern es bei Ihnen welche gibt) wahrscheinlich recht wetteifernd.

Softies

▶ haben eine Kiste mit Taschentüchern am Schreibtisch.
▶ weinen vielleicht hin und wieder (unerklärlicherweise).
▶ sprechen gedämpft und umschweifig.
▶ schreiben lange E-Mails mit vielen Ausrufezeichen.
▶ sind äußerst interessiert am Privatleben anderer.
▶ haben eine Katze.

Raffinierte

▶ schmeicheln sich bei den Vorgesetzten ein.
▶ ignorieren alltägliche Arbeit, die die Vorgesetzten nicht zu Gesicht bekommen.
▶ sind eingeschnappt, wenn man sich ihre Meinung nicht anhört.
▶ reden viel über die Vorgesetzten.
▶ sind äußerst an Beförderungen interessiert und reden viel darüber.

Wir haben es mit der Wissenschaft der Tyrannei zu tun, Experimentieren und sorgfältiges Beobachten sind also gefragt. Wenn Sie danach immer noch nicht sicher sind, dann können Sie die Peitschen für Arbeiter zuerst ausprobieren, da diese normalerweise den Großteil der Angestellten ausmachen. Dann gehen Sie zu den Softie-Peitschen und zuletzt zu den Raffinierten-Peitschen über.

Sie werden bald sehen, welche Drohungen Ihre Angestellten in ihren Bürostühlen zum Kreisen bringen. In jedem Fall erzeugen Sie Zuckerbrote (oder »Pull«-Faktoren) durch die Abwesenheit der Peitschen, mit deren Einsatz Sie drohen.

Weichei-Management-Bücher werden Ihnen einen Haufen Gelaber darüber auftischen, dass Sie Dinge finden müssen, die Ihre Leute motivieren. Wir als Tyrannen wissen, dass das beste Zuckerbrot die Abwesenheit der besten Peitschen ist. Indem Sie einfach nur anbieten, jemanden nicht mit einer gut gearbeiteten, psychologisch gezielten Peitsche zu schlagen, erzeugen Sie genau jene Bedingungen, die Sie für frenetische Aktivität brauchen.

Wie John F. Kennedy sagte:»Fragen Sie nicht, was Sie Ihren Angestellten geben können, um sie zu moti-
vieren, sondern was Sie zu entziehen
drohen können, um sie wirklich aus der
Ruhe zu bringen.« Das mag kein präzi-

**Das beste Zuckerbrot
ist die Abwesenheit der
besten Peitschen.**

ses Zitat sein, aber irgendwas in der Richtung hat er gesagt. Damit
ist Lektion Nummer eins in Sachen Motivation für Tyrannen ab-
geschlossen: Das beste Zuckerbrot ist die Abwesenheit der besten
Peitsche. Zeit für Lektion zwei!

Als Sie ein kleines Kind waren, etwa sieben oder acht Jahre alt,
haben Ihre Eltern, Großeltern, Ihr Kindermädchen oder der Wolf,
der Sie im Dschungel großgezogen hat, Ihnen wahrscheinlich ein
paar Geschichten vorgelesen. Das waren einfache, formelhafte Sagen von Helden und ihren Taten. Sie alle hatten wahrscheinlich
etwas gemeinsam und gingen in etwa so:

Plot für Identikit-Märchen

Es war einmal eine wunderschöne Prinzessin. Sie war jung,
schlank, attraktiv und, das ist entscheidend, sie war keine Schlam-
pe. Sie war nett zu Tieren und betrank sich nicht an den Wochenenden. Sie litt an einem oder mehreren der folgenden Gebrechen:
böse Stiefmutter, böse Stiefschwester, ein Fluch, der sie nachts in
eine hässliche Vettel verwandelte, Kraushaar oder allgemeiner
Monsterismus. In jedem Fall führten eines oder mehrere dieser
Gebrechen dazu, dass die Prinzessin in einer abgelegenen Burg
mit äußerst unzureichenden Sanitäranlagen landete. Es ist unklar,
wie der Cateringservice in der Burg war, doch es scheint plausibel,
dass die Tiere aus dem Wald Beeren lieferten.

Die Burg wurde von einem furchterregenden, feuerspuckenden
Drachen namens Dargon oder Gordan oder Notker bewacht.
Rückblickend wahrscheinlich doch nicht Notker, aber der Drache
hieß niemals Simon oder Champ. Die Prinzessin steckte in einer
schwierigen Lage, aber glücklicherweise hörte ihr ältlicher Vater
oder ein vorüberziehender Einsiedler oder ein Tier aus dem Wald

(Vogel, Eichhörnchen, Krabbe etc.) von ihrer ungünstigen Unterbringung und verbreitete die Nachricht an die örtlichen Prinzen. Auf der Straße sprach sich herum, dass derjenige, der die Prinzessin von besagtem übel beleumdeten Drachen retten konnte, mit ihr schlafen durfte und das Reich ihres Vaters erben würde. Wegen der Kinder wird der »mit ihr schlafen«-Teil normalerweise überblättert und stattdessen wird von »Ehe« gesprochen, aber wir alle wissen, was läuft. Im Wesentlichen spielte der alte König für seine Tochter den Zuhälter, um einen lästigen Drachen loszuwerden. Wirkt kaltschnäuzig, aber wir waren alle schon in derselben Lage.

Die Prinzen erschienen alle in ungeeigneter, schwerer Rüstung und wurden von Notker dem Drachen gegrillt oder in Stücke gerissen. Schließlich trat ein junger Mann von unklarer Herkunft auf, dessen bisherige Aufgabe darin bestand, die königlichen Stallungen auszumisten (oder sonst ein ehrbares Handwerk), und machte sich auf, bewaffnet lediglich mit einem Besen und der neuesten Ausgabe von »Lanzenstechen leicht gemacht«.

Er erschlug den Drachen mit einer gut ausgewogenen Kombination aus Witz, Stärke und Tapferkeit oder fand heraus, dass der Drache nur sauer war, weil ihn niemand mit seinem richtigen Namen – Simon – anredete. Die Prinzessin verliebte sich Hals über Kopf, der Junge erwies sich als verloren geglaubter Prinz und alle lebten glücklich bis an ihr Ende.

Wir alle sind mit dieser Formel wohlvertraut. Sie dient als Metapher, die wir für den Rest unseres Lebens anwenden können. Die Leute tun Dinge nur aus einem von zwei Gründen, und beide kommen in unserem Märchenplot vor. Der erste Grund ist das Vermeiden von etwas Schlechtem, z. B. von einem Drachen gefressen zu werden. Ein Großteil der tatsächlichen Tätigkeiten, die unsere tapferen Prinzen auf sich nehmen (ob erfolgreich oder gegrillt), beinhaltet Lanzen, Schwerter, Herumrennen und Ausweichen in letzter Sekunde. All diese Aktivitäten werden durch die Gegenwart des Drachen ausgelöst.

Wenn Sie die Prinzessin aus dem Bild entfernen, würden sie immer noch all das tun müssen, um nicht gefressen zu werden. Der zweite Grund dafür, etwas zu tun, ist, etwas Gutes zu bekommen, z. B. mit der Prinzessin schlafen, sorry, sie »heiraten«. (Denken Sie dran: Das ist eine heiße Braut, wenn sie hässlich wäre, würde das Ganze irgendwie den Glanz verlieren.) Ein kleiner Teil der Tätigkeiten, die unsere Prinzen auf sich nehmen, ist völlig prinzessinnenorientiert, z. B. dass sie sich überhaupt aufmachen, ein paar Snacks einpacken, das Pferd füttern, sich die Haare kämmen etc. Die entscheidende, tyrannische Wahrheit hierbei ist, dass mehr von dem, was die Prinzen tun, drachenorientiert als prinzessinnenorientiert ist. Und das gilt auch für das alltägliche Leben.

Ein Großteil von dem, was die Prinzen tun, ist mehr drachenorientiert als prinzessinnenorientiert.

Zu Beginn dieses Kapitels habe ich gesagt, dass die Peitsche stets über das Zuckerbrot siegt. Durch unser Märchen können wir das jetzt reformulieren: »Wenn Sie die Leute wirklich dazu kriegen müssen, etwas zu tun, dann siegt der Drache stets über die Prinzessin.«

Das wusste sogar Barack Obama, als er 2009 seine Kampagne gegen John McCain um die US-Präsidentschaft führte. Die Prinzessin in dieser Situation war er selbst, ein redegewandter, zur linken Mitte gehörender, schwarzer, intelligenter Mann, der nicht George Bush war. Aber Obama wusste, dass das nicht genügen würde, und konzentrierte seine Kampagne auf das, was geschehen würde, wenn die Leute nicht ihn wählten: auf den Drachen. Als Menschen reagieren wir viel stärker auf Drachen als auf Prinzessinnen.

Wir ziehen uns williger und schneller von etwas Unangenehmem zurück, als wir uns auf etwas Gutes hinbewegen.

Wir ziehen uns williger und schneller von etwas Unangenehmem zurück, als wir uns auf etwas Gutes hinbewegen. Das ist etwas, was Ihnen kein Buch über Weichei-Management verraten wird. Die Herausforderung für uns als Tyrannen besteht darin, uns mit einem Set an mächtigen Drachen auszurüsten, das auch den lustlosesten Angestellten motivieren kann.

Denken Sie mal darüber nach: Im Krieg organisieren sich Länder und halten zusammen. Es gibt einen klar definierten Feind, den alle verstehen und fürchten. Kollektives Handeln ist viel leichter und Akte, die im Frieden undenkbar wären, werden möglich. Not macht erfinderisch, wie man so schön sagt. Dasselbe gilt für das Motivieren von Angestellten.

Beachten Sie, dass in unserer Geschichte die Prinzen im Allgemeinen einer nach dem anderen im Wald verschwinden, um auf unterschiedliche Arten entsorgt zu werden, bis unser Held die Bühne betritt. Im echten Leben in Ihrer Firma sind Sie darauf angewiesen, dass die Leute gemeinsam komplexe Aufgaben erledigen. Das heißt, Sie müssen eine Prinzessin finden, die für alle attraktiv ist (verdammt schwierig, was wäre zum Beispiel, wenn ein paar der Prinzen schwul sind, das wird ja nie erwähnt), sodass alle übereinkommen, dass es die Sache wert ist, sich zu organisieren und sie zu retten. Weichei-Management-Bücher nennen das »Zukunftsvision« oder präsentieren sonstige gehaltlose Begriffe.

Sie würden argumentieren, dass, wenn alle bezüglich einer herrlich attraktiven Vision und deren Bedeutung für sie übereinstimmen, sie sofort in den Wald losziehen und nach der Prinzessin suchen. Völliger Quatsch. Die landen alle an unterschiedlichen Ecken des Waldes, schlagen Lager auf, kämpfen gegeneinander, verirren sich, finden eine Ziege und verwechseln *die* mit der Prinzessin. Das ist der Weg der Weicheier.

Der Weg des Tyrannen sieht so aus, dass man den Leuten die Prinzessin nicht erklärt. Die Prinzessin ist ihr eigener, persönlicher Hauptgewinn: Macht, Geld und Beförderung. Warum würden Sie Ihre eigene, persönliche Prinzessin mit jemandem teilen wollen? Genau. Verstecken Sie sie sorgfältig und agieren Sie ausschließlich mit Drachen.

Mit einem klaren, gut artikulierten Drachen können Sie darauf vertrauen, dass Ihre Angestellten nicht proaktiv in einen fremden Wald losziehen. Stattdessen bringen Sie den Drachen zu ihnen und lassen sie damit fertigwerden. Wenn sie das nicht schaffen, werden sie gefressen (oder ihre Karrieren enden), und das ist auch nicht schlecht. Im Geschäftsleben geht es darum, mit Drachen fertigzuwerden, und wenn Sie das nicht können, wäre es das Beste, wenn Sie zur Seite treten und den Job professionelle Drachentöter erledigen lassen.

Die Umsetzung

Der erste, wichtigste und unmittelbar erreichbarste Drache sind Sie selbst. Sie können Feuer spucken (schreien). Sie können fliegen (Sie haben einen höheren Rang). Sie können beißen (die Leute feuern oder in missliche Lagen bringen). Sie müssen sich die Frage stellen: »Wie furchterregend ist mein Drache?«

Wenn Ihr Drache ein verrauchtes, verkümmertes, leicht kränklich wirkendes Reptil ist, dann läuft niemand mit dem richtigen Grad an Panik herum, um etwas zu erledigen. Alles, was Sie erreichen, ist, dass man Sie meidet. Nein, Ihr Drache muss ein turmhohes Inferno an Wut und destruktiver Energie sein. Wenn Sie sich zu Ihrer vollen Größe aufrichten, müssen Sie sämtliches Licht ausblenden und die Leute zitternd und mit weichen Knien zurücklassen. Sie müssen wahrlich schrecklich anzuschauen sein. Hier ein paar praktische Tipps und Tricks:

1. Lautstärke: Sie müssen auf etwa 110 Dezibel abzielen bzw. auf die Lautstärke eines Jumbo beim Start. Die Dinge klingen einfach besser, wenn sie lauter sind – so auch Sie. Üben Sie, indem Sie draußen herumschreien und von jemandem aufnehmen lassen, wie laut Sie sind und wie laut Sie werden können. Versuchen Sie, die Leute aus dem Bauch heraus anzuschreien, nicht aus dem hinteren Kehlenbereich. Stellen Sie sich aufrecht hin und holen Sie tief Luft, neigen Sie den Kopf wie ein Opernsänger. Versuchen Sie es mit verschiedenen Variationen der Stimmtiefe. Bei manchen Leuten kommt mehr heraus, wenn sie in höherer Tonlage schreien, aber

> **Die Dinge klingen einfach besser, wenn sie lauter sind – so auch Sie.**

die meisten von Ihnen werden feststellen, dass Ihre Stimme umso schrecklicher wird, je tiefer Sie gehen. Margaret Thatcher wusste das und wurde so zur Premierministerin des Vereinigten Königreichs, was eine hübsche Tyrannei nach sich zog.

2. Variation: Schreien Sie nicht einfach nur. Sie werden feststellen, dass Sie manchmal am vernichtendsten sein können, wenn Sie etwas äußerst leise und langsam sagen. Stellen Sie sich vor, Sie haben etwas versaut und werden zu Ihrem Boss zitiert. Alles, was er tut, ist, Ihnen in die Augen zu schauen und äußerst langsam und leise zu sagen: »Geh ... mir ... aus ... den ... Augen ...« Das schlägt richtig durch.

3. Fluchen: Ich meine nicht nur die offensichtlichen Kraftausdrücke. F-Wörter und dergleichen sind schön und gut und können großzügig verwendet werden, um das Ausmaß Ihres Zorns klarzumachen, aber versuchen Sie, etwas kreativer zu werden. Drohen Sie Ihren Angestellten, dass Sie, wenn sie nicht die Hufe schwingen, ihnen die Arme abreißen und sie mit den blutenden Stumpen zu Tode prügeln. Ein solch farbiger Ausdruck bleibt eher im Gedächtnis haften und motiviert stärker, als wenn Sie einfach nur brüllen: »Tut verdammt noch mal was!«

4. Gehen Sie nah heran: Drachen sind Furcht einflößender aus der Nähe. Sorgen Sie dafür, dass Sie, wenn Sie Ihre Fluchtirade abfeuern, nur ein paar Zentimeter vom Gesicht Ihres Angestellten entfernt sind.

5. Physisch werden: Hier ist Vorsicht geboten. Auch wenn es ein ganz natürlicher Bestandteil der Tyrannei in alter Zeit war, die Leute, besonders Frauen, zu schlagen, zu boxen, zu beißen oder zu töten, verschafft das heute nur der Personalabteilung einen Grund, Sie zu feuern. Schlagen Sie die Leute nur, wenn Sie sicher sein können, dass es niemals jemand herausfinden wird. Wenn Sie si-

cher sein *können,* dass es niemals jemand herausfinden wird, dann zielen Sie auf die Nase, das tut richtig weh. Meistens wird es sich jedoch verbieten, die Leute tatsächlich zu schlagen (oder sonst etwas zu tun, was Spuren hinterlässt), aber denken Sie deshalb nicht für einen Augenblick, dass physische Einschüchterung etwas ist, was Sie vermeiden sollten. Weit gefehlt. Schieben, Schubsen, Schütteln, Bedrängen, Stupsen und dergleichen sind gute Methoden, Ihren drachenartigen Status zu erhöhen. Stellen Sie einfach nur sicher, dass man Ihnen nichts von dem, was Sie tun, nachweisen kann, dass also Aussage gegen Aussage steht.

6. Spucken Sie ein bisschen: Die meisten Leute versuchen, es zu vermeiden, andere anzuspucken. Das ist jedoch ein Fehler. Wenn Sie wissen, dass Sie jemanden herunterputzen müssen, dann essen Sie vorher eine Handvoll Nüsse. Diese ergeben zusammen mit einer Menge Wasser auf kurze Entfernung eine unangenehm körnige Mixtur.

7. Werden Sie groß: Es ist wichtig, den Raum zu dominieren. Wenn Sie größer werden, hilft Ihnen das. Für Männer ist es schwierig, größer zu werden. Weibliche Tyrannen haben den Riesenvorteil, stupend hohe Absätze verwenden zu können. Jeder kann Gewicht zulegen, vielleicht nicht bis zu morbider Fettleibigkeit, aber auf ein beträchtliches Gewicht kann es ganz bestimmt jeder bringen. Das hilft, wenn jemand »versehentlich in Sie hineinläuft«. Denken Sie auch an große Kleidung, den großen Schreibtisch, ein großes Auto, einen großen Hund und großes Haar. Ein ansehnliches Paar Hinterbacken hat ebenfalls noch keinem Tyrannen geschadet.

> **Ein ansehnliches Paar Hinterbacken hat noch keinem Tyrannen geschadet.**

8. Seien Sie dramatisch: Plötzliche Zornesausbrüche funktionieren. Je unvorhersehbarer sie sind, desto besser. Wenn Sie Dinge durchs Zimmer werfen, unterstreicht das Ihren

furchterregenden Charakter. Wenn jemand miserable Arbeit abgeliefert hat, dann denken Sie auf jeden Fall dran, die betreffenden Unterlagen auszudrucken, sodass Sie sie vor seinen Augen zerreißen können. Lagern Sie ein paar billige Glasgegenstände in Ihrem Büro, die Sie aggressiv von Ihrem Schreibtisch fegen und gegen die Wand schmettern können.

9. Werden Sie rot: Versuchen Sie, so lange wie möglich den Atem anzuhalten, um Blut in die Gesichtskapillaren zu pumpen. Dadurch werden Sie rot und sehen beeindruckender und furchteinflößender aus. Es empfiehlt sich, das zu tun, bevor die Person, die Sie drangsalieren wollen, bei Ihnen im Büro ankommt. Es sieht seltsam aus, wenn Sie das vor ihren Augen machen.

Wenn Sie diese Anweisungen sorgfältig befolgen, werden Sie feststellen, dass alles, was Sie brauchen, um Ihre Mitarbeiter zu panikerfüllter Aktivität zu zwingen, Ihr eigener innerer Drache ist. Das wichtigste Werkzeug in Ihrem Werkzeugkasten der Tyrannei sind schlicht und einfach Sie. Sie sind alles, was nötig ist, um Angstgefühl in Ihren Leuten entstehen zu lassen.

Stellen Sie sich trotzdem folgende Frage: Was ist furchteinflößender als ein Drache? Richtig – *viele Drachen*. Falls Sie nun das Gefühl haben, dass Ihr eigener innerer Drache schwer in Gang zu kriegen ist oder falls Ihre Gleichgestellten schon richtige Drachen sind und Sie aus der Masse herausstechen müssen: Es gibt andere Drachen, die Sie beschwören können.

Echte Tyrannen sind weise und verlassen sich nicht auf einen einzelnen Drachen, wenn eine Multi-Drachen-Strategie nachhaltiger und gnadenloser gegenüber ihren verängstigten Handlangern ist. Ich empfehle, dass Sie zusätzlich zu Ihrem eigenen inneren Drachen regelmäßig mindestens zwei andere beschwören, um den höchstmöglichen Leistungsgrad bei Ihren Leuten aufrechtzuerhalten. Das ist das »tyrannische Gesetz der drei Drachen«.

Einer der besten Drachen, die sich beschwören lassen, ist ein Drache von außen, nämlich *Konkurrenz*. Nun sieht die Realität so aus, dass Ihr Konkurrent höchstwahrscheinlich etwas versierter oder fähiger ist als Sie, aber darum geht es gar nicht. Lesen Sie irgendein Dogbert-Management-Buch (die sind hervorragend, nebenbei bemerkt, obwohl sie sich nicht annähernd ernst genug nehmen angesichts der Weisheit, die sie enthüllen), und Sie werden dort ähnliche Ratschläge finden. Sie müssen die Konkurrenz furchterregend und allmächtig erscheinen lassen.

> Echte Tyrannen sind weise und verlassen sich nicht auf einen einzelnen Drachen, wenn eine Multi-Drachen-Strategie nachhaltiger ist.

Erzählen Sie Geschichten darüber, wie hervorragend der Konkurrent ist, sprechen Sie von all den Aufträgen, die Sie an ihn verlieren. Werden Sie lyrisch, wenn es um die Fähigkeiten der anderen Vertriebsteams und die Qualität von deren Forschungseinrichtungen geht. Nehmen Sie ein paar Entlassungen vor und schieben Sie es auf die wachsende Macht und die Effektivität der Konkurrenz. Machen Sie klar, dass dieser Konkurrent (seien Sie spezifisch und benutzen Sie den Namen einer konkreten Firma) sich Ihrer Vernichtung verschrieben hat.

Es ist ein Fall von »wir oder sie«, auf dem Markt ist einfach kein Platz für beide Firmen. Lassen Sie es so aussehen, als ob diese Firma bösartig Ihre Konten aufs Korn nähme, und deuten Sie klar an (ob es nun stimmt oder nicht), dass die anderen sich dabei heimtückischer Taktiken bedienen. Sie müssen diese Organisation dämonisieren oder vielmehr diffamieren. Vielleicht müssen Sie ein wenig kreativ werden, um das hinzukriegen, und ein paar Geschichten erfinden. Benutzen Sie die Vorlage unten, um Ihren Angestellten kalte Schauer über den Rücken jagen zu lassen…

»Ich habe letztens in der Kneipe mit einem alten Kontakt von mir geredet, erinnert ihr euch noch an Johnnie P.? Er hat sich vor ein paar Jahren zur Ruhe gesetzt. … (setzen Sie den Namen der Firma ein, die Sie diffamieren möchten) ist an ihn herangetreten und

möchte, dass er sie berät. Eines Morgens kommt er früh und arbeitet in einem ihrer Büros. Um 9 Uhr morgens verschwinden dann alle in das Vorstandszimmer, aber man bittet ihn nicht, sich anzuschlie-ßen. Es hat ihn interessiert, was sie im Schilde führten, und so schlich er sich ganz hinten hinein, als niemand hinsah. Die hatten eine Fahne mit unserem Logo und eine Puppe von unserem CEO in Lebensgröße. Jeder wurde auf die Bühne gerufen, um ein Messer in die Puppe zu stoßen. Die haben gesungen und die Fahne verbrannt, nachdem sie zeremoniell draufgepinkelt hatten. Die haben Bilder von uns an die Wand projiziert und hatten sogar, wahrscheinlich durch illegale Benutzung einiger Network-Seiten, Bilder von unse-ren Familien. Sie haben irgendeinen bösen Geist angerufen, dass er uns Pest und Krankheiten an den Hals hexen soll. An dem Punkt ist Johnnie rausgekrochen und davongelaufen. Als ich ihn getroffen habe, war er ein nervöses Wrack. Jetzt müssen wir uns darüber un-terhalten, unsere Anstrengungen zu verdoppeln, und ich denke dar-über nach, allen den Urlaub zu streichen, während ich auf Recher-che nach Jamaica fahre, um rauszukriegen, wie man Voodoo-Flüche kontern kann …«

Das sollte den gewünschten Effekt haben. Wenn Sie im öffentli-chen Sektor arbeiten, denken Sie vielleicht: »Wie kann dieser Dra-che bei mir funktionieren?« Keine Angst. Es ist ein Missverständ-nis, dass Konkurrenz nur im Privatsektor existiert, es gibt sie auch in allen Bereichen des öffentlichen Dienstes. Es gibt immer eine andere Abteilung da draußen, die Ihr Territorium übernehmen will.

Also, egal, ob Sie in einer Bank oder in einem Krankenhaus arbei-ten, der Drache des externen Konkurrenten ist stets eine hervorra-gende Wahl. Doch da wir es mit den tyrannischen Gesetzen der drei Drachen zu tun haben, brauchen Sie mindestens noch einen …

»*Wenn ich weiter gesehen habe als andere, dann nur, weil ich auf den Schultern von Riesen gestanden bin.*« Sagte Sir Isaac New-ton – und wie recht er doch hatte. Schauen Sie nach oben, um Ihren dritten Drachen zu finden. Ein Boss oder, noch besser, der

Boss von diesem Boss gibt einen hervorragenden Drachen ab. In Wahrheit mag er ein rückgratloses Wiesel sein, das den Job nur durch familiäre Beziehungen gekriegt hat, aber lassen Sie sich davon nicht irremachen. Das ist nämlich sogar noch besser. Dann können Sie einfach auf das hinweisen, was Ihre Handlanger schon wissen: Wenn sie ausscheren, kriegen sie einen aufs Dach. Wenn der Boss aber ein Weichei ist, dann sind Sie in der perfekten Position. Sie können ihn so aufbauen, dass er wie ein Drache aussieht, und ihn dann regelmäßig vor Ihren Handlangern erschlagen, was Ihren eigenen Drachenstatus erhöht.

Nehmen wir an, Sie haben es mit einem Weichei zu tun (was höchstwahrscheinlich der Fall ist). Dann müssen Sie anfangen, Geschichten über seine extrem drachenmäßigen Qualitäten zu erzählen. Versuchen Sie, diese Hinweise vor den größten Plaudertaschen des Büros fallen zu lassen:

▶ Sie haben gesehen, wie Ihr Chef jemandem die Nase mit einem Aschenbecher gebrochen hat, weil dieser einen Großkunden an die Konkurrenz verloren hatte. Dann hat er die Zeugen so unter Druck gesetzt, dass sie bei der Verhandlung gesagt haben, der Mitarbeiter hätte den Boss angegriffen und er habe den Aschenbecher in Selbstverteidigung zum Einsatz gebracht. Der Mitarbeiter wurde tatsächlich wegen Körperverletzung zu drei Monaten Gefängnis verurteilt.

▶ Er hatte eine Affäre mit seinem/r Sekretär/in (männlich oder weiblich spielt dabei keine Rolle). Die Affäre endete unglücklich und die Sekretärin drohte damit, an die Presse zu gehen und es aller Welt zu erzählen. Sie wurde nie wieder gesehen.

▶ Er hat Verbindungen zu mächtigen Gangstern und korrupten Polizeichefs, die dicke Bestechungsgelder kassieren, um die Leute ruhig zu halten.

▶ Sie waren dabei, als der Boss während eines Meetings die Frau eines der leitenden Direktoren anrief und sie fragte, ob dieser immer so »schwanzlos« sei oder ob er sich seine Bestleistungen fürs Büro aufhebe.

Damit erzeugen Sie den Eindruck extremer Drachenhaftigkeit und müssen etwas gegen die Realität seines mickrigen Weichei-Auftretens unternehmen. Legen Sie ein bisschen Schläue an den Tag. Erklären Sie ihm, dass Ihre Abteilung einen Tritt in den Hintern braucht und Sie es wirklich zu schätzen wüssten, wenn er ihnen mal die Leviten läse. Nichts Extremes, nur etwas, um den Leuten Beine zu machen, vielleicht sogar ein paar Hinweise in einer E-Mail.

Dann beraumen Sie ein Meeting für alle Mitglieder Ihrer Abteilung an und laden Sie den vorgesetzten Weichei-Manager ein, dort etwas zu sagen. Lassen Sie zuvor durchsickern, dass der Weichei-Manager das Team in Fetzen reißen wollte, Sie es jedoch geschafft haben, ihn davon abzubringen und etwas Motivierendes zu sagen. Ihre Leute werden von Ihrer Fähigkeit, den Drachen zu beruhigen, beeindruckt und von etwas, was »motivierend« sein sollte, aber in Wirklichkeit ziemlich stark formuliert ist, verängstigt sein. So erschaffen Sie Ihren dritten Drachen.

Umgeben von feuerspuckenden Ungeheuern, die regelmäßig große Stücke aus den Leuten reißen, werden Ihre Handlanger gar nicht mehr wissen, wann sie zu arbeiten aufhören sollen, weil sie so in Panik sind. Sie werden ein Überstundenprotokoll haben, von dem Weichei-Chefs nur träumen können. Und wenn Ihre Firma traditionell Überstunden bezahlt (ein törichtes und närrisches Arrangement), können Sie einfach Ihre Drachen zur Rechtfertigung erheben, dies nicht länger zu tun.

> **Umgeben von feuerspuckenden Ungeheuern, die regelmäßig große Stücke aus den Leuten reißen, werden Ihre Handlanger gar nicht mehr wissen, wann sie zu arbeiten aufhören sollen, weil sie so in Panik sind.**

Nun ist es möglich, dass einer der oben genannten Drachen bei Ihnen nicht immer funktioniert. Sie haben vielleicht keinen glaubwürdigen externen Konkurrenten (wenn Sie z. B. bei der NASA arbeiten) oder sind der CEO und können sich auf keinen übergeordneten Drachen berufen. In diesem Fall sollten Sie sich die folgenden potenziellen Drachen ansehen, mit denen Sie arbeiten können:

▶ Veränderungen und Entlassungen: Hier gehen wir zurück auf Kapitel 2 und unsere Lektionen über Unsicherheit. Das ist bei einem sinkenden Markt ein besonders schmerzhafter Drache, den Sie durch regelmäßig Runden organisatorischer Umstrukturierungen am Leben und in Feuer gebadet halten können.

▶ Furcht vor Versagen: Ein subtiler Drache ist es, mit dem wir es hier zu tun haben, aber es ist durchaus möglich, die inneren Drachen der Leute als nützliche Motivation einzusetzen. Das ist ein Eins-zu-eins-Ansatz, der bei besonders ärgerlichen Individuen zum Einsatz kommt. Bringen Sie sie auf täglicher Basis zum Nachdenken über ihre Misserfolge und schauen Sie, ob das funktioniert, um sie ein bisschen auf Trab zu bringen.

▶ Gehaltskürzungen: Entweder in Form eines Einfrierens des Gehalts oder als tatsächliche Kürzung – beides ist eine ungeheuer effektive Methode, die Leute zu ermutigen, ihre Anstrengungen zu verdoppeln.

Hoffentlich beginnen Sie nun zu sehen, dass das Ausmaß der Ihnen zur Verfügung stehenden Drachen recht signifikant ist. Aber denken Sie daran: Der wichtigste Drache sind Sie selbst. Sie können nicht überall um sich her Drachen auf den Plan rufen und selbst zuckersüß sein. Ihr eigener innerer Drache sollte Ihr Hauptfokus bleiben.

Manche Weichei-Chefs mögen sagen, dass es negativ ist, sich nur auf Drachen zu konzentrieren, und dass wir stattdessen versuchen sollten, erstrebenswerte, motivierende Ziele für unsere Angestellten zu finden, auf die sie sich zubewegen können. Mittlerweile werden Sie gegenüber solcher Geistesschwäche bereits wachsam sein. Wenn die damit durchkämen, würden sie eine schlecht definierte Prinzessin erschaffen, sie in einem dichten, metaphorischen Wald verstecken und zusehen, wie ihre Leute darum kämpfen, ihre Anstrengungen zu ihrer Auffindung zu koordinieren. Wir dagegen sind einsichtigere, ergebnisorientiertere Chefs. Wir wissen die bewusstseinsverändernde Unfähigkeit unserer kretinhaften Handlanger zu schätzen.

Statt sich unsere Leute im Wald abmühen zu lassen, erzeugen wir klare, wohlartikulierte und formidabel formulierte Drachen. Diese Drachen machen es für unsere Untergebenen äußerst leicht zu verstehen, was sie tun müssen, um am Leben zu bleiben. Wir erwarten nicht von unseren Leuten, dass sie auf der Suche nach einer Prinzessin auf vernünftige Weise proaktiv werden, sondern vielmehr, dass sie frenetisch reaktiv werden, um die Drachen zu vermeiden.

Wir tun das, weil uns etwas am Herzen liegt. Unsere Beförderung, unser finanzieller Erfolg und das In-den-Arsch-Treten von Weichei-Chefs, all das liegt uns am Herzen. Aber hauptsächlich tun wir das alles, weil wir das menschliche Verhalten verstehen und wissen, dass man sich nicht darauf verlassen kann, dass die Leute hinsichtlich ihrer Arbeit vernünftige Entscheidungen treffen. Die Leute sind faul und nutzlos. Deshalb müssen wir die richtige Anreiz-Struktur schaffen, damit etwas erledigt wird. Und zwar schnell.

> **Die Leute sind faul und nutzlos. Deshalb müssen wir die richtige Anreiz-Struktur schaffen, damit etwas erledigt wird. Und zwar schnell.**

In Kapitel 7 haben wir herausgefunden, wie sich sicherstellen lässt, dass die Leute, die für Sie arbeiten, Sie niemals absetzen können. Das erreichen wir, indem wir sie leiden lassen. Einer der potenziellen Nachteile an dieser Methode besteht in einem gewissen Mangel an Elan, der aus einem völligen Mangel an Engagement bei der Arbeit resultiert.

Als Tyrannen geraten wir nicht in Panik, wenn unsere Leute den Eindruck erwecken, wenig Lust zu haben, für uns zu arbeiten, wir spielen einfach ein wenig mit dem Motivationsrahmen der Firma herum. In diesem Kapitel ging es darum, wie sich das mit größtmöglichem Effekt bewerkstelligen lässt. Ich hoffe, dass Sie mittlerweile die Tatsache zu würdigen wissen, dass selbst der am meisten isolierte, suizidalste, deprimierteste und nutzloseste Angestellte dazu bewegt werden kann, sich für Ihre nächste große Beförderung anzustrengen. Denken Sie an die folgenden beiden tyrannischen Wahrheiten über Motivation, und Sie können kaum danebenhauen:

1. Das beste Zuckerbrot ist die Abwesenheit der besten Peitsche. Formulieren Sie die beste Peitsche (denken Sie an Arbeiter, Softies und Raffinierte), drohen Sie mit ihrem Einsatz und sehen Sie zu, wie die Leistungen nach oben schnellen.
2. Peitsche funktioniert besser als Zuckerbrot. Konzentrieren Sie sich auf Drachen und ignorieren Sie Prinzessinnen. Denken Sie an das Gesetz der drei Drachen.

Kapitel 7 und 8 dieses Buches werden, geschickt kombiniert, dafür sorgen, dass Sie ein Team geistloser, ungefährlicher Handlanger befehligen, das frenetisch auf Ihre zukünftige Verherrlichung hinarbeitet. Mehr kann man sich eigentlich nicht wünschen, oder?
    Oder?

Kapitel 8 – Lektionen in Tyrannei

▶ Tyrannen gleichen das Zermürben der Moral ihrer Untergebenen aus, indem sie einen frenetischen Grad wohlgezielter Aktivität aufrechterhalten.

▶ Im Spiel von Zuckerbrot und Peitsche gewinnt stets die Peitsche. Die Leute bewegen sich schneller von etwas Unangenehmen weg, als sie sich auf Angenehmes zubewegen.

▶ Das beste Zuckerbrot ist die Abwesenheit der besten Peitsche. Finden Sie heraus, was Ihre Angestellten wirklich schätzen, und drohen Sie damit, ihnen genau das wegzunehmen.

> ▶ Kategorie eins: Die *Arbeiter* mögen klare Ziele, die eine Herausforderung für sie bedeuten. Drohen Sie, jegliches Ziel, das Sie geschaffen haben, zu revidieren. Wedeln Sie mit dem falschen Zuckerbrot einer Beförderung vor ihrer Nase herum, um für Jahre über Jahre wütenden Fleißes zu sorgen.

> ▶ Kategorie zwei: Die *Softies* mögen Harmonie im Team und sinnvolle Beziehungen (was auch immer das sein mag). Drohen Sie damit, sie in Wettbewerb gegeneinander zu setzen, sie allein arbeiten zu lassen oder Entlassungen vorzunehmen, und sehen Sie zu, wie die Arbeitsraten in die Höhe schießen. Wenn das nichts hilft, erschießen Sie ein Rehkitz.

> ▶ Kategorie drei: Die *Raffinierten* arbeiten gern an hochkarätigen Projekten mit mehreren Vorgesetzten. Drohen Sie damit, sie ins Gulag der Projekte zu versetzen oder einen ihnen zuvor übertragenen »Sonder«-Beraterstatus abzuerkennen. Belohnen Sie sie mit bedeutungslosen Änderungen in ihrem Titel, sodass sie sich höherrangiger und exekutiver fühlen, geben Sie ihnen eine größere Topfpflanze, und sie werden sich den Arsch aufreißen.

▶ Im Land der Drachen und Prinzessinnen wird ein tapferer Prinz eher wegen eines Drachen herumrennen, d. h. ein Horrorszenario wird zu mehr fokussierter Aktivität führen als die meisten glatt geschliffenen Inspirationsvisionen.

▶ Drachen heißen selten Simon. Oder Notker.

▶ Um ein wirklich furioses Level von Aktivität zu erzeugen, brauchen Sie mindestens drei Drachen. Diese werden Ihren Angestellten das nötige Maß an Furcht und Schrecken einflößen.

▶ Sie selbst sind der wichtigste Drache, den Sie je besitzen werden. Behalten Sie die neun Lektionen zu effektivem Drachentum im Kopf: Lautstärke, Variation, fluchen, nah herangehen, physisch werden, ein bisschen spucken, groß werden, Dramatik, rot werden.

▶ Die Konkurrenz, Ihr Boss, Veränderungen, Entlassungen, Gehaltskürzungen und die Angst vor dem Versagen sind alles exzellente Drachen, die Sie mit Ihrem eigenen inneren Drachen kombinieren können.

Es ist nicht genug, als Tyrann das Gefühl von Engagement und Selbstwert bei Ihren Angestellten zu Staub zu zermalmen. Das ist durchaus wichtig. Aber genauso wichtig ist es, sie in einem beständigen Zustand angstgetriebener, frenetischer Aktivität zu halten. Dafür braucht es Peitschen und Drachen.

Von der Macht und ihrem Missbrauch

Es gibt zwei Kategorien von Menschen. Die einen arbeiten hart und haben bislang sorgfältig jedes Kapitel in diesem Buch durchgelesen. Das sind auch genau die Leute, die, sobald sie heimkommen, ihre Arbeitskleidung aufhängen, aufräumen, während sie kochen und sich To-do-Listen schreiben. Das sind die peniblen Menschen. Gegen penible Menschen ist nichts einzuwenden, viele Tyrannen waren Pedanten.

Und dann sind da noch jene, die direkt zu diesem Kapitel gesprungen sind, um sich Anregungen zu holen, wie man Leute fertigmachen kann. Ich mag euch, Leute, ihr seid optimistisch und ein bisschen schludrig.

Doch in diesem Ansatz birgt sich ein Problem, und ich fürchte, die Pedanten werden sich ins Fäustchen lachen, wenn ich das sage. Denn wenn man Macht missbrauchen will, muss man sie erst einmal haben. Und wenn Sie die ersten acht Kapitel nicht gelesen haben, werden Sie ziemlich damit kämpfen, eine hinreichend tyrannische Machtbasis aufzubauen, die Sie dann der Länge und Breite nach missbrauchen können. Also, Ihr Optimisten, es ist Zeit umzudrehen, ein paar Kapitel zurückzugehen und die Schnelllesefähigkeiten aufzupolieren. Und an alle, die hart gearbeitet haben, um zu diesem Punkt zu gelangen: Lesen Sie weiter. Sie sind im Begriff, den dunkelsten, manipulativsten Bereich der Tyrannei kennenzulernen.

Für uns zutiefst tyrannisch veranlagte Typen ist es nicht genug, das Selbstwertgefühl unserer Angestellten auf das niedrigstmögliche Niveau herunterzumahlen, um jeden Gedanken an Rebellion zu verhindern. Es ist uns nicht genug, psychologisch gezielte Peitschen und diverse Drachen einzusetzen, um eine frenetische, fokussierte Aktivität zu erzeugen, die normalerweise Kriegszeiten vorbehalten ist. Nein. Wir wollen mehr.

Nachdem wir die perfekte Umgebung für unseren tyrannischen Führungsstil geschaffen haben, wollen wir dies nun *voll* ausnutzen. Manche von Ihnen werden wissen, was ich meine, und einen Instinkt dafür haben, worauf dieses Kapitel abzielt. Manche von Ihnen missbrauchen vielleicht schon die Macht, die sie haben. Andere sind vielleicht von den Vorschlägen schockiert, die das folgende Kapitel enthält. Daran ist Ihr inneres Weichei schuld. Geben Sie nicht nach, denn wenn Sie erst einmal angefangen haben, einige der Lektionen in die Tat umzusetzen, ist Ihr inneres Weichei ein für alle Mal verbannt.

> Nachdem wir die perfekte Umgebung für unseren tyrannischen Führungsstil geschaffen haben, wollen wir dies nun voll ausnutzen.

Wenden wir uns zuerst der Frage des Geldes zu. Zunächst einmal ist die Wahrscheinlichkeit groß, dass Sie mehr verdienen als Ihre Handlanger. Das ist nur recht und billig. Sie haben eine wichtigere, übergeordnete Rolle mit zusätzlicher Verantwortung und scheinen fähiger als Ihre Mitarbeiter zu sein. Ihre Rolle ist die schwierigste. Alles, was Ihre Handlanger zu tun haben, ist ihr eigener Job, wohingegen Sie sämtliche in Kapitel 8 beschriebenen Anstrengungen unternehmen müssen, um Leistung sicherzustellen.

Es ist nur angemessen, dass das Unternehmen Ihnen deutlich mehr zahlt als denen, aber sollte das nicht noch weiter gehen? Ganz bestimmt sind doch die Leute, die am meisten von Ihrer Führung profitieren, Ihre Handlanger. Denken Sie daran, dass es bei Tyrannei um Ergebnisse geht – Ihre Untergebenen können sich in dem von Ihnen abstrahlenden Glanz baden, wenn Ziel um Ziel erreicht und überboten wird.

Die Zeit und Mühe, die Sie in Ihr Tyrannentum investieren, wird Ihnen am direktesten zugutekommen. Aber auch Ihre Handlanger profitieren davon. Das wird zu dem Zeitpunkt deutlich, wenn Sie die Boni verteilen. Da Sie sämtliche Ratschläge in diesem Buch sorgfältig gelesen haben, haben Sie ein Rekordlevel an Aktivität erzeugt. Ein Gutteil davon wird nutzlos gewesen sein, eine monotone Beschäftigungstherapie, die auf den Aufbau eines gigantischen Imperiums zielt, welches Ihr immens aufgeblasenes Vergütungspaket rechtfertigt. Einiges jedoch wird sorgfältig auf das Erreichen von Ergebnissen ausgerichtet sein. Dass Sie dafür Ihre dämlichen Handlanger erbarmungslos psychologisch manipuliert haben, macht es nur noch besser.

Das Endergebnis ist ein riesiger Bonuspool. Nun steht eine Serie von Berechnungen an, wer was bekommt. In Organisationen mit Weicheiern an der Spitze werden diese tatsächlich durchgeführt, die Leute bekommen ihren Bonus, der Champagnerkonsum steigt leicht, und dann fängt der alltägliche Betrieb wieder an. Dieses System richtet sich nach einem Prinzip, das besagt: *Jeder Einzelne soll einen Betrag erhalten, der in angemessenem Verhältnis zu seiner Leistung steht.*

Nun erkennen Sie hoffentlich durch Ihre neu erworbene Tyrannenlinse die widerliche Ungerechtigkeit dieser Situation. Das Problem liegt in der Formulierung »in angemessenem Verhältnis zu seiner Leistung«. Über wessen Leistungen reden wir hier? Der Einzelne hat vielleicht etwas Schweres gehoben, aber wer hat die Peitsche knallen lassen? Kehren wir zu unserer Lektion über die Theorie von Zuckerbrot und Peitsche zurück: Erinnern wir uns, dass die Peitsche stets über das Zuckerbrot triumphiert, wenn man jemanden dazu bringen will, etwas zu tun. Der Bonus ist in diesem Fall das Zuckerbrot. Das einzige Zuckerbrot im Jahr, auf das sich ein Angestellter freuen kann.

Sie dagegen haben das ganze Jahr über erbarmungslos und regelmäßig die Peitsche geschwungen, um die optimale Leistung zu generieren. Ist es fair, dass diese Leute mit ihrem gesamten Bonus nach Hause gehen, wenn sie ohne Sie überhaupt keinen bekommen hätten? Der Bonus motiviert wohl allenfalls 10 Prozent bis 20 Prozent ihrer Leistung, wohingegen Ihre gediegene Arbeit zu wesentlich mehr geführt hat. Da ist es doch nur gerecht, dass Sie in der Welt der Tyrannen für diese Anstrengungen auch belohnt werden. Sehen Sie es als Abgabe oder Steuer auf den Bonus der Leute.

Auf sich allein gestellt hätten Ihre Mitarbeiter die Vorgaben vermutlich nicht erreicht und gar keinen Bonus bekommen. Dank Ihrer Hilfe und Führung haben Sie das Ziel zerschmettert und können deshalb eine Belohnung erwarten. Eigentlich sollten sie Ihnen ihren gesamten Bonus geben, um ihren Respekt und ihre Dankbarkeit zum Ausdruck zu bringen. Das scheinen allerdings wenige Angestellte für eine gute Idee zu halten. Zielen Sie deshalb auf etwas Bescheideneres ab. Unter den gegebenen Umständen wären 80 Prozent angemessen. Wenn Sie 80 % des Bonus Ihrer Angestellten einstreichen, sollte das einen deutlichen finanziellen Anreiz für Sie bedeuten und Ihre Tyrannei auf neue Höhen treiben. Denn dies ist nur dann wirklich möglich, wenn Sie die richtigen Bedingungen für Angst und absolute Kontrolle geschaffen haben.

Auch die Firma hat von diesem Verhalten einiges zu erwarten, denn mehr Tyrannei bedeutet mehr Ergebnisse – also verliert hier keiner wirklich, es ist eine Win-win-Situation. Es ist jedoch nicht leicht, 80 Prozent vom Bonus Ihrer Angestellten abzuzapfen, insofern seien hier einige praktische Hinweise präsentiert:

▶ Sagen Sie kein Sterbenswörtchen zum Personalleiter: Wenn man dort nicht ungeheuer fortschrittlich eingestellt ist, wird man mit einer solchen Politik nichts anfangen können und stattdessen (irrtümlicherweise) glauben, dass einem Angestellten 100 Prozent seines Bonus ausgezahlt werden sollten.

▶ Stellen Sie die Angestellten vor die Wahl: Entweder Sie bekommen (a) den größtmöglichen Bonus, von dem sie 80 Prozent an Sie abführen müssen, oder (b) gar keinen. Wenn Sie sich für a entscheiden, ist alles in bester Ordnung. Wenn sie sich für b entscheiden, dann feuern Sie sie wegen mickriger Leistungen. Das lässt sich leicht verkaufen, da in den Unterlagen stehen wird, dass sie keinen Bonus bekommen haben. In einem solchen Setting entscheiden sich die meisten Angestellten höchstwahrscheinlich für a.

▶ Halten Sie es inoffiziell: Schreiben Sie nichts auf und lassen Sie auf keinen Fall zu, dass sich jemand in Richtung Personalbüro davonschleicht, um dort zu erfragen, wie er 80 Prozent von seinem Bonus an seinen Boss weiterleiten kann. Arrangieren Sie stattdessen ein Treffen in einer aufgegebenen Lagerhalle oder Fabrik spätnachts und lassen Sie sich das Geld in bar geben. So wird niemand Verdacht schöpfen. Diese Heimlichtuerei macht obendrein Spaß, verstärkt in Ihren Angestellten das Gefühl von Angst und Respekt Ihnen gegenüber und verschafft ihnen eine Nacht auf Achse in einer Gegend der Stadt, die sie zuvor vermutlich noch nicht gesehen haben.

▶ Bei Nichtzahlung fahren Sie eine Null-Toleranz-Politik: Wenn jemand nicht auftaucht, um das Geld rüberwachsen zu lassen, oder wegen der Summe Sperenzchen macht, lassen Sie ihm in die Kniescheibe schießen.

Wenn Sie sich diesen Ansatz zu eigen machen, gibt es keinen Grund, warum Sie nicht in der Lage sein sollten, Ihren jährlichen Verdienst um bis zu 50 Prozent zu erhöhen. Oder sogar um mehr, falls Sie in einer Bank arbeiten. Doch bei dieser Methode sind nur Ihre direkten Untergebenen abgedeckt, die Leute, die unmittelbar für Sie arbeiten.

Je tyrannischer Sie werden, desto weiter werden Sie aufsteigen und es daher mit einer zunehmend komplexen Organisation unter sich zu tun haben. Sie werden sich nicht länger mit jedem einzeln treffen können, um sich den Bonus abzuholen. Doch fürchten Sie nichts, diese Erträge gehen Ihnen nicht verloren. Sie werden ein System der Bonuserhebung brauchen, das sich über die gesamte Organisation erstreckt.

Als Daumenregel lässt sich angeben, dass Sie darauf hinzielen können, sich 40 Prozent bis 50 Prozent der Bonusse der niedrigstrangigen Mitglieder der Organisation in irgendeiner dunklen

Gasse auszahlen zu lassen. Das bedeutet, dass Ihre direkten Untergebenen einen Weg finden müssen, die ausreichende Summe aufzubringen, ohne dass zu viel an »Bearbeitungsgebühren« weiter unten in der Kette verloren geht. Bei einer großen Firma sollte das Ihre Vergütung um einige Hundert Prozent erhöhen, Ihnen einen raketenartigen Schub Richtung Ruhestand, Reichtümer und einem Leben in Dekadenz und Luxus bescheren. Das meine ich, wenn ich davon spreche, die Situation *voll* auszunutzen. Wenn Sie schon all die Anstrengungen unternommen haben, um zu maximaler Tyrannei zu gelangen, warum sollten Sie dann nicht ein paar der Früchte ernten? Denken Sie jedoch nicht, das würde bei Geld aufhören, man kann durch Machtmissbrauch noch wesentlich mehr erreichen als Reichtum.

Macht ist ein Aphrodisiakum. Je schrecklicher Sie werden, desto mächtiger werden Sie sein und daher umso unwiderstehlicher. Es spielt keine Rolle, dass Sie 55, übergewichtig, hässlich und verschwitzt sind und Ihre Körperhygiene mangelhaft ist. In den Augen Ihrer Handlanger sind Sie ein Halbgott. Und bloße Sterbliche träumen davon, mit Göttern zu schlafen. Dabei handelt es sich nicht so sehr um eine Gelegenheit, die kraft Ihrer Tyrannei entsteht, sondern eher um die Verpflichtung, Ihre Handlanger auf eine göttliche Ebene zu erhöhen. Dies wird nur durch enge persönliche Kommunion mit jemandem möglich, der so mächtig und Ehrfurcht gebietend ist wie Sie.

Sehen Sie es als eine Aufgabe, die Sie einfach gern gründlich und pedantisch genau erledigen. Wieder einmal werden die nervigen Jammerlappen in der Personalabteilung das in einem anderen Licht sehen als Sie, und Sie werden aufpassen müssen, nicht als sexueller Missetäter abgestempelt zu werden. Das macht sich weder im Lebenslauf noch auf dem Weg nach oben gut. Also müssen Sie umsichtig und subtil zuwege gehen, wenn Sie sich sexuelle Gefälligkeiten der Untertanen in Ihrem Reich sichern wollen, die Sie begehren.

> Es spielt keine Rolle, dass Sie 55, übergewichtig, hässlich und verschwitzt sind und Ihre Körperhygiene mangelhaft ist. In den Augen Ihrer Handlanger sind Sie ein Halbgott.

In der guten alten Zeit galt das als normal, gesund und lustig. Der römische Kaiser Caligula trieb das ins Extreme und schlief zwischen den Gängen üppiger Bankette, die er in seiner Villa abhielt, mit Gästen, die ihm gefielen. Wenn sich die Ehemänner der Damen beschwerten, ließ er sie einfach töten. Ah, die gute alte Zeit! Heute sind wir bei dergleichen erheblich zimperlicher geworden. Ob Sie nun männlich, weiblich, hetero, homo oder bi sind, Sie müssen nur ein klein wenig subtiler sein als Caligula, wenn Sie einen Prozess vermeiden wollen.

Zunächst wählen Sie Ihr Ziel aus. Es sollte jemand aus den unteren Rängen sein, idealerweise jemand, der in der Management-Hierarchie mehrere Ebenen unter Ihnen steht. Schulabgänger sind geeignete Ziele, schließlich sind sie jung, ganz unten und erpicht auf ihr Vorankommen. Außerdem haben sie vermutlich keine starken Netzwerke in der Geschäftswelt, die es Ihnen erschweren könnten, mit einem sexuellen Übergriff durchzukommen. Im Idealfall sind sie klug, begeistert, enthusiastisch und vor allem naiv. Wir nennen unser Ziel Sam, ein guter, nicht geschlechtsspezifischer Name, um auf den Punkt hinzuweisen, dass dies ein Spiel ist, das sowohl für männliche als auch für weibliche Tyrannen funktioniert.

Bei einem Firmentreffen oder einem Betriebsausflug stellen Sie sich Sam vor. Seien Sie warmherzig, freundlich und einladend, heißen Sie ihn/sie im Team willkommen und erkundigen Sie sich, wie es ihm/ihr in der Abteilung gefällt. Setzen Sie es sich zum Ziel, bei Sam den Eindruck zu hinterlassen, dass, egal, was jedermann sonst sagen mag, Sie in seinen/ihren Augen ein netter Mensch sind. Pflanzen Sie Sam den Gedanken ein, dass an ihm/ihr etwas so besonders ist, dass es Ihre tyrannischen Wogen zu glätten vermag. Ihre nächste Aufgabe besteht nun darin herauszufinden, was er/sie tut und woran er/sie interessiert ist. Wenn Sie einen solchen Grad an Aufmerksamkeit an einem Angestellten zeigen, wird sich das für Sie natürlich seltsam und unnatürlich anfühlen, und das zu Recht. Sie müssen jedoch nur das absolute Minimum über Sam herausfinden, sodass Sie später das richtige Projekt schaffen können, an dem Sie Sam beteiligen. Drücken Sie Sam die Hand und bringen Sie die Hoffnung zum Ausdruck, bald wieder mit ihm/ihr zu arbeiten, bevor Sie aufbrechen, um ein paar Manager in Hörweite anzupfeifen, die wesentlich höherrangiger sind als Ihr Protegé.

Sam wird beben vor Aufregung, wenn diese Begegnung vorüber ist. »Der alte Drachen ist doch gar nicht so schlimm«, wird er seinen Kollegen sagen, die verwundert die Augenbrauen heben werden. Lächeln und nicken Sie immer, wenn Sie ihn/sie sehen – ein sorgfältig platziertes verschwörerisches Augenzwinkern hie und da kann auch nicht schaden. Zu diesem Zeitpunkt wird sich bei Sam schon der Eindruck geformt haben, dass Sie ein äußerst guter, liebenswürdiger Chef sind, der jedoch leider von Idioten und Dusseln umgeben ist.

> **Wenn Sie einen solchen Grad an Aufmerksamkeit an einem Angestellten zeigen, wird sich das für Sie natürlich seltsam und unnatürlich anfühlen, und das zu Recht.**

Ihre nächste Aufgabe sieht nun so aus, dass Sie ein triviales, aber großkotzig betiteltes Projekt ins Leben rufen, bei dem Sie Hilfe brauchen. Es sollte sich dabei eher um etwas Diagnostisches als etwas Angewandtes handeln, sodass Sam nichts Bedeutsames vermasseln kann. Lassen Sie gegenüber Ihren direkten Untergebenen ein paar Hinweise fallen, dass Sie an diesem Projekt interessiert sind, aber stellen Sie keine spezifischen Forderungen. Mittlerweile werden die so daran gewöhnt sein, dass Sie jede Bewegung dirigieren, dass Sie ihnen proaktiv nichts mehr liefern. Dadurch wird es vernünftig aussehen, wenn von Ihnen ein richtiger Anschiss kommt, bei dem Sie sich beschweren, dass niemals jemand auf das hört, was Sie wirklich wollen, und erklären, dass Sie einem Spezialprojekt »einen hellen jungen Kopf« zuteilen werden, der sich ansehen soll, »wie die Dinge hier laufen«.

Deuten Sie an, dass dieser helle junge Kopf Ihren etablierten direkten Untergebenen ein hartes Rennen liefern wird. Jetzt haben Sie die perfekte Umgebung geschaffen, in die Sie Ihr Ziel locken müssen. Sam ist bei den anderen Leuten, die direkt mit

Ihnen arbeiten, unbeliebt, hat keine Verbindung zu ihnen und keine Unterstützung von ihnen zu erwarten, also wird er/sie sich direkt an Sie wenden, um Unterstützung und Beistand zu bekommen.

Nun müssen Sie in der Hierarchie der Organisation nach unten gehen und sich an Sams direkten Vorgesetzten wenden. Idealerweise steht diese Person ebenfalls ein paar Ebenen unter Ihnen. Laden Sie sie zum Essen ein und verwickeln Sie sie in ein Gespräch über das Projekt und die Ergebnisse. Beschreiben Sie Ihre Frustration darüber, dass es Ihnen an jemandem mit einem frischen Blick auf das Problem fehlt. Erklären Sie, dass Sie Sams Vorgesetzten bitten würden, in diese Rolle zu schlüpfen, er aber eine zu entscheidende Rolle auf ihrem momentanen Posten spiele. Wenn doch nur jemand in seinem Team wäre, den er fragen könnte.

Erklären Sie, dass Sie neulich bei einer Konferenz einem jungen, hellen Kopf namens Sam begegnet sind. Sam schien die Art von Mensch zu sein, die es für diese Sache brauche – ob er/sie zufällig bei ihm arbeite? Natürlich wird der Manager an diesem Punkte eine Verbindung zwischen dem Projekt und einer dunklen Erinnerung, dass Sam an etwas Ähnlichem interessiert war, hergestellt haben. Das scheint perfekt zu passen! Sie bringen Ihre Dankbarkeit für seine Hilfe zum Ausdruck, indem Sie dafür sorgen, dass ein kleiner Bonus seinen Weg hinunter zum Gehaltsscheck von Sams Vorgesetztem findet. Und nun gehört Sam Ihnen, Sie können mit ihm/ihr verfahren, wie es Ihnen beliebt …

Natürlich wissen Sie, dass das Projekt, dem Sie Sam zugeteilt haben, kompletter Müll ist, aber davon weiß Sam ja nichts. Gute Projekte sind etwa:

▸ Überholung des Ausgaben-Systems.
▸ Analyse der Grundursachen für niedrige Kundenzufriedenheit.
▸ Was soll wegen der Rückstände geschehen?
▸ Netzwerk-Infrastruktur-Strategien.

All das sind Dinge, die niemanden wirklich kümmern, aber ihm/ ihr zahlreiche lange und weitschweifige Konversationen mit diversen gereizten Projektbeteiligten aufzwingen werden. Geben Sie Sam großzügige drei Monate Zeit herumzuwühlen und zu schauen, was er/sie herauskriegen kann, um es dann Ihnen privat zu berichten. Lassen Sie ihn/sie in der Nähe Ihres Büros sitzen, sodass er die tyrannischen Taten, an denen Sie sich ergötzen, hören und sehen kann. Er/sie muss erleben, dass Sie anderen gegenüber tyrannisch sind, um den Kontrast zu dem Licht und der Süße, die Sie ihm/ihr gegenüber verkörpern, zu erleben.

Da Sie für Sam eine wenig optimale Arbeitssituation erzeugt haben, wird er/sie die Interviews mit den Projektbeteiligten als schwierig und entmutigend erleben, wobei viele der höherrangigen Manager in der Abteilung ihm/ihr gegenüber offene Animosität zum Ausdruck bringen. Er/sie wird sich isoliert fühlen und verwirrt und besorgt sein. Er/sie wird sich auch darüber im Klaren sein, dass Sie sehr, sehr beschäftigt sind und womöglich nur direkt am Ende eines Arbeitstages helfen können, vielleicht so gegen 19:00 Uhr.

Schlagen Sie an diesem Punkt vor, das Meeting in eine Bar oder ein Pub zu verlegen, um etwas zu trinken. Versichern Sie ihm/ihr, dass er/sie tolle Arbeit leistet, und hören Sie sich aufmerksam seine/ihre idiotischen Erkenntnisse an. Lächeln und nicken Sie dabei fortwährend. Bitten Sie ihn/sie um Vorschläge, was man anders machen könnte, und machen Sie sich ein paar Notizen oder rufen Sie kurz bei ein paar Leuten an, um für etwas Wirbel zu sorgen (das lässt sich später immer noch rückgängig machen). So gegen 20:00 Uhr werden sowohl Sie als auch Sam hungrig sein, aber statt einfach nach Hause zu fahren, schlagen Sie vor, auf dem Weg noch einen Happen essen zu gehen. Sam wird von Ihrer Einladung begeistert sein. Hier macht sich dann ein wenig vorausschauende Planung bezahlt. Ein paar Tage zuvor haben Sie einen Tisch in einem äußerst exklusiven und teuren Restaurant reserviert, idealerweise in einem, wo man Sie kennt. Fragen Sie Sam um 20:00 Uhr, ob er/sie französisches Essen mag, und sagen Sie dann,

Sie werden sehen, ob Sie einen Tisch in diesem Laden mit Michelin-Stern um die Ecke kriegen können. Tun Sie so, als würden Sie telefonieren, um zu erfahren, ob ein Tisch zu haben ist, obwohl Sie in Wirklichkeit schon einen haben. Schleppen Sie Sam in besagtes Restaurant. Und wenn Sie für das, was als Nächstes kommt, Händchen halten müssen, dann bin ich der Verzweiflung nahe. Bestellen Sie einfach genug Wein und sorgen Sie dafür, dass Ihr Ehepartner (so Sie einen haben) denkt, Sie seien auf irgendeiner Konferenz.

Danach besteht der Trick darin zu wissen, wann Sie die Beziehung beenden müssen. Ein paar Monate sind das zeitliche Maximum, eine derartige Affäre aufrechtzuerhalten. Der Reiz des Neuen wird sich abnutzen und Sie werden das Bedürfnis spüren, zu neuen Weiden aufzubrechen. Wenn Sam irgendwelche Anzeichen erkennen lässt, schwierig oder aufmüpfig zu werden, beenden Sie die Beziehung sofort. Das bedeutet natürlich auch, Sams Karriere innerhalb der Firma zu terminieren. Es ist gefährlich, Ex-Sams im Unternehmen umherwandern zu lassen.

Jedermann sonst wird Sam schnell vergessen, aber nicht, wenn er/sie immer noch irgendwo herumhängt. Außerdem wird es peinlich und unangenehm, wenn sich erst einmal Sam-»Rückstau« gebildet hat. Stellen Sie sich vor, Sie hätten acht oder zehn davon in Ihrer Firma. Das wird dann doch ein wenig offensichtlich.

Sie müssen sich Ihrer Sams entledigen, sobald sie uninteressant geworden sind.

Nein, Sie müssen sich Ihrer Sams entledigen, sobald sie uninteressant geworden sind, und Sie müssen sich auf ein paar Sams pro Jahr beschränken, sonst riskieren Sie, dass man Ihnen auf die Schliche kommt.

Wir haben uns also angesehen, wie sich ein angemessener Prozentsatz der Bonusse Ihrer Angestellten aufs eigene Bankkonto befördern lässt, und wir haben ausgearbeitet, wie Sie Ihre Macht und Ihr Tyrannentum einsetzen können, um Sam ins Bett zu kriegen. Gibt es noch mehr, wozu wir den Berg an Macht, den Sie sorgfältig aufgebaut haben, missbrauchen können? Natürlich!

Eine offensichtliche Art, Ihre neu gewonnene Macht zu missbrauchen, ist das Spesensystem der Firma. Damit werden normalerweise Flüge, Hotelzimmer, Zugfahrkarten, Konferenzen etc. gebucht, die mit dem Geschäftsleben einhergehen. Dieses System funktioniert jedoch genauso gut, um Urlaube zu buchen, Arbeiten im eigenen Haus vornehmen zu lassen, mit Familie und Freunden auswärts zu übernachten etc. Dafür müssen Sie herausfinden, ob Ihr Boss Ihre Spesen oder die der Abteilung einer genauen Prüfung unterzieht. Wenn nicht, haben Sie erheblich weniger Arbeit, aber wenn doch, lassen Sie sich nicht entmutigen. Sie können immer noch viel tun. Wenn Ihr Chef ein Pedant ist, der sämtliche Spesen abzeichnen möchte, dann ist das in gewissem Sinne sogar eine Hilfe, da alles, was er abzeichnet, als blütenweiß gelten wird und niemand auf die Idee käme, daran zu deuteln. Um das richtig hinzukriegen, brauchen Sie ein wenig Equipment:

▶ Einen Sündenbock – jemanden, mit dem Sie zusammenarbeiten und der im Falle des Falles als Bauernopfer dient.
▶ Ein gefälschtes, teures Projekt.
▶ Jemanden in der Verwaltung, den Sie bestechen können.

Bilden Sie ein Team für »Spezialprojekte«. Geleitet werden könnte es von einem hochprofilierten Mitglied Ihres Teams, das über eine gewisse Glaubwürdigkeit verfügt. Nehmen Sie sich aber ruhig die Freiheit, das Team ansonsten mit dem größten Haufen von Versagern und Kretins zu bestücken, den Sie auftreiben können. Geben Sie diesem Team die Aufgabe, eine »Firmenstrategie« oder etwas ähnlich Bedeutungsloses zu entwickeln, und lassen Sie sie dann um die Welt fliegen, entweder um Kollegen in anderen Ländern zu besuchen oder, wenn Sie keine haben, um andere Firmen zu besuchen und zu sehen, wie die Dinge auf jungen Märkten gehandhabt werden. Sie müssen ein gesundes, regelmäßiges und hohes Level von Ausgaben für Flüge zu exotischen Ort etablieren. Erklären Sie dem Teamchef, dass Sie sich den Mitarbeitern auf einigen dieser Reisen anschließen wollen. Sie können immer irgendwelchen Müll von der Art »Überprüfung zu Zwecken der Qualitätssicherung« erfinden.

So haben Sie eine Hintergrundsituation ins Rollen gebracht, die den freizügigen Missbrauch von Spesenkonten erleichtert. Alles, was Sie jetzt noch brauchen, ist jemand in der Verwaltung, den Sie bestechen können, und schon sind Sie auf dem Weg zu vielen kostenlosen Luxusurlauben für Sie und Ihre Familie (oder Sie nehmen Sam mit). Den richtigen Typen in der Verwaltung zu finden, sollte nicht allzu schwierig sein, es ist nur eine Frage der Identifikation der richtigen Druckmittel. Halten Sie nach Folgendem Ausschau:

> **Alles, was Sie jetzt noch brauchen, ist jemand in der Verwaltung, den Sie bestechen können, und schon sind Sie auf dem Weg zu vielen kostenlosen Luxusurlauben für Sie und Ihre Familie.**

▶ Einem Chefsekretär oder einer Verwaltungskraft, die wegen schlechter Führung entlassen werden soll. Sie können einschreiten, den Retter spielen und um ein paar Gefallen bitten.

▶ Einem Chefsekretär oder einer Verwaltungskraft, die ganz hoffentlich stinkfaul ist oder einfach nichts Gutes im Schilde führt – diese Leute sind wie Goldstaub und lassen sich für alle möglichen solcher schattigen Aufgaben verwenden.

▶ Einem Chefsekretär oder einer Verwaltungskraft, die eine Affäre mit einem anderen Mitarbeiter hat, aber bereits verheirateter Familienvater ist. Auf so jemanden lässt sich gut Druck ausüben.

▶ Und wenn Sie jemanden in der Verwaltung erwischen, der sein eigenes Spesenkonto manipuliert … dann haben Sie wirklich den Jackpot geknackt!

Sie brauchen diese Verwaltungskraft, damit sie Ihnen hilft, die Flüge und Urlaube unter Verwendung des Spesensystems zu buchen. Da Sie ein hochrangiger Tyrann sind, ist es unter Ihrer Würde, administrative Aufgaben zu erledigen, wie teuflisch sie auch sein mögen. Und wenn Sie ehrlich sind, verstehen Sie nicht, wie das verdammte System funktioniert. Hätte ich auch nicht gedacht. Sorgen Sie dafür, dass die Verwaltungskraft ein kleines Zuckerl für ihre Dienste an Ihrer Person bekommt, aber feuern Sie sie blitzschnell, wenn sie anfängt zu plappern.

Nun kennen Sie ein perfektes Szenario zum Missbrauch des Spesensystems. Doch – vergessen wir nicht unseren Sündenbock – Tyrannen haben stets einen Plan B. Wenn Ihr Boss oder ein lästiger Arbeitsknecht sonst wo in der Firma einen Blick auf die monströs aufgeblähte Spesenrechnung Ihrer Abteilung wirft, brauchen Sie »plausible Bestreitbarkeit«, um unversehrt aus der Sache rauszukommen.

Tatsächlich liegt der Fall hier wie auch sonst im Tyrannengeschäft: Wenn man Ihnen auf die Schliche kommt, erzeugt das neue Gelegenheiten. Wenn Sie das Pfeifensignal hören, dann preschen Sie schnell vor, um jegliches Wissen von diesem schrecklichen Missbrauch des Spesenbudgets der Firma abzustreiten. Bald wird Ihr Sündenbock als derjenige identifiziert, der ein unverantwortlich schlecht verwaltetes Budget managt, er wird aus der Organisation entfernt, und zwar zusammen mit jedermann sonst, der mit dem Projekt in Verbindung stand.

> Da Sie ein hochrangiger Tyrann sind, ist es unter Ihrer Würde, administrative Aufgaben zu erledigen, wie teuflisch sie auch sein mögen.

Ihre Chefs werden Ihnen für derart schnelles und entschlossenes Handeln danken, und Ihre anderen Handlanger werden angesichts solch rücksichtsloser Enthauptungen zittern. Dann bringen Sie ein Spezialprojekt auf den Weg, das die Spesenpolitik- und prozedur untersuchen soll. Und wenn da nur ein frisches Paar junger Augen wäre, das einen unverstellten Blick auf die Situation hat …

Denken Sie daran: Tyrannen geraten nie in Panik. Es ziemt sich nicht und trägt sicherlich nicht zu Ihrem schrecklichen Ruf bei. Tyrannisch zu sein verschafft Ihnen einen ganz neuen Blickwinkel, aus dem Sie die Firma, die Geschäftswelt und Ihre nutzlosen

Handlanger manipulieren können. Im Tyrannentum lautet die Regel: Wenn es gut ist, ist es gut, und wenn es schlecht ist, ist es besser. Ich komme mehr und mehr zu der Einsicht, dass sich in den meisten Scheißhaufen ein Körnchen Gold verbirgt. Es haben nur die wenigsten Leute Lust, danach zu suchen.

Wir haben den Bonusmarkt abgegrast, haben die Schulabgänger-Population in unser Schlafzimmer gelockt und das Spesensystem aufs Übelste missbraucht. Es lässt sich allerdings noch mehr tun, um aus unserer Tyrannei-Investition volles Kapital zu schlagen. Wir haben bereits gesehen, wie Sie mit zunehmender Tyrannei in Ihrer Organisation an Rang und Würden gewinnen.

> **In den meisten Scheißhaufen verbirgt sich ein Körnchen Gold. Es haben nur die wenigsten Leute Lust, danach zu suchen.**

Damit werden zunehmend größere Budgets zur Sicherung von Verträgen und Dienstleistungen von Drittlieferanten in Ihre Einflusssphäre gelangen. Das ist ein harter Job in einer zunehmend konkurrenzgeprägten Welt voller unterschiedlicher Anbieter, die im Grunde genommen alle einen ähnlichen Grad an Service bereitstellen können.

Als Tyrannen sollten wir sofort erkennen, dass wir aus dieser Situation Kapital schlagen können. Immerhin ist es nur fair, wenn diese Lieferanten, die alles zu gewinnen und nichts zu verlieren haben, Ihnen eine Reihe von Dienstleistungen bereitstellen, die Ihren Entscheidungsfindungsprozess erleichtern. Ich würde dazu raten, diese Leute durch die Blume wissen zu lassen, dass jede der folgenden Optionen infrage kommt:

▶ Ausflüge zu prestigeträchtigen Sportevents.
▶ Wein, Urlaube, Yachten, Autos oder Bares.
▶ Ausflüge in Strip-Klubs.
▶ Gelegenheiten, hochrangige Politiker zu treffen.

Sehen Sie zu, wie sie übereinanderkriechen, um Sie mit dem Besten vom Besten zu überschütten, (Ganz offensichtlich gilt: The best things in life are free.) Wenn Sie einmal jemanden nach einer dicken Bestechung mit einem Vertrag belohnt haben, wird sich das herumsprechen und Sie brauchen nur zuzusehen, wie die Gaben zu Ihnen strömen. Diese Situation ist jedoch auf Dauer unhaltbar und die Geschenke kommen nur, wenn es Aufträge zu erteilen gibt.

Wenn Sie an die Grenze gehen wollen, können Sie Verträge auf Grundlage einer monatlichen Zahlung von einem Lieferanten, die auf einem Prozentsatz des Auftragswerts ba-siert, vergeben. Selbst wenn Sie die Liefe-ranten nur dazu kriegen, Ihnen 2 bis 3 Prozent des Auftragswerts, der durch Sie bei denen eingeht, zu zahlen, kann dies recht beträchtliche Ausmaße an-nehmen, sobald Sie anfangen, Budgets von mehreren Millionen Euro zu ver-walten.

> **Wenn Sie einmal jemanden nach einer dicken Bestechung mit einem Vertrag belohnt haben, wird sich das herumsprechen, und Sie brauchen nur zuzu-sehen, wie die Gaben zu Ihnen strömen.**

All diese Zahlungen und Geschenke müssen Sie natürlich auf einem vernünftigen Niveau halten, das von der Kultur des Landes, in dem Sie arbeiten, abhängt. Wenn Sie in einer stark weichei-in-spirierten Kultur (wie etwa Schweden) arbeiten, müssen Sie in der Tat recht vorsichtig sein. Wenn Sie in Westafrika arbeiten, stehen Ihnen glückliche Tage bevor.

Der Trick besteht darin, sich diese Zahlungen und Geschenke *langfristig* zu sichern. Es ist wesentlich besser, sich über Jahre ei-nen kleinen Prozentsatz von Auftragswerten auszahlen zu lassen (Summen, die ein Auftragnehmer packen kann, ohne pleitezuge-hen), als einen großen Prozentanteil, dem irgendein Wichtigtuer in den ersten sechs Monaten auf die Schliche kommt. Lassen Sie die Leute niemals zu viel von Ihrem Ehrgeiz erkennen. Ihr Tyran-nentum muss wie ein Eisberg sein. Das Stück über der Wasserlinie ist Ihr sichtbares Tyrannentum. Es ist in der Tat schrecklich anzu-sehen, gezackt, Furcht einflößend. Die Leute lernen schnell, dass sie, wenn sie dagegenfahren, sich große Löcher in den Schiffswän-den holen und sinken.

Unter der Oberfläche verbergen sich Ihre ganze Kunstfertigkeit und Ihre subtilen Fähigkeiten, Ihre neu erworbene Macht zu missbrauchen (siehe Kapitel 7 und 8). Das ist der Teil, der den Wert der Tyrannei wirklich in die Höhe treibt, es ist das Enderergebnis, der wahre Grund, aus dem wir uns auf den Pfad des Tyrannen gemacht haben. Wir sind Tyrannen, um Macht zu gewinnen, und wir gewinnen Macht, um Sie zu gebrauchen und zu missbrauchen, um die Dinge zu bekommen, die wir wollen.

Zuvor habe ich gesagt, dass für einen Tyrannen gilt: Wenn es gut ist, ist es gut, und wenn es schlecht ist, ist es besser. Diese Regel lässt sich perfekt auf Minderleistungen anwenden. Die meisten Weichei-Chefs geraten ins Schwitzen, wenn ihre Angestellten Minderleistungen erbringen. Nun haben wir als Tyrannen bereits zwei Gründe identifiziert, warum wir das nicht zu tun brauchen:

1. Leute, die Minderleistungen erbringen, sind hervorragend geeignet, um Ihre Organisation auszupolstern. Sie lassen Ihr Imperium größer erscheinen, ohne Ihnen zusätzliche Forderungen hinsichtlich der Suche nach einer sinnvollen Aktivität für sie aufzubürden.

2. Sie haben selten unter Minderleistungen zu leiden, da Sie wissen, wie sich die perfekten Anreize schaffen lassen (z. B. indem Sie den Leuten mit psychologisch gut gezielten Peitschen drohen). Und Sie haben drei furchterregende Drachen, die Ihre Handlanger zu frenetischer, fokussierter Aktivität aufstacheln.

Doch es gibt noch einen dritten Grund, warum chronische, geistbetäubende Minderleistung Sie nicht beunruhigen sollte. Wenn Sie die Peitschen und die Drachen schon ausprobiert haben und sich immer noch keine brauchbaren Ergebnisse einstellen, dann denken Sie zweimal nach, bevor Sie die Leute in das Sibirien-Äquivalent Ihrer Organisation verbannen (Qualitätssicherung, Projektmanagement oder die Personalabteilung sind stets gute Adressen, um Loser loszuwerden).

Leute, die Minderleistungen erbringen, sind hervorragend geeignet, um Ihre Organisation auszupolstern.

Könnte diese Person vielleicht eine andere nützliche Funktion für Sie erfüllen? Wenn sie so nutzlos ist, wie Sie glauben, dann würde sie höchstwahrscheinlich nirgendwo anders einen Job bekommen und weiß es auch. Sie haben also ein Druckmittel für diesen armen Tropf und könnten das zu Ihrem Vorteil verwenden. Für diesen Fall ist es hilfreich, eine Liste mit Aufgaben in der Hinterhand zu haben, die erledigt werden müssen, mit denen Sie sich allerdings nicht die Hände schmutzig machen wollen. Hier die Liste, die sich momentan in meiner obersten Schublade befindet:

1. Krieche in die Kloake unter meinem Haus und säubere das Rohr, das ständig verstopft ist (zu dreckig).
2. Ermorde sämtliche Leute, die mit Reality-TV in Verbindung stehen (zu riskant).
3. Manipuliere meine Steuerrückzahlung (zu langweilig).
4. Heb die Hundescheiße auf (zu stinkig).
5. Eröffne ein Büro in Mauretanien (zu weit weg).
6. Sozialarbeit (zu allergisch auf Kranke oder Arme).

Unsere chronischen Versager könnten sich bei all diesen Aufgaben als praktische Hilfe erweisen. Nehmen wir als Beispiel die letzte. Wir alle würden gern mehr wohltätige Arbeit leisten, es ist gut für die Seele, nur für den unwahrscheinlichen Fall, dass diese religiösen Typen doch recht haben, und es lässt uns großzügig und interessant wirken. Soziale Arbeit macht uns attraktiver für das andere Geschlecht. Zwei gute Gründe also, warum man mehr Sozialarbeit leisten sollte. Doch offenkundig wollen Sie nichts von Ihrer tatsächlichen persönlichen Zeit in diese Sache investieren – nein!

Da kommen Ihre chronischen Versager ins Spiel. Sogar die sollten in der Lage sein, etwas Farbe auf eine Wand zu klatschen oder den Garten eines Rentners aufzuräumen. Sie könnten sogar einen Plan für Ihre Abteilung schmieden, durch den die richtig Nutzlosen auf regelmäßiger Basis zu irgendwelchen Sozialprojekten gekarrt werden. Sie müssen ihnen vielleicht das Gehalt kürzen, um dafür zu sorgen, dass sie die Firma nicht zu viel kosten, doch sie werden das akzeptabel finden, weil sie jetzt im Wesentlichen dafür bezahlt werden, das zu tun, wozu man sonst Kriminelle zwingt, wenn sie wegen kleinerer Straftaten eine Zeit im Gefängnis vermeiden wollen.

So wird Ihre unsterbliche Seele richtig aufpoliert und Sie können den Moralischen raushängen lassen, wann immer Sie wollen. Wenn diesen Leuten dann noch etwas Zeit bleibt, nachdem sie an der Schule vor Ort den Müll aufgesammelt haben, dann lassen Sie sie vorbeikommen und Ihren Hund spazieren führen. Oh, und wenn sie schon dabei sind – haben sie Erfahrung mit Abwassersystemen?

> **So wird Ihre unsterbliche Seele richtig aufpoliert und Sie können sich den Moralischen raushängen lassen, wann immer Sie wollen.**

Als Tyrannen sollten wir mehr Zeit mit Sozialarbeit zubringen. Natürlich nicht aus denselben Gründen wie die Weicheier, aber denken Sie mal an Folgendes: Gemeinnützige Arbeit ist im Allgemeinen eines der steuerlich effektivsten Vehikel, die zur Verteilung von Fonds zur Verfügung stehen. Eine nützliche Art, Ihre neu gefundene Tyrannei zu missbrauchen, ist es, große Geldsummen in einer wohltätigen Organisation mit niedriger Steuerklasse unterzubringen, derer Sie sich zu einem späteren Zeitpunkt wieder bedienen können.

Machen Sie es sich zur Gewohnheit, jedes Jahr eine beträchtliche Summe für einen wohltätigen Zweck zu spenden. Rufen Sie in einem ruhigen Moment selbst eine wohltätige Sache ins Leben (in den meisten Ländern ist das überraschend leicht) und dann lassen Sie Geld an diese wohltätige Organisation fließen. So können Sie in der wohltätigen Organisation einen »Pensionsfonds« unterbringen, den Sie sich später in Ihrem Leben aneignen. Das ist eine Langzeitstrategie, und Sie werden ein paar Zutaten brauchen, damit sie funktioniert:

1. Den gesamten Papierkram einer ehrlichen Wohltätigkeitsorganisation.

2. Einen jährlichen Bericht, der das Einkommen und die Ausgaben dieser Organisation skizziert.
3. Fotos und E-Mails von den dankbaren minderbemittelten Empfängern der Maßnahmen der Organisation.

All das lässt sich natürlich relativ leicht fälschen, obwohl ein guter Buchhalter, zumindest ein guter tyrannischer Buchhalter, den Prozess für Sie deutlich erleichtert. Sorgen Sie dafür, dass die Fotos und E-Mails von den Empfängern der guten Taten Ihrer Organisation den Weg an prominente Orte im Büro finden.

Wenn die Leute in Ihrer Abteilung oder Ihrem Team lauthals zu verkünden anfangen, dass sie ebenfalls mithelfen wollen, müssen Sie vielleicht hin und wieder (vielleicht einmal alle drei Jahre oder so) ein paar Obdachlose bestechen, die notwendigen Rollen zu spielen, um die Illusion einer wohltätigen Organisation, die rege und hart arbeitet, aufrechtzuerhalten. Es besteht kein Grund, warum Ihre Organisation nicht dankbar zwischen 1 Prozent und 3 Prozent der Profite Ihrer Abteilung in Empfang nehmen sollte, vielleicht sogar Ihrer ganzen Firma, wenn Sie es gut verkaufen können.

Nun haben wir gesehen, dass die Gelegenheiten, Macht zu missbrauchen, zahlreich sind. Sie können die Bonusse der Leute einstreichen, mit attraktiven Mitarbeiter(inne)n schlafen, das Spesensystem zu Ihrem Vorteil nutzen und sich von Auftragsnehmern für das Privileg bezahlen lassen, für Ihre Organisation zu arbeiten.

Sie können Ihre Nichtsnutze dazu abstellen, die Drecksarbeit für Sie zu machen, und Attrappen wohltätiger Organisationen bauen, um die Profitmargen Ihrer Firma abzuschöpfen. Wenn Ihnen nur die Hälfte dieser Dinge gelingt, können Sie stolz auf sich sein. Einfach nur in der Lage zu sein, einige dieser Dinge zu tun, ist ein Indikator, dass Sie wahrhaft tyrannisch geworden sind, doch nicht nur das: Sie ergötzen und erfreuen sich voll und ganz an Ihrer Alleinherrschaft.

Der Pfad zur Schreckensherrschaft überschüttet Sie mit den hart erkämpften Früchten eines Eroberers. Tyrannei bringt keine

Lohnzulagen, sondern zahlt sich jetzt zehnfach oder 20-fach aus und ist somit ertragreicher, als es Weichei-Führung je gewesen wäre. An diesem Punkt werden Sie Ihre Weichei-Kollegen sehen und sie als die schniefenden, schwachgeistigen Narren erkennen, die sie sind, weil sie sich ohne Erfüllung oder Erfolg durch ihre bedeutungslosen Leben kämpfen. Richten Sie sich zu Ihrer vollen Größe auf, schauen Sie mit Verachtung auf sie herab und denken Sie über den nächsten Machtmissbrauch nach. Hier ein paar kurze Vorschläge dazu.

> **An diesem Punkt werden Sie Ihre Weichei-Kollegen sehen und sie als die schniefenden, schwachgeistigen Narren erkennen, die sie sind.**

1. Lassen Sie sich von Leuten dafür bezahlen, dass Sie sie Überstunden machen lassen. Diese Praktik ist auf Großbaustellen verbreitet, wo der Vorarbeiter gegen Bestechung zulässt, dass sich seine Freunde die Überstundenschichten aussuchen. Das ist besonders gut, wenn Sie noch ein relativ niedrigrangiger Tyrann sind. Versuchen Sie, einen offenen Markt zu schaffen, statt einen Preis festzulegen, sodass die Leute stets Gelegenheit haben, einander zu überbieten.

2. Machen Sie einen Deal mit der Personalagentur. Üblicherweise kriegen die einen Prozentsatz des Jahresgehaltes von jedem Kandidaten, den sie unterbringen. Wenn Sie es ihnen leicht machen, viele Kandidaten in Ihrer Organisation unterzubringen (was gleichzeitig Ihr Imperium toll aussehen lässt), dann scheint es nur fair, dass die Agentur sich für Ihre Großzügigkeit erkenntlich zeigen sollte.

3. Arbeiten Sie weniger. Jetzt, wo Ihre Abteilung brummt, scheint es nur vernünftig, dass Sie mehr Zeit für wichtige exekutive Beschäftigungen wie Spa, Golf, exotische Urlaube etc. verwenden. Dank technologischer Fortschritte ist es heute genauso möglich, Ihre nutzlosen Handlanger vom Golfplatz aus herunterzuputzen wie im Vorstandszimmer.

Wenn Ihnen all das zu gewöhnlich vorkommt, dann gibt es noch fortgeschrittenere Formen der Tyrannei, die besonders profitabel sind und bei denen Sie mitmischen können, wenn Ihr organisatorischer Rahmen es Ihnen gestattet. Wenn Ihre Firma zum Beispiel einen Logistik-Arm hat, den Sie leiten, haben Sie dann schon mal über Menschenhandel nachgedacht? Das funktioniert gut, ob Sie nun ganze Menschen von A nach B verfrachten oder nur Teile von ihnen zur Organtransplantation. Leider sind solche Aktivitäten in den meisten Teilen der Welt illegal oder die Autoritäten runzeln zumindest die Stirn darüber, es ist also ein gewisses Risiko mit im Spiel. Sie werden einen Sündenbock brauchen und ein paar wohlbestochene Leute in Machtpositionen.

Drogen, Blutdiamanten, Falschgeld, exotische Tiere (tot oder lebendig) und angereichertes Uran sind ebenfalls hervorragende Gegenstände, die man unter der Kontrolle eines echten Tyrannen um die Welt schaffen kann. Wiederum ist das meiste davon nicht im strengen Sinn »legal«, sodass das Risiko hoch ist, doch eben auch der Lohn. Es lohnt sich auf jeden Fall, darüber nachzudenken.

Hoffentlich haben Sie im Verlauf dieses Kapitels eingesehen, dass Weichei-Chefs viel zu eindimensional über ihre Rolle in der Organisation denken. Sie haben nicht nur einfach einen Job zu erledigen. Sie haben eine Position zu missbrauchen.

Der Erfolg und das Ausmaß, zu dem sich dieser Missbrauch treiben lässt, hängen von dem Grad an Tyrannei ab, den Sie auf Ihre Handlanger und das weitläufigere organisatorische System ausüben können. Machen Sie das richtig, sollte Ihnen ein Job, der sonst 100.000 Euro einbringt, zu einer Million und mehr verhelfen. In Anbetracht der Anstrengungen, die Sie in Ihre Tyrannei investiert haben, der Bemühungen, die Sie auf sich genommen haben, um sich in die drachenhafte Geißel Ihrer Abteilung zu verwandeln, würde es doch als pervers erscheinen, *nicht* das Beste aus der Situation zu machen.

Sie müssen sich folgenden Frage stellen: Was ist der Sinn von Machtgewinn? Die Macht selbst? Da wären Sie eine recht seichte und unattraktive Person. Nein, Macht selbst ist nicht das wahre Ziel der Tyrannei. Wir streben nach dem, wozu die Macht uns verhilft, nach dem, was Macht jenen bringt, die tapfer und stark genug sind, sie weise und rücksichtslos an sich zu reißen.

Die meisten unserer Mitbürger haben diese Macht nicht und können nicht erkennen, was es bedeuten würde, sie zu haben. Jene von uns, die sie erringen, benutzen sie als Schild. Lassen Sie die Leute glauben, es sei die Macht selbst, die uns antreibt und motiviert. Wir spielen ein größeres und tyrannischeres Spiel, eines, das sie nicht zu durchschauen vermögen.

Die Gesellschaft wird Sie als ehrgeizig und machthungrig abstempeln. Nehmen Sie sich diesen Stempel, lieben Sie ihn und benutzen Sie ihn, um zu tarnen, was Sie wirklich im Schilde führen, bis es zu Ihrem Vorteil ist, genau dies zu enthüllen. Wenn Ihre Handlanger Ihnen dankbar 80 Prozent von ihrem Bonus überreichen, um dann zu sehen, wie Sie in Ihren von Spesengeldern gekauften Bentley steigen und mit Sam zu einem romantischen Rendezvous in einem Michelin-Restaurant fahren, wird ihnen aufgehen, dass es vielleicht doch nicht nur die Macht war, hinter der Sie her waren. Es war viel, viel mehr …

Sie haben nicht nur einfach einen Job zu erledigen. Sie haben eine Position zu missbrauchen.

Kapitel 9 – Lektionen in Tyrannei

▶ Nun, da Sie einen tyrannischen Ruf und die damit einhergehende Furcht und den Respekt erlangt haben, der Ihnen zusteht – *nutzen Sie das alles aus!*

▶ Fragen Sie sich nicht, was Sie für Ihre Leute tun können, sondern welchen Anteil von ihrem Bonus sie Ihnen geben sollten. Immerhin bekommen sie überhaupt nur einen Bonus aufgrund Ihrer meisterlichen Motivationstechniken, also gehört er Ihnen nicht sowieso?

▶ Sie kriegen zu Hause nicht genug Action? Schlafen Sie mit den Schulabgängern und allen, die Ihre Fantasie anregen. Doch denken Sie daran: Sobald Sie mit dieser Person in die Kiste gesprungen sind, müssen Sie sie kurze Zeit später loswerden.

▶ Das Spesensystem der Firma ist in den richtigen Händen eine Goldmine. Es ist es wert, ein Minenteam zusammenzustellen.

▶ Sorgen Sie dafür, dass die Lieferanten wissen, dass Sie bestechlich sind. Dann denken Sie langfristig.

▶ Benutzen Sie Ihre wirklich nutzlosen Angestellten, um die Dinge zu erledigen, auf die Sie keine Lust haben. Die werden sich nicht beschweren, und wenn doch, sind die am leichtesten zu feuern, und zwar aus Gründen grober Inkompetenz.

▶ Mischen Sie in wohltätigen Organisationen mit. Dorthin lassen sich für dunkle Zeiten wunderbar Firmenfonds abschöpfen.

▶ Denken Sie über jeden Blickwinkel nach, durch den Sie aus Ihrer Position Gewinn ziehen können: Lassen Sie sich dafür bezahlen, Überstunden zu vergeben, machen Sie einen Deal mit der Personalagentur und stellen Sie dann viele neue Leute ein, arbeiten Sie weniger und lassen Sie die Arbeit von anderen erledigen.

▶ Denken Sie über Menschenhandel nach, wenn Ihnen alles andere zu gewöhnlich ist.

Tyrann zu sein, ist ein tougher Job. Auch wenn er gut bezahlt ist, besonders, wenn Sie in einer Bank arbeiten, ist er doch sicher nicht annähernd gut genug bezahlt. Indem Sie die Macht missbrauchen, die Sie gewonnen haben, sorgen Sie dafür, dass sich die Sache wirklich auszahlt.

Teil 4

TYRANNEI IN EINER MODERNEN FIRMA

Sind Sie noch wach? Wenn Sie einen Notizblock mit einer To-do-Liste haben, auf der etwa Folgendes steht:

▶ Missbrauche Spesensystem
▶ An Schulabgänger ranmachen
▶ Bonusse der Mitarbeiter einstreichen
▶ Reis kaufen

… dann haben wir ein Problem. Die vergangenen drei Kapitel sind das genaue Gegenteil eines nützlichen Handbuchs über Führerschaft. Die Behandlung, die der Tyrann seinen Leuten angedeihen lässt, muss man unter dem Befehl »Abteilung, kehrt!« verstehen. Beim Lesen dieser Kapitel kommen wir wieder auf eine fundamentale Wahrheit über das Chefsein zurück: Sie sind dazu da, ein sinnvolles Leben für die Leute, deren Boss Sie sind, zu schaffen. Wenn Sie das falsch machen, ist das Beste, worauf Sie hoffen können, eine Aktivität ohne Engagement; eine langweilige, sinnlose, reaktive Schufterei ohne echtes Nachdenken oder Motivation. Wenn Sie die Sache richtig machen, stellen Sie eine sinnvolle Verbindung zwischen Ihren Mitarbeitern und dem her, womit sie in der Arbeit ihre Zeit verbringen.

Um dies zu bewerkstelligen, sind die in Kapitel 7 besprochenen vier E's natürlich von vitaler Bedeutung. Man redet in vielen Organisationen auf der ganzen Welt über Ermächtigung, wobei das allgemeine Gefühl so aussieht, dass hierarchische Organisations-strukturen an vielen Stellen überholt und ineffektiv sind. Ermächtigung ist die Sehnsucht, den Leuten mehr Selbstbestimmung einzuräumen.

Wenn Sie in einer Industrie arbeiten, in der die Leute komplexe Entscheidungen darüber fällen müssen, worauf sie sich konzentrieren wollen und auf welche Art sie das tun, dann ist Ermächtigung entscheidend, wenn Sie auch einen nur annähernd akzeptablen Grad an Produktivität erreichen möchten. Ermächtigung ist jedoch ein Cocktail, der nicht leicht zu mixen ist. Er enthält mindestens drei separate Elemente, die ein Chef meistern muss. Erstens müssen die Ziele der Leute und die Erwartungen hinsichtlich ihrer Rolle glasklar sein. Zweitens brauchen sie die Fertigkeiten und Fähigkeiten, die erforderlich sind, um diese Ziele zu erreichen. Und schließlich brauchen sie Selbstvertrauen, dass sie diese Ziele erreichen können, wenn man ihnen Raum und Zeit genug gibt, ihre Entscheidungen zu treffen.

Es ist in Ihrer Verantwortung, ein Gefühl der Sicherheit zu erzeugen. Es kommt bestimmt nicht von selbst auf und Sie werden feststellen, dass es allzu leicht zu zerstören ist, wenn Sie ständig dazwischenfuhrwerken und Entscheidungen über alles fällen.

Genauso liegt es an Ihnen, empathisch zu sein, ein Gefühl von Energie aufzubauen und Ihren Leuten zu helfen, sich bei der Arbeit, die sie verrichten, zu engagieren. Einer der großen Schritte für Sie als Chef ist es, einen Schritt zurückzutreten und Ihre ständige Besessenheit von Zielen loszulassen. Die Arbeit ist nach wie vor wichtig, aber das Team selbst ist es ebenso, und damit auch seine Fähigkeit, sein Engagement und seine Ansprüche. Das Team wird mit der Arbeit selbst schon fertig, aber es gibt niemanden, der sich mit der im Team vorhandenen Energie beschäftigt. Außer Ihnen.

Nachdem Sie diese Bedingungen einmal hergestellt haben, besteht die nächste Herausforderung darin, dass nicht alle Individuen auf denselben Stimulus gleich reagieren. Das Wesen individueller Unterschiede bringt es mit sich, dass trotz bester Anstrengungen, eine ermächtigte Arbeitsumgebung zu schaffen, das nicht bei allen auf die gleiche Art funktioniert. Da kommt Kapitel 8 ins Spiel. Dem Tyrannen geht es darum, seine Motivationseinsichten zu nutzen, um eine Reihe von Drohungen an die Hand zu bekommen und Aspekte aus dem Arbeitsleben der Leute zu entfernen, die diese motivierend finden. Sie können dieselben Einsichten heranziehen, um rauszukriegen, was für die Leute wirklich funktioniert. Die große Wahrheit in diesem Kapitel ist, dass die Leute nicht einfach von dem motiviert werden, was Sie motiviert.

Mit dem, was Sie selbst haben wollen, können Sie vielleicht 30 Prozent bis 40 Prozent Ihrer Leute anspornen, aber der Rest wird darauf nicht anspringen. Diese Einsicht ist entscheidend, wenn Sie sich als Chef an verschiedene Menschen richten wollen. Es spielt keine Rolle, ob Sie im Investmentbanking oder einem Kinderkrankenhaus arbeiten, Sie brauchen »Arbeiter«, »Softies« und »Raffinierte« oder Sie werden feststellen, dass wichtige Angelegenheiten, Risiken oder Gelegenheiten völlig unbemerkt vorübergehen. Ich möchte Sie ermutigen, sorgfältig über Ihr Team nachzudenken. Aus was für einer Art von Menschen besteht es? Was motiviert diese? Differenzieren Sie Ihren Führungsstil genug?

Der Rest von Kapitel 8 ist nicht so einfach direkt umzukehren. Wenn wir von Drachen und Prinzessinnen reden, dann stimmt das in gewisser Hinsicht. Sie müssen in der Lage sein, einen klar erkennbaren Drachen zu formulieren (oder ein Horrorszenario), wenn Sie die Mitarbeiter dazu bringen wollen, etwas zu ändern. Aber es ist extrem gefährlich, die Prinzessin zu ignorieren. Die beste Veränderung ist die Veränderung, auf die wir uns zubewegen, nicht jene, von der wir uns wegbewegen. Die Veränderung, für die wir uns entscheiden, ist besser als jene, die uns aufgezwungen wird. Wenn Sie also mit Ihrem Team arbeiten, müssen Sie das Ziel identifizieren, die Vision, das, worauf Sie gemeinsam zustreben. Das muss etwas sein, das für Sie alle intrinsisch und wirklich attraktiv ist. Und was das Anspucken von Leuten betrifft …

Es hat wirklich Spaß gemacht, Kapitel 9 zu schreiben, und es gibt einen durchaus ernst zu nehmenden Punkt. Viele Chefs sind in die dort dargestellten Fallen getappt. Wenn Sie jemals auch nur in die Nähe einer solchen geraten, müssen Sie wirklich gut aufpassen. Wenn Sie Ihre Position erst einmal missbraucht haben, besteht ein ernstes Risiko, dass man Ihnen auf die Schliche kommt. Und wenn man Ihnen erst auf die Schliche gekommen ist, steht Ihre gesamte Karriere auf dem Spiel.

Viele Chefs und Politiker mussten genau das erleben. In England sind wir nun seit über einem Jahr (ich schreibe dies Anfang 2011) von Ministern umgeben, die ihre Spesenkonten missbraucht haben. Viele haben ihre Posten verloren und infolgedessen hat ihr Ruf großen Schaden genommen. Das Interessante dabei ist, dass nur sehr wenige von ihnen, vielleicht keiner, mit üblen Absichten ausgezogen sind. Wir rutschen in diese Fallen, langsam und manchmal ohne es wirklich zu bemerken. Missbrauchen wir unsere Macht oder sind wir pragmatisch? Missbrauchen wir unsere Macht oder verlieben wir uns? Missbrauchen wir unsere Macht oder haben wir einfach nur eine schöne Zeit mit Freunden, die zufällig Lieferanten sind?

Es lässt sich leicht erkennen, wie wir die Situation gern interpretieren würden. Stellen Sie sich die Frage, wie sich das in ein paar Jahren für jemand anderen darstellen würde, wenn Sie versuchen würden, es losgelöst aus dem Zusammenhang zu erklären. Wäre das plausibel?

Okay, die Kindergartenerklärungsstunde ist um. Denken Sie daran, Sie sind ein guter Mensch mit guten Absichten. Aber das hält den Tyrannen nicht davon ab, noch etwas mehr Unsinn auszuhecken …

Wie man die Personalabteilung vernichtet

Ivan, Vlad, Stalin, Marcos und Dschingis Khan hatten etwas gemeinsam. Sie mussten sich keine Gedanken über die Idioten in der Personalabteilung machen. Und damit ist es mit den Ähnlichkeiten keineswegs vorbei. Mit Ausnahme Stalins übergaben sie alle ihr Reich an ihre Familie (oder planten es zumindest). Die Welt hat sich seit der Zeit unserer Helden verändert, und so muss sich die Tyrannei anpassen.

Jetzt gibt es rechtliche Rahmenbedingungen, die man berücksichtigen muss, Unternehmenspolitik, in der es Schlupflöcher zu suchen gilt. Vetternwirtschaft beispielsweise, die so lange eine positive Kraft in unserer Welt war, macht gerade eine Phase durch, in der man sie eher mit Stirnrunzeln betrachtet. Unser Tyrannentum muss auf das Umfeld des 21. Jahrhunderts reagieren. Der Rest dieses Buches ist dem Bestreben gewidmet, dafür zu sorgen, dass Ihre historische Wertschätzung klassischer Schreckensherrschaft in Kombination mit Ihren wohlgeschulten tyrannischen Fähigkeiten nicht vom Weicheiertum der modernen Welt gebremst wird.

Ich nehme an, dass Sie, wenn Sie bis zu diesem Punkt gelesen haben, entweder bereits ein Furcht einflößender Tyrann sind oder Himmel und Hölle in Bewegung setzen, um einer zu werden. Lassen Sie sich nicht von den Eigentümlichkeiten unserer Zeit wegschwemmen, sondern nutzen Sie die Lehre der kommenden beiden Kapitel, um sich so anzupassen, dass Sie nicht auffallen.

Wenn man in die Schlacht zieht, dann ist das Allerwichtigste, seinen Feind zu erkennen. 2010 wurde in der Presse ausführlich berichtet, dass die russische Armee ein Schussfeld mit lebensgroßer aufblasbarer Artillerie aufbaute. Alles von Panzern bis hin zu mobilen Radarstationen – und zwar aus Gummi. Diese aufblasbaren Geräte waren nicht irgendwelche Kinderhüpfburg-Witzfiguren, sondern High-Tech-Ausrüstung, die mit Chemikalien behandelt wurde, um Radargeräte und Wärmesensoren zu überlisten. Diese schlauen, schlauen Russen, Iwan wäre stolz gewesen. Die wissen – wie jedes kleine Vieh, das Tarnung einsetzt, um nicht von größeren Viechern in Stücke gerissen zu werden –, dass der erste Schritt zum Gewinnen eines Kampfes der ist, der Ortung zu entgehen. Als Tyrann haben Sie einige Vorteile gegenüber allen anderen, wenn es darum geht, in der Firmenwelt zu überleben.

▶ Erstens haben Sie gelernt, den Kampf zu genießen. Statt ihn als etwas zu betrachten, was zu vermeiden wäre, sehen Sie einen Kampf als Gelegenheit, voranzukommen. Man sagt, dass die Telemetrie von Formel-1-Rennwägen ein interessantes Phänomen erhellt, das die besten Fahrer von denen ganz hinten unterscheidet. Die meisten Fahrer treten auf die Bremse, wenn sie vor sich einen Crash passieren sehen, oder gehen zumindest vom Gas. Aber nicht die besten. Die Weltmeister beschleunigen in diesem Moment der Unsicherheit sogar noch, und das sollten Sie auch tun. Man muss den Kampf willkommen heißen, da mit ihm neue Gelegenheiten einhergehen.

▶ Zweitens sind Sie gut in Konflikten geworden, denn in Konfliktsituationen haben Sie Gelegenheit, Ihrem inneren Drachen freien Lauf zu lassen, sodass er sich in majestätische Höhen aufschwingen und die Leute nach Belieben grillen kann.

▶ Drittens *sehen* Sie die Konflikte tatsächlich. Die meisten Leute machen den Fehler, die Arbeitswelt als Situation der Zusammenarbeit zu begreifen, wir alle kollaborieren, um Regenbogen, Eiscreme und anderen Unsinn hervorzubringen. Glücklicherweise sehen Sie die Welt als den dreckigen Kampf an, der sie ist, und haben gelernt, obenauf zu bleiben. Sie sollten also höchstes Selbstvertrauen haben, wenn Sie sich auf Feinde jeder Art stürzen und die Erfahrung genießen. Aber wer sind diese Feinde?

Ihre offensichtlichsten Feinde sind die Handlanger, die für Sie arbeiten. Wir sind bereits im Detail durchgegangen, wie Sie dafür sorgen können, dass sie nicht für Ihren Sturz sorgen. Sie sollten diese Bedrohung ernst nehmen und schnell handeln, um sie zu minimieren.

Sie sehen die Welt als den dreckigen Kampfschauplatz an, der sie ist, und haben gelernt, obenauf zu bleiben.

Aber es gibt noch einen weiteren ernst zu nehmenden Gegner im Ring, der Ihrer Aufmerksamkeit nicht entgehen sollte. Er hat viele Namen: Human Resources, Personalleitung, Personalabteilung oder Organisationsentwicklung. Lassen Sie sich von den ausgeklügelten Titeln nicht blenden, all diese Gruppen sind im Wesentlichen Personaler. Human Resources repräsentiert einen potenziellen Dorn in Ihrer Seite. Das ist die Gruppe, die sich um Dinge wie Arbeitsrecht, Politik und Gleichheit und Diversität kümmert.

Ich entschuldige mich für so viele böse Wörter in einem einzigen Satz, ich werde versuchen, Ihnen weitere Tiraden dieser Art zu ersparen, und ich kann verstehen, wenn Sie sich an diesem Punkt etwas mulmig fühlen. Doch es geht genau darum, dass Sie lernen, Ihren Feind zu erkennen und zu verstehen, bevor er erfolgreich in die Offensive gehen kann.

Und nun, hüten Sie sich! Die »professionellen« (wenn man sie denn wirklich so nennen kann) Personalleiter haben durch lange Belastung von Chefs jeder Art (darunter auch Tyrannen) gelernt, ungeheuer chamäleonartig zu werden, ganz wie die aufblasbaren russischen Panzer. Sie sind aalglatt und hinterhältig. Sie werden versuchen, Sie zu bezirzen, und Ihnen sagen, dass alles, was Sie tun, richtig und angemessen ist. Sie werden sich beim Versuch, Sie für sich zu gewinnen, sogar einen Stil zu eigen machen, der dem Ihren gleicht (das nennen sie »spiegeln«, wobei Sie es besser als Papageientum sehen sollten).

In der Tat mögen Sie als Tyrann denken, dass Sie in dem Typen aus der Personalabteilung einen Gleichgesinnten, einen Geistesverwandten gefunden haben, jemand, mit dem Sie zusammenarbeiten und konspirieren können. LASSEN SIE SICH NICHT TÄUSCHEN!!! Die wollen, dass Sie genau das denken. Äußerlich mögen sie vielleicht stachelig, schwierig und rüpelhaft sein, aber wenn Sie jemanden aus Human Resources aufschneiden, werden Sie feststellen, dass er mit Babypandas und Kamillentee vollgestopft ist. Kann sein, dass er Sie sogar in Ihrem Tyrannentum bestärkt, doch seien Sie gewarnt, Sie werden nur umso schneller vor einem Arbeitsgericht oder dem Betriebsrat landen. Doch warum sollten sich die Personalchefs so verhalten? Es wirkt unlogisch, doch es gibt ein paar essenzielle Punkte über Human Resources, die Sie begreifen müssen.

Zunächst gibt es so einen Job wie Human Resources gar nicht. Denken Sie mal drüber nach, was *tun* die denn wirklich? Denken Sie noch angestrengter darüber nach … und noch angestrengter … Richtig! Nichts. Die sind nur eine kostspielige Art der Firmen zu sagen: »Schaut her, uns sind unsere Leute wichtig genug, dass wir ein paar größtenteils nutzlose Mitarbeiter einstellen, die sich um sie kümmern sollen.«

Human Resources ist ein Polster. Das ist eine Taktik, die wir im letzten Kapitel für Tyrannen untersucht haben, der Gedanke, Ihre Firma mit prinzipiell nutzlosen Leuten auszupolstern, um Ihr Imperium größer und eindrucksvoller aussehen zu lassen. Das ist eine vollkommen vernünftige Strategie, eine, die Sie wahrscheinlich schon selbst eingesetzt haben. Doch das stellt Sie bezüglich der Personalabteilung vor eine besondere Herausforderung. Alle anderen Gruppen würden Ihnen die nötige Muße gönnen, um Ihrem eigenen, tyrannischen Pfad zu folgen, doch nicht so Human Resources, die haben einfach die Tendenz, sich querzustellen.

Lassen Sie mich ein Beispiel geben. Sie haben möglicherweise hart dafür gearbeitet, ein System ungreifbarer und vager Leistungsziele für Ihre Leute auszuarbeiten, das nur so schnurrt. Human Resources wird wollen, dass diese enger umgrenzt werden, was, wie Sie wissen, desaströse Konsequenzen haben könnte. Wenn ein neuer Handlanger es wagt, Ihre Ausführung bei einem Meeting infrage zu stellen, werden Sie ihn natürlich ohne weitere Formalitäten feuern wollen.

Der Personalleiter könnte darauf bestehen, dass dieses kretinhafte Exemplar dafür ausgezahlt wird, ohne viel Aufhebens zu gehen, oder, was noch schlimmer wäre, die Entlassung als Ganze infrage stellen. Normalerweise würden Sie die Person aus Human Resources gleich mit feuern, doch diese könnte Ihnen gleichgestellt sein, sodass sich das verbietet. Hinzu kommt, dass, wenn Sie pro Jahr zehn oder mehr Leute aus der Personalabteilung über die Klinge springen lassen (ein bestechender Gedanke, den ich zu würdigen weiß), Ihnen ein Haufen ungewollter Aufmerksamkeit von weiter oben in der Firma droht.

Es ist eine Tatsache, dass Human Resources eine echte Plage sein kann. Womöglich ist das Personalbüro eines der wenigen Dinge, das zwischen Ihnen und Ihrer tyrannischen Selbstverwirklichung steht. Das ist eine ernste Angelegenheit. Kapitel 9 hat Sie sicherlich auf die diversen bedeutenden Vorteile, die Tyrannei mit sich bringt, aufmerksam gemacht. Die wollen Sie sich doch bestimmt nicht wegen irgendeines weinerlichen, hündischen, sozialistischen Menschheitsbeglückers entgehen lassen, der aufgrund seiner eigenen Position eine relative Immunität gegenüber Ihren tyrannischen Reflexen genießt. Das geht einfach nicht.

Sie müssen diese Typen aus Human Resources dazu kriegen, von der Klippe zu springen und sie nach Möglichkeit dabei noch professionell diskreditieren, wenn Sie wollen, dass Ihre Zukunft als Tyrann eine wunderbar schreckliche ist. Um diesen Feind besiegen zu können, müssen wir ihn zuerst verstehen. Was Sie nun lesen, wird sich manchmal alarmierend, irrational und sogar schmerzhaft für Sie anhören, aber ich möchte Sie ermahnen, an den Kurs zu denken und alles sorgfältig zu studieren. Sie müssen in die chaotische, konfuse Welt von Human Resources eintreten.

Die Personalabteilung ist der Meinung, dass die wichtigste Ressource einer Firma ihre Mitarbeiter sind. Ich weiß! Hirnlos, nicht wahr? Aber die glauben diesen Scheiß wirklich. Natürlich wissen die Aufgeklärten unter uns, dass die Leute in einer Organisation die teuerste und ineffizienteste Ressource sind und dass die wichtigste Ressource das gutgläubige Kundensegment ist. Wie lächerlich die Einstellung von Human Resources auch sein mag, es ist trotzdem wichtig, diese Prämisse zu verstehen, weil sie uns Einsicht gibt in einige der wahnsinnigeren Ideen und Prioritäten des typischen Human-Resources-Spinners. Wegen ihrer verzerrten Optik wollen Personaler einen gewissen Prozentsatz der Profite für »Mitarbeiterschulungen« verwenden.

Das bedeutet, dass sie Veranstaltungen organisieren, bei denen Ihre nutzlosen Handlanger in ein Zimmer gesperrt werden und PowerPoint-Präsentationen mit Bildern von Eichhörnchen gezeigt bekommen. Oder irgendwas in der Art. Es ist wahrscheinlich ritualartig, ungesund und ich schlage vor, dass Sie »Mitarbeiterschulungen« um jeden Preis vermeiden. Die hirnlosen Blobs, die Sie als »Mitarbeiter« bezeichnen, lernen bei einem solchen Workshop überhaupt nichts, es ist nur eine Art, Zeit und Geld zu verschwenden.

Das Human-Resources-Team wird Sie mit einem verbalen Dauerfeuer über die Vorzüge dieses Zeugs beschießen, bis Sie ein Aneurysma bekommen. Das gilt besonders dann, wenn Ihre Organisation in der Schwerindustrie tätig ist, nach Öl bohrt, Minenbau betreibt, wo also ein deutliches Verletzungsrisiko oder sogar Lebensgefahr besteht, wenn Ihre Untergebenen etwas versauen.

Das Personalbüro scheint die Tatsache zu übersehen, dass die Natur schon ein vollkommen effektives System zur Regelung gefährlicher Aktivitäten entwickelt hat. Man nennt es natürliche Auslese. Es funktioniert so, dass die größten Idioten unter Ihren Handlangern ausgesondert werden, indem sie verbrannt, versengt, zerquetscht oder verschüttet werden. Die Schnellfüßigeren werden überleben, die Lahmen gehen vor die Hunde. Das System ist gerecht, vernünftig und billig. Daraus folgt, dass kein echter Bedarf an Gesundheits- oder Sicherheitstraining besteht.

Das andere Problem mit Training ist, dass Ihre Untergebenen, solange sie im Training sind, nicht auf Ihre nächste Beförderung und Ihren Ruhm hinarbeiten. Sie haben große Anstrengungen unternommen, um die ideale Motivationsumgebung für Ihre Leute zu erschaffen, mit genau der richtigen Anzahl versteinernder Drachen und Bedrohungen, also wollen Sie auch, dass die Leute so viel wie möglich arbeiten, statt mit irgendeinem Hippie zu einem Love-in loszuziehen und Bilder von Eichhörnchen anzuschauen.

Aber mit Mitarbeiterschulungen ist das Ende des Wahnsinns von Human Resources noch lange nicht erreicht. Die werden auch noch so was wie einen »Sukzessionsplan« ausarbeiten. So haben Sie sich das bestimmt nicht vorgestellt. Ein Sukzessionsplan legt dar, wie man zum Erfolg gelangt. Das wäre an sich nicht unvernünftig, aber das, worüber die Wahnsinnigen in der Personalabteilung eigentlich reden (wappnen Sie sich, das wird schmerzhaft) ist ein Plan über Ihren Nachfolger! Ich bin mir bewusst, dass Sie diesen Satz vielleicht abermals lesen müssen und annehmen werden, dass ich einen schrecklichen Tippfehler begangen hätte, der meinen Lektoren entgangen ist. Aber ach, das ist nicht der Fall. Human Resources wird wollen, dass Sie wissen, wer aus Ihrem eigenen Team Sie ersetzen soll. Die werden sogar wollen, dass Sie darauf hinarbeiten, die betreffende Person mit den nötigen Fertigkeiten zu versehen, die sie braucht, um Sie … einen Moment bitte … *leichter ersetzen zu können!!!* Unglaublich. Es ist schwer, einen Grund für diese Art und diesen Grad von Wahnsinn zu finden.

Hier im Institut für Tyranneiforschung haben wir Untersuchungen über diesen sogenannten Sukzessionsplan angestellt. Offensichtlich geht es darum, und ich zitiere, »organisatorische Risiken zu minimieren«. Ich weiß, es ergibt keinen Sinn, warum es die Risiken reduzieren würden, Ihre wunderbare Tyrannei zu ersetzen. Ganz bestimmt besteht das eigentliche Risiko doch darin, dass Sie gehen und bei einer anderen Firma anheuern, ein Risiko, das sich leicht genug entschärfen ließe, indem man Ihr Vergütungspaket vergrößert. Wenn Human Resources anfängt, über Sukzessionspläne zu reden, müssen Sie hart durchgreifen. Dazu kommen wir gleich, doch zuerst wollen wir noch ein paar der abgedrehten Glaubenssätze von Human Resources untersuchen.

Talentmanagement ist noch so eine Trommel, die die hingebungsvollen Einfaltspinsel aus der Personalabteilung leidenschaftlich rühren werden. Wieder einmal werden Sie meinen, dabei ginge es darum, wie die Firma Sie managen würde. Aber denken Sie noch mal drüber nach, es bezieht sich eigentlich auf die Identifikation von »Talent« in Ihrer Organisation. Hier ist Vorsicht geboten. Sie wissen natürlich genau, dass es in Ihrer Firma kein Talent gibt und überhaupt nichts vorwärtsginge, wenn Sie nicht wären. Sagt man das jedoch dem Personalleiter, scheint ihn das nicht zu befriedigen; wenn überhaupt, macht es die Sache oft schlimmer und er insistiert noch stärker darauf, dass eine »Talentprüfung« durchgeführt wird. Das beinhaltet, mit einem Haufen Klebezetteln und Listen voller Namen und Rastern in einem Zimmer zu sitzen. Es ist alles völlig sinnlos, doch wir haben in unserem Institut herausgefunden, dass die Personalleitung den am wenigsten nutzlosen unter Ihren Handlangern zu identifizieren versucht.

Ich weiß, das klingt verrückt, aber es kommt noch schlimmer. Die werden wollen, dass Sie die, die als aussichtsreich abgestempelt wurden, an die Hand nehmen und Sie fördern und ausbilden. Natürlich wären Sie niemals dumm genug, so etwas zu tun, denn Handlanger können gefährlich sein. Und das Letzte, was Sie wollen, ist, sie zu ermutigen, *noch gefährlicher* zu werden.

Das Personalbüro wird Sie auch dazu anhalten, bei den Nutzlosesten Ihrer Angestellten »Leistungsmanagement« vorzunehmen. Damit meinen die, dass Sie sie feuern sollen, doch nicht im tyrannischen Sinn von »feuern«. Würden die einfach nur wollen, dass Sie sie feuern, dann wäre das perfekt, Sie könnten immer noch eine deftige Bestechung mit einem Personalvermittlungsbüro aushandeln und am Büroeingang eine gute Drehtür einbauen lassen. Daran ließe sich noch verdienen.

Aber was der Depp aus Human Resources eigentlich will, ist, dass Sie diese Leute »aus der Organisation hinausmanagen«. Das bedeutet eine nicht vorherzusehende Anzahl von Gesprächen, bei denen Sie den Angestellten mit gesüßten Worten klarmachen, wie nutzlos sie wirklich sind, bevor Sie sie ermuntern, die Firma zu verlassen. Nun sind wir als Tyrannen natürlich voll dabei, wenn es darum geht, Feedback zu geben. Erinnern Sie sich, jeder Fehler ist eine Gelegenheit, jemandem eine Lektion zu erteilen. Wenn es uns jedoch gelänge, jeden nutzlosen Handlanger aus der Organisation hinauszumanagen, dann wäre keiner mehr übrig!

Dabei erfüllen diese Taugenichtse eine entscheidende Rolle: Sie lassen Sie gut aussehen. Ihre chronische Unfähigkeit bedeutet, dass Sie im Vergleich sogar noch besser dastehen. Ihre schiere Anzahl bedeutet, dass jedermann sonst Sie für einen mächtigen und einflussreichen Boss halten wird. Nein, Sie wollen diese Leute nicht aus der Firma hinausmanagen, es sei denn aus tyrannischen Gründen – zum Beispiel um die Mitarbeiter in Angst zu versetzen oder sich selbst aufzuheitern, wenn Sie einen schlechten Tag haben.

Es gibt einen fast endlosen Strom von Human-Resources-Unsinn, über den ich Sie aufklären könnte, aber das würde hier zu weit führen. Der letzte Punkt, auf den ich Sie hinweisen möchte, ist Gleichheit und Diversität. Das kann einem wirklich graue Haare bescheren und ist jeglichem gesunden Menschenverstand entgegengesetzt. In diesem Fall ist Political Correctness in Wahnsinn umgeschlagen. Wenn Sie dieses Buch in einem Land lesen, in dem es noch erlaubt ist, eine Frau zu feuern, weil sie schwanger ist, dann sollten Sie das noch nutzen, denn ich fürchte, diese Tage neigen sich dem Ende zu.

Mantras von Weichei-Management verbreiten sich durch Human Resources. Sagen Sie nicht, ich hätte Sie nicht gewarnt. Dieser Gleichheits- und Diversitätsunsinn geht davon aus, dass Sie jemanden nicht dafür feuern können, dass er alt ist. Sie können jemanden nicht dafür feuern, dass er jung ist. Sie können jemanden nicht dafür feuern, dass er behindert ist. Sie können jemanden nicht dafür feuern, dass er weiß, schwarz, braun, rosa oder grün ist. Sie können jemanden nicht dafür feuern, dass er eine Frau, ein Mann oder irgendwas dazwischen ist. Sie können keine Schwulen und keine Heteros feuern. Nun sind das, in den Begriffen der Tyrannei, alles vollkommen normale, zulässige und angebrachte Gründe, um das Arbeitsverhältnis einer Person zu beenden. Ich meine, wer bleibt dann noch?

Zeigen Sie mir jemanden, der nicht weiß, schwarz, braun, rosa, grün, männlich, weiblich, hetero, schwul, alt, jung oder schwanger ist. Ja, Sie zeigen auf die Versicherungsmathematiker, nicht wahr, und Sie haben sogar recht, die sind wirklich nicht von dieser Welt, aber lassen sen wir die mal weg. Dieser Gleichheits- und Diversitätsunsinn bedeutet, dass Sie niemanden dafür feuern können, irgendwas zu sein! Stellen wir uns vor, Sie haben eine weibliche Mitarbeiterin, die schwanger wird. Der naheliegende Schritt wäre, sie zu feuern, weil sie in Kürze deutlich an Produktivität einbüßen wird. Stellen wir uns vor, Sie haben einen Angestellten, der nach einem Autounfall an den Rollstuhl gefesselt ist. Es wird eine Weile dauern, bis er mit diesem Leben auf Rädern zurechtkommt. Das sollte er wohl besser auf sich allein gestellt machen. Stellen wir uns vor, Sie haben einen Mitarbeiter, der recht alt ist und damit langsamer. Ganz bestimmt handelt es sich dabei um einen Wink der Natur, die Ihnen sagt: »Feuere ihn jetzt und halte die Pensionskosten niedrig.« In einer normal denkenden Welt, in der der gesunde Menschenverstand herrscht, wäre all dies deutlich genug.

Wenn bei Ihnen ein paar kleine Leute leben, dann ist es wahrscheinlich, dass das Ihre »Kinder« sind. Sie können sie nicht nur aufgrund ihrer Größe von Erwachsenen unterscheiden, sondern auch aufgrund ihrer Tendenz, keine Jobs zu haben und keinen ernsthaften Beitrag zur Haushaltskasse zu leisten. Um mehr über diese Kreaturen herauszufinden, müssen Sie das Buch »Tyrannische Kindererziehung« lesen, aber es geht mir nicht um die Kinder. Ich bin an den kleinen, billigen Haustieren interessiert, die ihnen zuzuwachsen scheinen. Sie wissen schon, was ich meine: Katzen, Hasen, Hamster, Ratten, Spinnen, Krabben etc. Wenn eines von diesen krank wird, was tun Sie dann? Bringen Sie es zum Tierarzt und geben endlos Geld für Behandlungen und Operationen aus? Natürlich nicht, Sie stopfen es in eine Plastiktüte mit Zippverschluss, machen sie zu und werfen sie in den Fluss oder treten drauf. Schnell, effektiv, billig.

Dasselbe gilt für das Angestellten-Äquivalent, also für die kleinen, billigen, niedrigrangigen Mitarbeiter. Sie passen vielleicht nicht in eine Plastiktüte und es wird sie nicht umbringen, wenn Sie auf sie treten, es sei denn, Sie geben sich wirklich Mühe (dann müssen Sie jedoch Zeitungen ausbreiten, denn das ist eine ziemliche Sauerei), aber im Prinzip ist es dasselbe. Doch die Idioten bei Human Resources können so einem Ansatz einfach nichts abgewinnen. Sie sind stumpfsinnig, lehnen die logische Herangehensweise ab und bestehen stattdessen darauf, diesen bizarren, flauschigen Pfad in den Ruin weiterzuverfolgen.

Mitarbeiterschulungen, Sukzessionspläne, Talentmanagement sowie Gleichheit und Diversität: Das sind die Mantras der Personalabteilung. Wenn Sie nicht aufpassen, wird sie sämtliche Ressourcen Ihrer Abteilung verschlingen und alles für teure Berater und lächerliche Events ausgeben. Human Resources wird sich dafür einsetzen, dass eine Weihnachtsfeier oder ein »Belohnungsschema« gefordert wird, wird bei ihren Vorgesetzten über Sie tratschen, die, das hängt von der Struktur Ihrer Firma ab, mit den ranghöchsten Mitgliedern der Organisation verzahnt sein mögen. Personalleiter sind gefährlich, und Sie können die Bedrohung, die sie für Sie, Ihr Glück und Ihren Reichtum darstellen, nicht einfach ignorieren. Sie müssen ganz klar den Feind in ihnen erkennen. Sie werden versuchen, genau wie Sie aufzutreten, hart und brutal und erpicht darauf, »klare Entscheidungen« zu treffen. Lassen Sie sich nicht täuschen, das sind Schafe im Wolfspelz.

Ich hoffe, ich habe deutlich gemacht, wie gefährlich diese Schafe sein können. Jetzt werden wir uns ansehen, wie wir die Bedrohung, die Human Resources darstellt, neutralisieren können.

Die erste und offensichtlichste Art, wie Sie die Stimme von Human Resources zum Schweigen bringen, ist Chloroform oder ein heftiger Schlag auf den Hinterkopf. Jede dieser beiden Methoden kann man mit einem schnellen Teppichwechsel in Ihrem Büro einhergehen lassen, was einen Kurztrip zur örtlichen Müllkippe oder einem stillen Kanal ermöglicht. Dieser Ansatz bringt jedoch Risiken mit sich, denn wenn Sie ertappt werden, wird die Polizei, wenn sie auch Ihre Motive nachvollziehen kann, gezwungen sein, Ihnen wegen Mordes den Prozess zu machen. In manchen Ländern gibt es Mord in verschiedenen Graden, zum Beispiel:

▶ Kaltblütiger, vorsätzlicher Mord
▶ Mord nach Provokation (Mord im Affekt etc.)
▶ Totschlag durch gefährliche Handlung
▶ Unfallverursachter Totschlag
▶ Mord aus Notwehr
▶ Neutralisierung eines Gegners im Krieg
▶ Tötung eines Hundes, einer Katze oder eines Haustiers
▶ Mord an einem Personalleiter
▶ Einen Käfer zertreten
▶ Eine Fliege verschlucken

Nach diesem System kann Ihr Mord an einem Personalleiter entweder in einem strengen Tadel, einem ernsten »tz, tz« oder einer anderen dementsprechenden Ermahnung resultieren, aber es ist weise, das zu klären, bevor Sie weitere Schritte einleiten. Wenn das Land, in dem Sie leben, Personalleiter in Hinblick auf Bedeutung und Status anderen menschlichen Wesen gleichstellt (klarer Fehler), dann müssen Sie sich etwas anderes überlegen, um die Last, die sie für Sie bedeuten, zu mindern.

Basierend auf der Binsenweisheit, dass Angriff die beste Verteidigung ist, wollen wir uns nun ansehen, womit wir die Personalabteilung in den Abgrund stürzen können. Das Erste, was Sie im Kopf behalten müssen, ist, dass Personalleiter nicht wirklich etwas tun. Sie haben wahrscheinlich noch keinen Tag in ihrem Leben gearbeitet, sodass der Gedanke an echte Anstrengungen für sie unverhältnismäßig Furcht einflößend ist.

Das beschert Ihnen einen riesigen Vorteil: Sie können ein *fordernder Kunde* werden. Wie man so schön sagt: »Keep your friends close, keep your enemies closer.« Geben Sie denen in Human Resources richtig, richtig was zu tun. Das sollten alles nur Arbeitsbeschaffungsmaßnahmen sein, die Sie auf Armeslänge halten können. Damit verhindern Sie gleichzeitig, dass es Ihre Handlanger bei ihren täglichen Aufgaben behindert.

Das Erste, was Sie im Kopf behalten müssen, ist, dass Personalleiter nicht wirklich etwas tun.

Im Institut für Tyranneiforschung haben wir einige Untersuchungen an lebenden Objekten angestellt, um herauszufinden, wie Sie die Personalabteilung beschäftigen können, ohne dass jemand Verdacht schöpft. Wir haben ihre Geiferdrüsen (alle professionellen Personalleiter werden mit solchen geboren, was sie anfälliger für Erkältungen und Schnupfen macht) verkabelt, sodass wir ihre vorgreifenden Reaktionen messen konnten, die sich zeigten, wenn man ihnen unterschiedliche Formen sinnloser Arbeit anbot. Ich möchte hier darauf hinweisen, dass sämtliche Versuche höchst inhuman waren und viele, viele Personalleiter während dieser Untersuchungen Schaden genommen haben, die meisten von ihnen schweren. Das alles hat großen Spaß gemacht und unsere Ergebnisse sind überaus interessant. Die folgenden Projekte waren die effektivsten, wenn es darum ging, die Human-Resources-Typen bis zu einem Monat mit Sinnlosigkeiten zu beschäftigen:

▶ Strategischer Kapazitätsbericht.
▶ Volle Aktivitätsanalyse und Berichte über organisatorisches Design.
▶ Trainingsbedarfsanalysen.

▶ Externes Benchmarking für die Gehaltsüberprüfungen.
▶ Schaffung und Durchführung einer Mitarbeitermeinungs-
umfrage.
▶ Vorschläge für Mitarbeiterbindungsstrategien.
▶ Neudesign eines Talentmanagementprozesses.

Sie haben sicher bemerkt, dass es sich bei alldem um strategische
Berichte, Analysen und Diagnosen handelt. Nichts davon *leistet*
tatsächlich etwas. Das garantiert dem durchschnittlichen Human-
Resources-Vogel Bequemlichkeit, sodass es ihn mit großer Wahrscheinlichkeit zu solchen Aufgaben hinzieht. Das gilt besonders
dann, wenn Sie ihm sagen, dass Sie seine strategischen Einsichten
(Haha!) zu schätzen wissen würden. Um den maximalen Wert aus
diesen »Anstrengungen« zu gewinnen, sollten Sie äußerst lang-
fristige Deadlines setzen.

Wie man so schön sagt: Die Arbeit dehnt sich so aus, dass sie
die Zeit, die man für sie eingeräumt hat, ausfüllt. Also geben
Sie denen sechs Monate für eine Analyse des Trainingsbedarfs,
neun Monate für eine komplette strategische Kapazitätsanalyse.
Nun würde natürlich jedes geistig gesunde, normal denkende Individuum diese Aufgaben (wenn man sie denn so nennen kann)
in ein paar Stunden oder Tagen erledigen, nicht innerhalb von
Monaten. Doch das Ziel hier ist nicht, diese Aufgaben zum Abschluss zu bringen, sondern Human Resources aktiv mit Nichtstun beschäftigt zu halten. Sie werden übertrieben viel Zeit in Fokusgruppen verbringen, und dies kann einem Sorgen bereiten,
da man dort womöglich versucht, Ihre Handlanger abzulenken.
Um dies zu verhindern, müssen Sie nur zwei simple Regeln befolgen:

1. Sagen Sie Ihren Handlangern in klaren Worten, dass Fraternisieren mit Human Resources sie ihren Job kostet.
2. Erlauben Sie es Ihrem Personalchef, einen Haufen anderer
Personalmenschen anzuheuern.

Das verschafft Human Resources dann ein Team, mit dem Fokusgruppen gebildet werden können, und gleichzeitig eine Organisation, die nicht mit ihnen reden will. So werden sie es viel leichter finden, miteinander Fokusgruppen zu bilden als mit anderen, dass sie dies glückselig immer wieder tun werden, bis … nun, wir sind uns nicht ganz sicher, wie lange die damit weitermachen können, denn die Langzeitstudie, die wir in den 1960er-Jahren gestartet haben, läuft immer noch, ohne dass ein Ende in Sicht wäre.

Mit so einem Ansatz können Sie also Human-Resources-Gemurkse im Wert einer ganzen Berufslaufbahn kaufen. Hin und wieder werden die mit Ihnen über die Ergebnisse dieser Studie oder jener Analyse oder von Bericht XY reden wollen. Und so sehr Sie sich auf deren billige und unmodische Schuhe erbrechen wollen, schlage ich doch vor, dass Sie voller Wärme auf diese Vorschläge eingehen. Human Resources wird Ihnen einen Haufen Unsinn vorlegen, der größtenteils unverständlich sein wird (wenn Sie genau hinschauen, können Sie normalerweise erkennen, wo die in letzter Minute die Feen und Blumen aus ihren Berichten rausretuschiert haben.)

Tun Sie so, als würden sie zuhören, und vermitteln Sie einen überaus nervösen und vorsichtigen Eindruck. Halten Sie sich an einige der folgenden Punkte, um genau den richtigen Ton zu treffen:

▶ Die Entwicklung der Leute ist Ihnen äußerst wichtig, und Sie wollen sicherstellen, dass nur die besten Methoden angewendet werden.

▶ Es ist Ihnen wichtig, konsistent zu wirken, und Sie wollen nicht im Widerspruch zu etwas stehen, was an andere Abteilungen kommuniziert wird.

▶ Sie haben gehört, dass andere Firmen diese Frage mittlerweile anders beurteilen und dass es eine neue strategische Richtung gibt, die bereits von anderen führenden Organisationen verfolgt wird.

Danken Sie den Leuten der Personalabteilung dann für die gediegene Arbeit, die sie bisher geleistet haben, und loben Sie sie für eine lobenswerte Anfangsskizze. Schlagen Sie eine Folgeskizze in ein paar Monaten vor, und sie werden in einem Anfall erneuter Aktivität davonstürzen. Das ist ungefähr der Zeitpunkt, wo Sie sich auf eine neue Priorität verlegen müssen.

Das Ziel hier ist nicht, diese Aufgaben zum Abschluss zu bringen, sondern Human Resources aktiv mit Nichtstun beschäftigt zu halten. Wenn Sie damit weitermachen, sollten Sie sich alle paar Monate mit Ihrem Personalleiter treffen (etwa viermal im Jahr sollte reichen). Das wird Ihnen zwar wahrscheinlich einen Ausschlag bescheren, aber indem Sie es auf viermal pro Jahr reduzieren, sollte dieser harmlos ausfallen und mit einer Salbe in den Griff zu kriegen sein.

Nun kennen Sie zwei Methoden, um mit der von Human Resources dargestellten Bedrohung fertigzuwerden: Mord und die Ablenkungsstrategie. Ich persönlich glaube, dass zwei richtig gute, durchdachte Optionen genug sind, aber für diejenigen unter Ihnen, die mehr wollen, hier noch ein weiterer Vorschlag – professionelles Unterminieren.

Professionelles Unterminieren

Das ist der vermutlich komplexeste und zeitaufwendigste Ansatz, wenn es darum geht, mit Human Resources fertigzuwerden. Gleichzeitig ist ihm ein gewisser Elan und Überschwang zu eigen, den der tyrannische Connaisseur zu schätzen wissen wird. Es ist entscheidend, sich daran zu erinnern, dass Human Resources im Wesentlichen ein Non-Job ist, sodass die Glaubwürdigkeit dieser Abteilung sehr wackelig ist. Sie fußt mehr auf der Zeit, die man auf leitenden Personalposten und in großen, bekannten Unternehmen gedient hat, als auf Wissen, Erfolgsbilanzen oder Fähigkeiten.

Die Glaubwürdigkeit von Human Resources ist wie der zarte Schatten der Glaubwürdigkeit eines normalen Geschäftsmanns.

Sie ist dünn wie eine Waffel, ja üblicherweise von solcher Zartheit, dass man einfach hindurchsehen kann. Nun könnten Sie vielleicht annehmen, dass sie daher vernünftigerweise umso leichter zu zerfetzen ist, doch unterschätzen Sie nicht die menschliche Reaktion auf Bedrohungen.

Mag die Glaubwürdigkeit eines Personalleiters also auch dünn wie eine Waffel sein, so wird er doch im Normalfall umso geschickter darin geworden sein, sie zu verteidigen. Wenn Sie die Glaubwürdigkeit eines Personalers angreifen, dann ist es, als würden Sie einen Fuchswelpen attackieren. Sie können davon ausgehen, dass die Mutter sich kämpfend dazwischenwerfen wird. Nun ist ein Fuchs, genau wie ein Personalleiter, kein wirklich gefährliches Tier, das man mit einem kräftigen Schlag auf den Kopf erledigen kann. Doch wie der Fuchs in unserer Analogie kann auch ein Personaler einem hässliche Bisse beibringen. Außerdem sind es recht räudige Tiere und man weiß nie, wo sie waren oder was sie gefressen haben ... haben Sie Ihre Personalleiter in letzter Zeit auf Tollwut untersuchen lassen?

Okay, vielleicht bricht der Vergleich schlussendlich zusammen, aber der Punkt kommt rüber. Ein direkter Angriff ist voraussichtlich nicht der vernünftigste, subtilste oder auch nur tyrannischste Weg, den man wählen kann. Nein, wenn Sie wirklich die Glaubwürdigkeit des Personalbüros unterminieren wollen, müssen Sie erst die Mutterfüchsin reinlegen und sie dazu bringen, dass sie Sie auf ihr Junges aufpassen lässt.

Fangen Sie damit an, Ihren Personalleiter mit reichlich Lob zu überschütten, besonders dann, wenn er seine endlosen und sinnlosen Berichte und Analysen bei Ihnen einreicht oder diese überprüft. In seinem Kopf muss es so aussehen, als wären Sie sein größter Bewunderer, Unterstützer und würden ihn selbst bei Ihren schwersten Sorgen ins Vertrauen ziehen. Eine gute Art, dieses Bild zu erzeugen, ist, ihm einige intime persönliche Details anzuvertrauen.

Sorgen über die persönliche Finanzlage, die Kinder, Beziehungen etc. sind gute Themen. Nun ist der Trick daran, diese irrelevant zu halten (»Ich finde, mein Mann verbringt zu viel Zeit mit seinen Kameraden aus der Arbeit und nicht genug mit den Kindern«, oder: »Meine Frau gibt zu viel Geld für Schuhe und Handtaschen aus.«) Das lässt ihn glauben, dass Sie ihm wirklich vertrauen, und ermutigt ihn, Ihnen ebenfalls Vertrauen zu schenken. Nun erfinden Sie diese Details natürlich, Sie würden einem Personaler niemals etwas liefern, was er in der Zukunft gegen Sie verwenden könnte. Denken Sie daran, Sie müssen ihn dazu bringen, *Ihnen* zu vertrauen, Sie vertrauen *denen* natürlich nicht mal so weit Sie sie werfen können.

Für sich genommen wird dies jedoch nicht genug sein, um Human Resources dazu zu bringen, Ihnen ihren wichtigsten (manche würden sagen: einzigen) Aktivposten auszuhändigen: ihre Glaubwürdigkeit. Sie werden sich nicht dazu durchringen können, Ihnen völlig zu vertrauen, bis sie das Gefühl haben, dass sie sich Ihnen gegenüber in eine verwundbare Position begeben können, weil Sie nur ihr Bestes wollen. Im Wesentlichen geht es darum, dass Sie ein so überzeugendes (aber dennoch falsches) Gefühl von Sicherheit erzeugen müssen, dass Human Resources Ihnen in die Falle geht. Klingt schwierig? Ist es nicht. Sehen Sie, der durchschnittliche Personalmensch ist nicht eben klug und wird leicht in folgende Fallen tappen:

1. Finden Sie heraus, was er gern hat (Wandern, Death Metal, Krabben, Scrabble, Kreuzstiche), dann kaufen Sie ihm etwas Entsprechendes. Sie müssen den »Ich habe das gesehen und an dich gedacht«-Knopf drücken. Es tut schon ein alter Artikel, den Sie rasch aus *Personalabteilung Heute* gerissen haben, aber Sie sollten über die Option nachdenken, einen Ihrer unfähigeren und nutzloseren Handlanger ein wenig recherchieren zu lassen und etwas ein wenig Beeindruckenderes herbeizuschaffen.

2. Stellen Sie Fragen nach ihrem persönlichen Leben und bringen Sie einen Ihrer Untergebenen dazu, sich Notizen zu machen. Lassen Sie sich von dem Handlanger über diese

Punkte briefen, kurz bevor Sie sich wieder mit dem Personalleiter treffen, sodass Sie entsprechend flauschige Fragen
stellen können: »Wie geht's dem kleinen Jackie?« Oder:
»Wie war der Skiausflug?« Es mag bei Ihnen einen leichten
Würgereiz auslösen, solche Fragen zu stellen, weshalb es
sich empfiehlt, mit einem strapazierfähigen Taschentuch
loszuziehen, für den Fall, dass Sie sich übergeben müssen.
Versuchen Sie, zumindest leicht interessiert an dem geistlo-
sen Geplapper zu wirken, das diese Art von Frage nach sich
ziehen wird. Eine gute Frage, gefolgt von einem Gesichtsausdruck betäubter Langeweile, wird den Effekt des Ganzen eher reduzieren.

Bislang haben Sie sich beim Angriff auf Ihren Personalleiter einer
zweigleisigen Strategie bedient. Sie haben Offenheit (Sie vertrauen
sich ihm an) und Fremdzentriertheit (Sie haben sich Dinge über
ihn gemerkt) benutzt, um ihn dazu zu bringen, Ihnen zu vertrau-
en. Das ist normalerweise mehr als genug, um einen tiefen Grad
von Vertrauen zwischen Ihnen beiden und der Mutterfüchsin
herzustellen, die nun ein falsches Gefühl von Sicherheit genießt.
Sie wird Sie nicht länger als Bedrohung ansehen, nein, im Gegenteil, sie wird die Vorstellung, dass Sie sich um ihr Junges kümmern, freudig begrüßen. Mittlerweile wird der Personalleiter gegenüber seinem Boss und seinen Kollegen positive Dinge über Sie
sagen und es wird den Anschein haben, dass Sie beide eine gute
Arbeitsbeziehung pflegen. Die Falle ist gestellt, nun müssen Sie
nur noch auf eine Gelegenheit warten.

Versuchen Sie herauszufinden, ob der betreffende Personalleiter
befördert werden möchte oder ob es hilfreich für ihn wäre, etwas
Kundenfeedback zu bekommen. Was Sie herzustellen versuchen,
ist eine Gelegenheit, privat mit seinem Boss zu reden. Es funktioniert nicht, wenn Sie das veranlassen. Wenn Sie das machen, kommen Sie als pampiger, grantiger Kunde rüber und der Chef von
Human Resources wird Ihnen nur mit einem Ohr zuhören. Man
muss Sie dazu einladen, Feedback zu geben.

Ihr Personalleiter wird klarmachen, dass er glaubt, dass zwischen Ihnen eine exzellente Arbeitsbeziehung herrscht, sodass sein Boss denkt, dass Ihr Feedback warm und kuschelig sein wird. Wenn Sie also eingeladen werden, mit dem Boss zu reden, dann bringen Sie zum Ausdruck, dass Ihnen nur das Wohl von dessen Untergebenen am Herzen liegt, dass Sie nur das wollen, was für den Personalleiter gut ist. Machen Sie dann klar, dass Sie meinen, für ihn sei das Beste, wenn man ihn zum Tellerspülen in die Kantine versetzen würde. Sie werden viele Beispiele dafür liefern können, dass er Ihnen nichts geliefert hat (das liegt daran, dass Sie das nicht zugelassen haben, aber diese Tatsache können Sie überspielen).

Sie können zu Recht darüber jammern, dass er stets Dinge herauszufinden scheint, jedoch nichts tut. Sie können klarmachen, dass, wenn Sie ihn auch persönlich mögen (üben Sie hierfür Ihren besten Ehrlichkeitston – es funktioniert nicht so gut, wenn Sie das zwischen zusammengebissenen Zähnen hervorpressen), Sie doch das Gefühl haben, dass er beruflich eher überfordert ist. Dann bitten Sie einfach um einen Termin in ein oder zwei Monaten, bei dem darüber gesprochen wird, wie man Ihnen einen passenderen Helfer aus Human Resources zur Seite stellen kann.

Und da haben Sie es. Sie haben damit die gesamte Karriere Ihres ahnungslosen Human-Resources-Deppen torpediert. Man wird ihn versetzen, entweder in einen anderen Bereich oder ganz außerhalb der Firma. Mit hoher Wahrscheinlichkeit wird man ihn in ein zentrales Projektteam stecken, wo er keinen Schaden anrichten kann. Es wird sich die Nachricht verbreiten, dass die Arbeit mit Ihnen der reine Selbstmord ist, wenn sich die aufgespießten Kadaver von Human Resources-Karrieren um Ihren Ruf herum auftürmen.

Die gewitzteren, schwierigeren Personaler werden großen Abstand zu Ihnen halten und nur neue, dumme oder schlecht vernetzte Human-Resources-Idioten werden sich Ihnen zuteilen lassen, wodurch das Personalbüro zu einer zunehmend leichter handhabbaren und unbedeutenden Bedrohung für Sie und Ihre

Tyrannei wird. Recht viel näher ans Pfählen kommt man in den meisten normalen Geschäftsumgebungen heutzutage nicht mehr. Zugegeben, Vlad der Pfähler würde das kaum als die angemessene Reaktion auf etwas, das er als Bedrohung wahrgenommen hätte, ansehen. Doch Vlad lebte in einer sehr viel wortgetreueren Zeit, wo eine regelmäßige Geschäftspraxis eben so aussah, Feinde als riesige Bleistiftspitzer zu verwenden.

Wenn Sie die Ratschläge in diesem Kapitel befolgen und sich die genannten Ansätze zu eigen machen, können Sie die von Human Resources dargestellte Bedrohung deutlich vermindern und sie vielleicht sogar völlig zum Verschwinden bringen. Dann haben Sie die Freiheit, Ihre Tyrannei erblühen und zu ihrer vollen, monströsen Größe heranwachsen zu lassen. Wer weiß, wohin Sie das führen wird …

Kapitel 10 – Lektionen in Tyrannei

▶ Lernen Sie, Ihre Feinde zu identifizieren. Human Resources ist niemals Ihr Freund.

▶ Tatsächlich gibt es keine Human Resources. Es handelt sich um einen Non-Job.

▶ Das Personalbüro hat viele verrückte Ideen, auf die Sie achten und gegen die Sie sich verteidigen müssen, darunter:

  ▶ Mitarbeiterschulungen: Verschwendung von Zeit und Geld, um Ihren Mitarbeitern Dias und Bilder zu zeigen.

  ▶ Sukzessionsplanung: Verschwendung von Zeit und Geld durch Planen, wer Ihren Posten übernehmen soll (als ob das jemand könnte!).

  ▶ Talentmanagement: Verschwendung von Zeit und Geld durch den Versuch, herauszufinden, welcher von Ihren Handlangern der am wenigsten Nutzlose ist.

  ▶ Gleichheit und Diversität: Verschwendung von Zeit und Geld durch Stigmatisierung des Missbrauchs von Minderheiten. Wenn es rechtlich nicht angeraten erscheint, Ihren Human-Resources-Idioten zu ermorden, dann lenken Sie ihn ab, indem Sie ihm haufenweise sinnlose Arbeit aufladen, z. B. das Erstellen von Mitarbeiterbindungsstrategien.

▶ Verbieten Sie Ihren Mitarbeitern das Fraternisieren mit Human Resources, aber lassen Sie Letztere ihre eigenen Leute anstellen, um sie so zu ermuntern, ihr Gerede in der eigenen Abteilung zu halten.

▶ Unterminieren Sie sie auf professioneller Ebene, indem Sie zunächst ihr Vertrauen durch Folgendes gewinnen:

  ▶ Enthüllung einiger falscher Details über Ihr Privatleben.

  ▶ Herausfinden einiger Nichtigkeiten über den Personalleiter.

▶ Sobald Sie einmal sein Vertrauen gewonnen haben, finden Sie einen Weg, ihn vor seinem Boss zu untergraben.

Wenn Sie die keineswegs unbeträchtlichen Anstrengungen auf sich genommen haben, einen tyrannischen Führungsstil aufzubauen, dann haben Sie es verdient, die Früchte zu ernten, die sich jemandem von Ihrem Format und Ihrer Entschlossenheit darbieten. Lassen Sie sich diese nicht von den Nichtsnutzen in der Personalabteilung abluchsen ...

Das Vermächtnis des Tyrannen: Erschaffen Sie eine dauerhafte Kultur der Schuldzuweisung

Sie haben eine lange Reise hinter sich. Als Sie dieses Buch in die Hand genommen haben, waren Sie vermutlich noch Opfer des Missverständnisses, dass es beim Chefsein um Blumen, Feen und Regenbögen ginge. Sie haben gelernt, dass Sie, um ein wahrhaft großer Anführer zu sein, erst zum Tyrannen werden müssen. Sie haben gelernt, was es bedeutet, wirklich schrecklich zu sein, und haben gesehen, wie die Tyrannen der Vergangenheit gewalttätige Techniken eingesetzt haben, um ihre Gleichgestellten zu beherrschen, Größe zu erlangen und sich dabei noch gewinnbringend die Taschen zu füllen.

Sie sind ein Meister in den kleinen Dingen geworden, die Teil der Tyrannei sind, und Sie haben damit begonnen, die äußerst reale Bedrohung, die Ihre Handlanger darstellen, in den Griff zu bekommen. Außerdem haben Sie gelernt, wie Sie diese Handlanger in einem beständigen Zustand angstgetriebener Aktivität halten können. Sie sind eingetaucht in eine Welt wahrer Macht, ihres Missbrauchs und gerade, als die nörglerischen Kinder in Human Resources dachten, Sie könnten Ihnen ins tyrannische Handwerk pfuschen, haben Sie gelernt, wie Sie auch mit diesen fertigwerden können.

Nun sind Sie bereit, den Mantel der Tyrannei anzulegen und ihn mit Stolz zu tragen. Gratulation, Sie haben den Respekt, das Vertrauen und die Freundschaft Ihrer Vorgesetzten gewonnen, zusammen mit dem unterwürfigen Schrecken Ihrer Mitarbeiter. Diese berauschende Mixtur wird Ihnen aufs Beste dienen und ich habe volles Vertrauen in Sie, wenn ich sage: »Gehe hin und erobere!«

Sie haben alles, was Sie brauchen, also ziehen Sie los und amüsieren Sie sich ein bisschen. Wenn Sie nach ein paar Jahren mit dem Erobern fertig sind, dann kommen Sie wieder und lesen Sie den Rest dieses Kapitels. Sie müssen mindestens drei Jahre Tyrannei auf dem Buckel haben, bevor das Weiterlesen Sinn macht. Und wenn Sie für diesen nächsten Schritt bereit sind, dann denken Sie daran, dass dieses Kapitel da ist, weil es Ihnen helfen kann, etwas wirklich Besonderes ins Leben zu rufen. Sie können ein tyrannisches Vermächtnis hinterlassen …

Sie sind wieder da. Wie war es? Werden die Leute grün im Gesicht bei dem Gedanken an ein unerwartetes Meeting mit Ihnen, bei dem Sie »über die Zahlen reden wollen«? Ist die Fluktuation bei den Mitarbeitern so hoch wie nie zuvor? Ist Ihr Imperium so aufgebaut, dass es über turmhohe Zahlen von Leuten verfügt, die nichts von eigentlichem Wert tun? Ist die Motivation so niedrig wie noch nie? Die Mitarbeiter haben sich daran gewöhnt, mit Büromöbeln geschlagen zu werden? Gut. Offensichtlich hat Ihnen die Sache Spaß gemacht. Wenn Sie auf die Mehrzahl dieser Fragen nicht mit einem ehrlichen Ja antworten können, dann auf, auf! Und kommen Sie nicht zurück, bis nicht mindestens 5 Prozent Ihrer Mitarbeiter jährlich in der Notaufnahme wegen »Tackerverursachter-Unfälle« aufgenommen wurden. Und wenn Sie herumdrucksen, erhöhen wir das auf 10 Prozent

Aber die unter Ihnen, die es geschafft haben und in die heiligen Hallen der wahren Tyrannei eingetreten sind, will ich auf eine letzte schreckliche Reise mitnehmen. Ich will Sie über sich selbst und Ihre eigene Zeit hinausführen. Ich werde Sie unsterblich machen. Diese Reise fordert viel, viel mehr als eine Serie von Übungen und Routinen. Es wird nicht genug sein, Ihre Einstellung zu ändern. Nein. Sie müssen bereit sein, Ihren Einfluss als Chef und als Individuum auf einer viel breiteren Basis einer genauen Prüfung zu unterziehen.

Sie können diese Reise nicht unternehmen, bis Ihr eigenes inneres Tyrannentum Frieden mit sich selbst geschlossen hat. Es sollte sich nicht länger als Anstrengung anfühlen, jemanden, der alt geworden ist, zu feuern oder Ihre Angestellten bis zu dem Punkt suizidaler Verzweiflung zu demotivieren. Dieser innere Zustand von Tyrannentum sollte für Sie vollständig, leicht und natürlich sein. Wenn das der Fall ist, ist es an der Zeit aufzubrechen ...

Ich will, dass Sie darüber nachdenken, was die Leute über Sie sagen werden, wenn Sie gestorben sind. Erstellen Sie eine Liste der Dinge, von denen Sie glauben, dass man sie bei Ihrer Beerdigung über Sie sagen wird, vielleicht nicht während der Reden, sondern in den privaten Momenten unter den Leuten, die Sie gut kannten. Als Tyrann mit jahrelanger Erfahrung stelle ich mir gern vor, dass meine eigene Liste etwa so aussehen wird:

▸ Er wusste wirklich, was die Leute am Laufen hält, und dann hat er ein Ende damit gemacht.
▸ Er hat Fehler stets als Gelegenheit begriffen, jemandem eine Lektion zu erteilen.
▸ Gleichheit war ihm wichtig, er hat alle wie Scheiße behandelt.
▸ Er hatte ein Herz für Idioten, aber er warf gern mit scharfen Gegenständen nach ihnen.
▸ Er sah das Beste in den Leuten. Das ließ er dann entfernen.
▸ Ich habe immer noch Angst vor ihm.
▸ Glaubst du, er ist wirklich tot?
▸ Wenn er in die Hölle kommt, bekommt der Teufel Albträume.
▸ Er muss einiges dafür getan haben, um in den Himmel zu kommen. Ich wette, er übernimmt da bald das Ruder.
▸ Ich frage mich, was er mit all dem Geld gemacht hat.
▸ Diese Appetithäppchen sind verdächtig gut ...
▸ Pssst – was, wenn er dich immer noch hören kann?

Was wird man über Sie sagen? Wird die Furcht vor Ihrer Schrecklichkeit über Ihr Grab hinausreichen? Wird Ihr Ehrfurcht gebietender Schatten noch emporragen, lange nachdem Sie die Bühne verlassen haben? Wie wird Ihr tyrannisches Vermächtnis aussehen?

Nun, da ich mich dem Ende meiner Reise durch die Tyrannei nähere, denke ich darüber nach, wie ich der Gesellschaft etwas zurückgeben kann, von der ich mir *so* viel geholt habe. Ich möchte Sie einladen, dasselbe zu tun. Für

Ich will Sie auf eine letzte schreckliche Reise mitnehmen. Ich will Sie über sich selbst und Ihre Zeit hinausführen. Ich werde Sie unsterblich machen.

mich bestand ein Teil meiner Anstrengungen darin, dieses Buch zu schreiben, sodass aufstrebende Tyrannen über ein Leitbild verfügen, ein Leuchtfeuer, das sie in der schäumenden See des Weicheiertums anführen soll.

Doch denken Sie daran, dass nicht jeder ein Buch über Tyrannei am Arbeitsplatz schreiben kann. Halten Sie sich vor Augen, dass auch ich ein Tyrann bin und Sie nicht herausfinden wollen, was ich mit Konkurrenten mache. Und wenn Sie glauben, Sie wären tyrannischer als ich, dann denken Sie noch mal nach: Ich war es, der das Buch über Tyrannei geschrieben hat. Sehen wir uns also, was sonst noch infrage kommt.

Da Sie mittlerweile ein wahrer Tyrann sind, gibt es eigentlich nur drei Gründe, warum Sie Ihren Posten verlassen sollten:

1. Sie werden befördert – Gratulation.
2. Sie gehen in Pension – Gratulation.
3. Sie sterben – mein Beileid.

Von Ihrem persönlichen Standpunkt aus gesehen werden sich alle drei Punkte ein wenig anders anfühlen, aber für die Leute, die Sie bis zu diesem Zeitpunkt tyrannisiert haben, ist es einerlei: Sie gehen. Bald werden sie einen neuen Chef haben, ein neues Arbeitsregiment und einen neuen Lebensstil. Wenn Sie jetzt nicht nachdenken und handeln, wird all Ihre harte Arbeit von anderen zunichtegemacht.

Nun, ich bin wirklich nicht kleinlich. Wenn ich mal mit etwas fertig bin, dann denke ich nicht groß darüber nach, was damit passiert, aber wenn ich zwei Stunden damit verbracht habe, eine Sandburg zu bauen, mit all den Türmchen und einem Burggraben und Wehrgängen, ich dann schwimmen gehe und sehe, wie ein paar 15-Jährige darauf herumspringen, dann …

… wäre ich darauf bedacht, sie mit gebrauchten Spritzen, Glasscherben und sorgfältig ausgesuchtem Hundekot zu füllen. So würden die nichtsnutzigen Jugendlichen bei ihrem Versuch, mein Monument niederzureißen, schnell lernen, dass es zurückschlägt und sie es besser in Ruhe lassen.

Tyrannei ist wie eine Sandburg. Sie ist fest und uneinnehmbar und überraschend haltbar, solange Sie da sind und sie beschützen. Es macht Spaß, sie aufzubauen, aber sobald sie ihr den Rücken kehren, werden Emporkömmlinge darauf herumtrampeln und die Fluten (der Zeit) werden die Sandburg wegspülen.

Stellen Sie sich also folgende Frage: Ist Ihnen daran gelegen, dass Ihre Tyrannei hinfortgespült wird, sehen Sie sie als etwas, was eine Kavalkade von Weichei-Bossen in den Staub treten soll? Ich sage: Nein! Ich will, dass meine Tyrannei noch lange in der Firma fortwirkt, in der ich sie aufgebaut habe, und noch darüber hinaus, wenn das machbar ist. Ich will, dass sie sich einnistet, so wie ein sturer, gutartiger Tumor, und im Kern der Organisation festhängt, lange nachdem ich sie verlassen habe, wie eine eigenständige Entität mit Leben und Geist. Ich will, und ich will, dass Sie es ebenfalls wollen, eine Tyrannei, die das Gewebe der Firma mit einem Gefühl lauernder Bedrohung durchsetzt, einem Grad frenetischer Panik und einem schleichenden Eindruck der eigenen Fragilität und Unfähigkeit in der Abteilung Human Resources. Das ist unser Vermächtnis an die Welt: eine Führungsform von solcher Macht, dass sie sämtlichen anderen Führungsformen die Kraft entzieht und so von ganz allein eine Kultur der Unterdrückung und Verzweiflung erzeugt.

Um dies zu erreichen, müssen Sie mit Ihrer Vorstellungskraft (und mit Ihren Gefühlen, für die Jedi-Inspirierten unter Ihnen) ausgreifen. Versetzen Sie sich an einen Ort in ferner Zukunft, zehn, 20 oder sogar 30 Jahre nach Ihrem Ausscheiden aus der Organisation. Sehen Sie sich um: Sehen Sie, hören Sie und berühren Sie alles (wenn Sie wollen, auch auf die unanständige Art – auch vorgestellte Tyrannei hat etwas). Ich will, dass Sie sich ausmalen, dass alle sich so benehmen, als wären Sie eine Gottheit, als ob sie befürchten würden, Sie und Ihr Einfluss seien real. Was tun sie? Was reden sie?

Was Sie sich da vorstellen, ist das Vermächtnis Ihrer Tyrannei. Das sind die Dinge, die die Leute tun und sagen werden, wenn es Ihnen gelingt, eine Schreckensherrschaft zu errichten, die die Zeit und Ihre physische Präsenz transzendiert. Das ist Tyrannei für Fortgeschrittene, die selbst ein paar der wahrhaft Großen in der Geschichte nicht erreicht haben. Um diesen Grad an Furchtbarkeit zu erlangen, der über Sie hinausreicht, müssen Sie sich organisieren. Und Sie müssen zwei Dinge in Sachen Organisationskultur begreifen:

1. Kultur steckt im Detail.
2. Einmal etabliert, ist Kultur nur sehr schwer zu verändern. Sie ist hartnäckig.

Eine Lebensweise besteht aus Tausenden kleinen organisatorischen Gewohnheiten, Prozessen und »So läuft das hier nun mal«s. Einige Tyrannen haben das verstanden und Vermächtnisse hinterlassen, die Jahrzehnte, ja Jahrhunderte überdauern. Andere schaffen das nicht …

Die gefährlichste Bedrohung ist die, die Sie nicht sehen können. Als Tyrannen wissen wir, dass wir einen gewissen Grad an Tarnung brauchen, um zu verhindern, dass das ganze Ausmaß unserer Schrecklichkeit ans Licht kommt. Wir sollten uns wie Pilze verhalten: Sie wachsen zum Großteil unter der Erde, wobei nur der Fruchtkörper hin und wieder die Oberfläche durchbricht, um einige Sporen abzusondern. Hitler war kein Pilz. Hitler hielt nicht viel von Tarnung. Während der 1930er-Jahre, insbesondere in den späten 1930ern, als seine Armeen begannen, an den ersten strategischen Plätzen einzurücken, standen keineswegs alle Leute dem

Nazi-Ansatz positiv gegenüber. Bis heute kann man sagen, dass sich Nazitum keineswegs universeller Popularität erfreut hat.

Es war einfach zu viel von Hitlers Tyrannei an den Kult seiner Person gebunden; er war ein echter Tyrann, aber kein systematischer. Als er sich 1945 in Berlin erschoss, löste sich die nationalsozialistische Partei mehr oder minder sofort auf und Deutschland kapitulierte fast augenblicklich vor den Alliierten.

Stalin war nicht weniger tyrannisch als Hitler. Er erreichte verblüffende Höhen der Macht, war völlig rücksichtslos, brachte Millionen von Menschen um. Der einzige Unterschied ist der, dass Stalin viel methodischer war und seinen Ehrgeiz in vernünftigen Grenzen hielt, wohingegen Hitler ... nun, nur Gott weiß, was Hitler wirklich wollte, aber so, wie sich die Sache darstellte, können wir nur davon ausgehen, dass er die Welt beherrschen wollte. Stalin dagegen war zufrieden, Russland zu beherrschen (Papiere, die nach seinem Tod aufgetaucht sind, geben Hinweise darauf, dass er erheblich mehr wollte, aber es ist schwer zu sagen, ob er diesen Neigungen jemals gefolgt wäre). Das soll nicht heißen, er wäre kein Expansionist gewesen. Seit Iwan hat Russland nicht mehr so viel Territorium geschluckt wie während der Sowjetzeit, wobei ein Großteil Osteuropas unter den Einfluss Moskaus geriet. Stalin benutzte all die üblichen Tricks, um seine Rivalen unbarmherzig zu beherrschen, genau wie sein Volk und seine Handlanger. Er teilte und herrschte so effektiv, dass er es schaffte, einen fast konstanten Grad frenetischen Wettbewerbs aufrechtzuerhalten.

Doch was Stalin gelang und Hitler nicht, war das Hinterlassen eines dauerhaften Vermächtnisses, einer Kultur des Schreckens, die bis vor relativ kurzer Zeit im modernen Russland überlebt hat (manch einer würde sagen, es gibt sie noch heute) und der es noch Jahrzehnte nach seinem Tod überaus wohlerging.

> **Was Stalin gelang und Hitler nicht, war das Hinterlassen eines dauerhaften Vermächtnisses, einer Kultur des Schreckens.**

Er schuf eine Kultur der Geheimniskrämerei. Unter Stalins Führung wurde fast alles als absolut geheim betrachtet. Direktiven in den russischen Geheimarchiven zeigen, dass keine Entscheidung, die von irgendwelchen leitenden Komitees getroffen wurde, aufgezeichnet werden durfte. Denken Sie darüber mal einen Moment lang nach. Ein Land von der Größe und Komplexität Russlands, in dem kritische politische Entscheidungen nicht auf Papier festgehalten wurden. Plötzlich waren jene, die über Informationen verfügten, unglaublich mächtig und einflussreich. Und wer hatte die Informationen letztlich? Der Typ ganz oben, gefolgt von denen, die Zugang zu ihm hatten, und dann jene mit Zugang zu den Leuten, die Zugang zu denen hatten, und so weiter und so weiter.

Das Leben gestaltet sich so, dass Informationen Macht bedeuten. Stalin – alias Tyrann – misstraute zu Recht seinen Handlangern und sah in ihnen die Bedrohung, die sie tatsächlich auch darstellten. Daher umgab er sich mit einer riesigen Leibwache. Er war vielleicht der am schwersten bewachte Führer in der modernen Geschichte. Schließlich wurde seine Leibwache zur herrschenden Partei, da die Nähe seiner Leibwächter bedeutete, dass in Wahrheit sie die Entscheidungsträger und Machthaber der Sowjetunion waren, privilegiert durch ihren Zugang zu den entscheidenden Faktoren: Informationen und dem Willen des »Chefs«.

Stalin nahm sich als Leibwächter gewöhnliche Leute, die ihm phänomenale Loyalität entgegenbrachten, da er sie aus der völligen Bedeutungslosigkeit erhoben hatte. Dadurch folgte Stalin dem Vermächtnis (möglicherweise wissentlich) unseres Helden Iwan dem Schrecklichen. Iwan hatte 450 Jahre zuvor genau dasselbe getan und die Garde des Großfürsten war seitdem ein fester Bestandteil der russischer Oberschicht, selbst wenn sich die Nomenklatur mit der Zeit etwas verändert hat.

Stalin beseitigte sämtliche normalen Kommunikationskanäle, die es in anderen Ländern gab. Die Presse war still, die Leute in Führungspositionen konnten nicht an verlässliche, konsistente Informationen gelangen und die Verantwortlichkeiten verlagerten sich wie Sanddünen. Dank der totalen Erosion einer normalen Regierung konnte Stalin sich darauf verlassen, dass sein Vermächtnis auch nach seinem Tod eine Weile sicher sein würde.

Stalin schuf außerdem eine Kultur der Rivalität. Seine Opponenten stürzten sich fortwährend kämpfend aufeinander, wodurch sie ständig am Rande ihrer Kräfte waren. Die Situation wurde so komplex und verwoben, dass die Handlanger oft losgeschickt wurden, um ihre Kollegen zu exekutieren, während sie genau wussten, dass sie ein ähnliches Schicksal von Händen eines anderen erwartete. Es ist möglich, dass es Stalin durch die ständige Umwälzung der oberen Ränge seiner Rivalen gelang, einen gewissen Grad an erlernter Hilflosigkeit unter ihnen zu verankern. »Erlernte Hilflosigkeit« ist eine Formulierung, die in den 1950er-Jahren von dem Psychologen Burrhus Skinner geprägt wurde. Er führte eine Reihe von Experimenten mit Ratten durch, die etwa folgendermaßen verliefen:

1. Man platziert eine Ratte in einen Drahtkäfig mit einer gummiverkleideten Erhöhung.
2. Man lässt einen Summton erklingen und setzt dann den Käfig unter Strom – die Ratte springt sofort auf die »sichere« Erhöhung.
3. Man wiederholt dies vier- oder fünfmal, bis die Ratte darauf konditioniert ist, bereits beim Ertönen des Summtons und vor Betätigung des Elektroschocks auf die Erhöhung zu springen.
4. Man entfernt die Sicherheitszone.
5. Man fährt mit der Summton-Schock-Behandlung noch vier- oder fünfmal fort.
6. Man richtet erneut eine Sicherheitszone ein.
7. Der Summton erklingt und die Ratte sitzt nur noch da und erhält den Schock, statt auf die neu eingerichtete Sicherheitszone zu springen. Sie hat ihre Hilflosigkeit erlernt.

Wenn wir auf das Verhalten der hochrangigen Mitglieder von Stalins Regime zurückblicken, dann sieht es so aus, als hätten sie einen gewissen Grad an Hilflosigkeit erlernt, weil sie ständig Schocks ausgesetzt waren. Dass Leute verschwanden, wurde so normal, dass man damit rechnete und manche Leute es sogar vorzogen, sich selbst umzubringen, statt die Schmach des Ermordet-werdens auf sich zu nehmen. Alles, was derjenige, der ausge-schickt wurde, um jemanden »verschwinden« zu lassen, zu tun hatte, war, abends in dessen Haus aufzutauchen, einen mit ihm zu trinken und zu sagen: »Du musst dich um was im Nebenzimmer kümmern.« Das war ein Code für »Geh nach drüben und erschieß dich, guter Junge.« Und die Leute taten es.

Es gab einfach kein Entrinnen vor Stalins Launen. Wenn er ei-nen tot sehen oder von der Bildfläche verschwinden lassen wollte, dann würde es auch so kommen, also war es besser, sich selbst das Leben zu nehmen, statt mit der Unsicherheit des Wie und Wann zu leben. Einer der oberen Chargen musste feststellen, dass er un-wissentlich Stalins Willen durchkreuzt hatte. Er wurde jedoch nicht direkt angegriffen, sondern gefragt, ob seine Frau in eine gewisse Gruppe involviert sei. Natürlich war seine Frau keines-wegs dergestalt involviert, doch der Typ erkannte die Situation als das, was sie war, und bestätigte schnell, seine Frau sei eine Agita-torin. Sie kam für Jahre in ein Militärgefängnis und wurde aufs Schlimmste behandelt.

Stalin brach systematisch den Willen sämtlicher starker Führer-figuren um sich herum. Er nutzte Rivalität, Geheimniskrämerei und Komplexität, um ein derart anarchis-tisches System zu schaffen. Seine Kont-rolle war so absolut, dass die Fähigkeit der Leute, rational für sich selbst zu denken, permanent eliminiert wurde. Das Großartige an der Skinner-Box ist, dass die Ratten nach der Wiedereinführung der Sicherheitszone nicht mehr draufspringen – sie haben aufgege-ben. Das bedeutet, dass, wenn man ein Vermächtnis wie Stalin hinterlässt, es noch fortdauert, lange nachdem man selbst ver-schwunden ist. Sind die Leute erst gebrochen, werden sie nicht mehr heil. So greift Stalins – und vor ihm Iwans – Vermächtnis von den Gräbern aus, erstickend, erschreckend und betäubend, als ob er heute zugegen wäre. Wahrer Terror, einmal erlebt, wird nie vergessen und lebt immer in uns weiter.

So gründet und etabliert man auch ein Vermächtnis innerhalb einer Firma. Stalin brachte es noch zu Lebzeiten, genau wie Iwan, auf einen fortgeschrittenen, guruartigen Grad von Schrecklichkeit. Er wusste, dass er, um das Fortdauern seines Vermächtnisses sicherzustellen, das Verhalten, die Gewohnheiten und die Kultur der Menschen um ihn herum verändern musste.

Doch was können wir tun, um dafür zu sorgen, dass unser tyrannisches Vermächtnis eine Gestalt annimmt, die unsere gebrechliche physische Form überdauert? Schauen wir uns eine einfache Strategie an, mit der wir anfangen können …

Das Schaffen einer dauerhaften Kultur der Schuldzuweisung ist eine Möglichkeit, durch die Sie sicherstellen können, dass noch lange nach Ihrem Ausscheiden, aus welchem Grund auch immer, Ihr Name mit Furcht und Respekt geflüstert wird. Den Leuten Schuld zuzuschieben, ist wesentlich mehr als ein unterhaltsames Spielchen für ein langes Nachmittagsmeeting. Es dient einem überaus realen Zweck, da es die Leute davon ablenkt, was wirklich geschehen ist und wie man verhindern kann, dass so etwas wieder passiert. Wir wollen nicht, dass unsere Leute sich auf diese Faktoren konzentrieren. Wenn sie es schaffen zu verstehen, was sich wirklich ereignet hat oder wie man die Dinge künftig verbessern kann, dann besteht das Risiko, dass sie damit anfangen, ein Gefühl von Meisterschaft und Fähigkeit zu entwickeln. Das ist, wie wir wissen, gefährlich und sollte vermieden werden.

Wenn die Dinge also schieflaufen, ist der erste Kurs, der in der ganzen Firma eingeschlagen werden sollte, *herauszufinden, wer schuld war*. Das wollen Sie natürlich, weil Sie jemandem eine Lektion erteilen möchten, aber es braucht mehr als das, wenn Sie ein Vermächtnis hinterlassen wollen. Es ist toll, ein positives Vorbild zu sein, aber Sie müssen das Verhalten der anderen ändern.

Legen Sie beispielsweise einen Prozess fest, der nach jedem größeren Zwischenfall oder Fehler in Gang gesetzt wird. Nennen Sie es »Post-factum-Berichterstattung« oder so ähnlich, dann sind die Hirnis aus der Personalabteilung glücklich. Schaffen Sie eine detaillierte, konsistente Agenda, die bei all diesen Post-factum-Berichten befolgt werden muss, vielleicht etwas in der Art:

1. Legen Sie fest, was schiefgegangen ist, und vermeiden Sie jegliche Diskussion darüber, *warum* es schiefgegangen ist.
2. Legen Sie die ungefähren Kosten des Fehlers in Dollar oder Euro fest.
3. Identifizieren Sie die niedrigstrangigen Mitarbeiter, die man mit einiger Sicherheit als verantwortlich für den Fehler bezeichnen kann.
4. Beauftragen Sie deren Chef damit, einen Weg zu finden, wie man die Kosten für den Fehler aus ihnen herauspressen kann, bevor man sie feuert.

Es ist wichtig, die Verantwortung für Fehler so weit wie möglich nach unten in der Organisation zu schieben. Sie werden merken, wenn Sie zu tief gegangen sind, weil es dann schwierig wird festzustellen, ob es die Schuld des Betreffenden war oder von jemand anderem in seinem Team. Wenn das eintritt, ist einfach deren Chef schuld. Ihr Job ist es, dafür zu sorgen, dass in diesem Prozess jedem einzelnen Fehler nachgegangen wird, bis die ganze Firma das verstanden hat. Sogar ein Weichei-Chef wird diesem Prozess folgen, nachdem Sie gegangen sind, das muskuläre Gedächtnis der Schuldzuweisung und retributiven Gerechtigkeit wird unmöglich ausgelöscht werden können.

Eine dauerhafte Kultur der Schuldzuweisung zu schaffen, ist nur eine Möglichkeit für Sie, ein tyrannisches Vermächtnis zu hinterlassen. Es gibt noch wesentlich mehr. Denken Sie über eine Firmenkultur nach, bei der ...

▶ man Krankheit als Entlassungsgrund sieht.
▶ alle Leute unter 25 systematisch gemobbt werden.
▶ einmaliges Zuspätkommen Überstunden für einen Monat nach sich zieht.
▶ Konversationen über Entwicklung strikt tabu sind.

▶ die Kommunikation zwischen Management und Mitarbeitern auf eine monatliche Tirade über Produktivität beschränkt ist.

▶ man die Eltern von Angestellten herbeizitiert, um die schlechte Qualität von Projektarbeit zu diskutieren, egal ob sie verstorben sind oder nicht.

▶ die Leute systematisch Projekten zugeteilt werden, bei denen sie Antrag auf Nichtteilnahme gestellt haben.

▶ man von allen Managern erwartet, laut und öffentlich mindestens einen Mitarbeiter pro Tag anzuschreien.

▶ man Angestellte, die verdächtigt werden, Arbeitsfreundschaften zu knüpfen, zwingt, nur noch Cord zu tragen.

▶ man Angestellte, die Fotos von Freunden, Familie oder Haustieren auf ihren Schreibtischen aufstellen, ermutigt, sämtliche ihrer Fotos mitzubringen, die dann gewaltsam entfernt und zerhäckselt werden.

▶ das Mobben von Leuten als positiver Teil des Arbeitsklimas betrachtet wird.

Um auch nur eine dieser Möglichkeiten Wirklichkeit werden zu lassen, bedarf es eines Prozesses. Beispielsweise könnte es im Einführungshandbuch Anweisungen für Manager geben, für den Fall, dass ein Proband Fotos von seinen Kindern für seinen Schreibtisch mitbringt. Oder lassen Sie sämtliche Manager regelmäßig insgeheim überprüfen und fristlos entlassen, wenn sie nicht jemanden anschreien. Solche Maßnahmen lassen gute Absichten zu Gewohnheiten und Routinen innerhalb der Firma werden – und diese sind es, die noch lange nach Ihrer persönlichen Herrschaft weiterleben werden. Selbst wenn ein Weichei-Chef ein Ende mit der Praxis macht, die Manager heimlich beobachten zu lassen, werden sie nicht wissen, dass das der Fall ist (Geheimniskrämerei ist ja so hilfreich). Für die sieht die Welt noch genauso aus wie damals, als sie beobachtet wurden, selbst wenn es gar nicht stimmt. Wenn Sie ihnen die richtige Lektion in Hilflosigkeit erteilt haben, dann werden sie sich weiterhin so benehmen, wie

Sie es ihnen antrainiert haben, selbst im Fall, dass die »Sicherheitszone« – in unserem Fall der Weichei-Chef – wiedereingeführt wird.

Die erfolgreiche Durchführung eines solchen Prozesses ist eine Herausforderung. Dazu müssen Sie einen Schritt zurücktreten und Ihre eigene Firma beobachten. Denken Sie darüber nach, was Sie tun können, um das Verhalten all der zahllosen, nutzlosen Individuen zu formen. Der Trick dabei ist, in ihnen die Laborratten zu sehen, die sie sind. Ihr Verhalten lässt sich durch die Verwendung von Stimuli konditionieren. Die Peitschen und Drachen, die Sie so sorgfältig geformt haben, kann man durch zahlreiche, konsistente und methodische Wiederholungen dazu nutzen, das Verhalten der Mitarbeiter zu beeinflussen. Das wirkt unabhängig davon, ob Sie persönlich anwesend sind oder nicht.

Wenn Sie das bezweifeln, dann führen Sie sich vor Augen, dass sich Stalins Handlanger auf seinen Befehl hin selbst umbrachten, selbst wenn er selbst Hunderte von Meilen weit weg war. Sie können komplexe, unnachvollziehbare Organisationsstrukturen schaffen, die Verantwortlichkeiten duplizieren und verwischen. Sie können unangemessen verlängerte Planungszirkel ins Leben rufen, sodass die Ungewissheit hinsichtlich der Investitionsprioritäten eine lähmende Paralyse erzeugt. Sie können für interne Konkurrenz zwischen den Teams sorgen, sodass die Leute nicht länger die echte Konkurrenz von außerhalb der Organisation zu sehen imstande sind und das als Entschuldigung für brutale Maßnahmen nutzen, die Ihre Firma »angesichts externer Vergleichswerte auf Zack bringen sollen«.

All das und noch mehr können Sie tun und dadurch eine Schreckensherrschaft errichten, die Ihre physische Präsenz durchdringt und weit über sie hinausgeht. Indem Sie das tun, können Sie die Firma zu einer Marionette verformen, die an den Fäden Ihres Gutdünkens einen gekünstelten, verkrüppelten, selbstbezogenen, selbstschädigenden Tanz aufführt, von dem sie sich möglicherweise nie wieder erholt. Dann können Sie all das aussaugen, was Ihnen nur in den Sinn kommt, wobei die Firma gleichzeitig so in sich selbst verheddert ist, dass sie vor lauter Windungen gar nichts davon bemerken wird, ja, sie wird sich von eben dieser Quelle des Giftes abhängig fühlen, das Sie ihr spritzen. Sie wird sich Ihrem Willen beugen und sich jeder Ihrer Launen unterwerfen, und wenn Sie mit ihr fertig sind, wird sie alles angreifen, was versucht, die Sache wieder in Ordnung zu bringen. Wie ein schwarzes Loch wird sie alles um sich her einsaugen und aus ihrer Umgebung eine lauernde, ominöse Macht ziehen, die nichts gibt und alles nimmt.

Dschingis Khan schuf so ein schwarzes Loch, und die mongolischen Horden fegten noch 150 Jahre nach seinem Tod durch Eurasien. Iwan der Schreckliche zeugte Stalin, und der Kalte Krieg kostete die Menschheit fast ihren Planeten. Sie waren die tyrannischen Machtquellen im Zentrum dieser schwarzen Löcher. Sie waren die personifizierte Macht.

Edward Radzinsky stellt in seinem Buch über Stalin diesen Sachverhalt aufs Beste dar, indem er eine Erinnerung Churchills an Stalin überliefert: »›Stalin machte einen äußerst großen Eindruck auf uns (…) Als er das Konferenzzimmer in Jalta betrat, standen wir alle auf, als wäre ein Kommando ergangen.‹ Churchill sagt auch, dass er einmal entschlossen war, nicht aufzustehen, doch als Stalin eintrat, sei es gewesen, als würde ihn eine überirdische Macht aus seinem Stuhl ziehen.«

Das ist es, wohin uns der Weg des Tyrannen führt. Zu dem Punkt, wo Sie nur einen Raum zu betreten brauchen und die mächtigsten Leute des Planeten in ehrfürchtigem Respekt aufstehen. Tyrannei kennt keine Grenzen, keine Beschränkungen. Wenn man sie perfektioniert, bringt sie einen so weit, wie man möchte. Die einzige Frage, die Sie je beantworten müssen, ist, wie weit Sie auf diesem Weg gehen wollen.

Kapitel 11 – Lektionen in Tyrannei

▶ Denken Sie darüber nach, was die Leute über Sie sagen sollen, wenn Sie aus der Firma ausgeschieden sind.

▶ Legen Sie Hundescheiße in Ihre Sandburg. Oder, um es anders zu formulieren: Schaffen Sie ein dauerhaftes Vermächtnis, das zurückschlägt, wenn die Leute versuchen, es einzureißen.

▶ Kultur steckt im Detail; kümmern Sie sich um die Details. Ist sie einmal etabliert, lässt sich eine Kultur nur noch sehr schwer verändern – sie ist dauerhaft.

▶ Seien Sie kein Hitler, seien Sie ein Pilz. Halten Sie den Großteil Ihrer Schrecklichkeit außer Sicht anderer Menschen. Vorsichtige Tarnung ist ein wichtiger Bestandteil bei der Schaffung eines dauerhaften Vermächtnisses.

▶ Folgen Sie Stalins Beispiel und schaffen Sie eine Kultur, die Geheimniskrämerei und Rivalität zu schätzen weiß. Tun Sie das, indem Sie die Dinge geheim halten und indem Sie dafür sorgen, dass Einzelne wie Teams im ständigen Konkurrenzkampf miteinander liegen.

▶ Schaffen Sie eine Kultur der »erlernten Hilflosigkeit«, dank derer die Leute einsehen, dass ihnen, egal, was sie tun, willkürlich Übles widerfährt und dass es keine Sicherheitszone gibt, auf die sie sich zurückziehen können.

▶ Zielen Sie darauf ab, eine gesunde Kultur der Schuldzuweisung zu schaffen, wo die Firma viel Zeit damit verbringt, sich selbst zu geißeln. Sorgen Sie dafür, dass Sie eine Reihe von Prozessen etablieren, die rigoros vollstreckt werden, sodass die Schuldzuweisung fest verankert wird.

▶ Wenn Sie über Ihr Vermächtnis nachdenken, dann müssen Sie über den Prozess oder das System nachdenken, das Sie hinterlassen werden und das sich noch für Monate und Jahre, nachdem Sie das Gebäude verlassen haben, fortsetzen wird.

Ein Hund ist keine Anschaffung für Weihnachten, sondern fürs ganze Leben. Genauso ist Tyrannei nicht nur für die Zeit, die Sie hier verbringen. Sie ist für immer. Denken Sie darüber nach, wie Ihren Einfluss noch jene spüren werden, die in die Firma kommen werden, lange nachdem man Sie schon als Dünger benutzt …

VON DESPOTEN
LERNEN

Eines Tages schreibe ich ein richtiges Buch über Führung. Wenn mein Körper langsamer wird und ich nicht mehr dran interessiert bin, in London rumzurennen. Oder wenn ein Whisky am Feuer mit einem Hund zu meinen Füßen mir angenehmer erscheint als ein Bauch voller Ale und gegrilltem Lamm im Anchor & Hope. Doch bis dahin ist es noch ein weiter Weg und ich finde, es ist spaßiger, das Lernen von der beschriebenen Seite her anzugehen. Wir sind in diesem Buch mit einigen wirklich wichtigen Ideen auf Tuchfühlung gegangen, doch wir haben uns nicht auf direkte Weise mit ihnen beschäftigt. Ich persönlich habe den Verdacht, dass ein Großteil des Lernens so passiert. Wir tun etwas, über das wir nicht groß nachgedacht haben, es geht furchtbar schief, die Leute machen »tz, tz« und wir denken in einem stillen Moment: »Was genau ist hier passiert?«

Allerdings haben Sie das Geld aus Ihrem Portemonnaie genommen, um dieses Buch zu kaufen, und so, wie ich hier sitze, habe ich das Gefühl, Sie ein wenig geprellt zu haben (es sei denn, Sie hätten es antiquarisch gekauft oder es geschenkt bekommen, in welchem Fall Sie jetzt zu lesen aufhören können, Sie Geizhals!). Deshalb finden Sie im Folgenden eine komprimierte Zusammenfassung der Lektionen aus diesem Buch, die zum leichteren Gebrauch gleich auf den Kopf gestellt sind, sodass Sie sich eine nach der anderen vornehmen und sie leicht und angenehm verdauen können. So ist es vielleicht nicht so lustig, aber es hilft womöglich Ihrer Erinnerung auf die Sprünge …

So lernt man vom Tyrannen, ohne das Wort »Handlanger« zu benutzen.

Über die Rückkehr
zur Gewaltherrschaft

Lektion in Tyrannei	Umkehrung
Wir sollten hinter dem Epitheton »schrecklich« her sein.	Sie sollten die Kernqualität identifizieren, die Sie als Chef mitbringen. Sie sollten wissen und verstehen, welche Art von Chef Sie sein wollen.
Es ist sicherer, gefürchtet als geliebt zu werden.	Wenn die Leute Angst vor Ihnen haben, haben Sie sie verloren.
Führung ist kein Beliebtheitswettbewerb, daher muss es sich um einen *Unbeliebtheitswettbewerb* handeln.	Zugegeben, Führung ist kein Beliebtheitswettbewerb. Große Chefs arbeiten dafür, zu verstehen, was ihre Leute *brauchen*, um Höchstleistungen zu erbringen, und geben ihnen genau das. Manchmal unterscheidet sich das, was die Leute wollen, von dem, was die Leute brauchen.
Wenn Sie jemanden bestrafen, dann achten Sie darauf, noch extra jemand Unschuldigen mitzubestrafen, um Ihrer Aussage Nachdruck zu verleihen.	Bestraft werden freche Kinder. Trennen Sie sich von diesem geistigen Rahmen, wenn Sie über Kollegen und Angestellte nachdenken. Das sind erwachsene Menschen, die nicht bestraft gehören, solange sie nichts Illegales tun.
Hüten Sie sich vor Weicheiertum und Weichei-Chefs – doch versuchen Sie *nicht,* diese auf den rechten Weg zu bringen.	Da draußen gibt es Tyrannen. Ihre Unterstützung, Ihr Coaching und Ihre Ratschläge können ihnen helfen, bessere Chefs zu werden. Intervenieren Sie.

Lektion in Tyrannei	Umkehrung
Nähren Sie Ihr Verlangen nach Macht und Kontrolle.	Hüten Sie sich vor Ihrem Verlangen nach Macht und Kontrolle. Sie sollten danach streben, den Leuten zu dienen, die uns folgen. Sie lassen die wahre Magie geschehen. Übernehmen Sie die Verantwortung und ermutigen Sie sie, ihr Bestes zu geben.

Argumente für die Tyrannei

Lektion in Tyrannei	Umkehrung
Unsicherheit und Konkurrenzdruck sind die Schlüsselingredienzien zur Sicherstellung der Angemessenheit einer Tyrannei.	Klarheit und Zusammenarbeit sind die Schlüsselingredienzien, um sicherzustellen, dass Ihre Leute in der Lage sind, effektiv in einer modernen Firma zu arbeiten.
Es ist die Aufgabe des Tyrannen, den Grad an Unsicherheit und Konkurrenzdruck zu erhöhen, sodass die Schreckensherrschaft (die angemessen, aber manchmal nicht schmackhaft sein mag) für akzeptabler gehalten wird.	Ihre Rolle als Chef besteht darin, die Leute dabei zu unterstützen, in Situationen der Unsicherheit erfolgreich zu navigieren. Betonen Sie das, was nach wie vor gilt, indem Sie eine Welt erschaffen, in der Veränderungen ohne den Stress passieren, der mit ihnen einhergeht. Es ist Ihre Aufgabe, Ihre Leute bei der Zusammenarbeit zu unterstützen und den internen Konkurrenzdruck zu verringern, wenn das eine Wertschöpfung innerhalb Ihrer Firma schwieriger macht.
Erhöhen Sie die Unsicherheit durch die Wahrung von Grauschattierungen innerhalb Ihrer Organisation – versuchen Sie zu verhindern, dass die Leute Klarheit hinsichtlich dessen gewinnen, was sie tun sollen.	Seien Sie sich über die Rollen Ihrer Angestellten im Klaren, über die Erwartungen, die Sie an die Leute in diesen Rollen richten, ihre Ziele etc. Sie müssen diese nicht selbst setzen, Ihre Angestellten haben genug Erfahrung, um das zu machen. Ihre Aufgabe besteht darin, an ihrer Seite zu arbeiten, um dafür zu sorgen, dass sie bei dem, was sie tun, klar und zuversichtlich sind.
Ändern Sie Ihre Meinung routiniert und regelmäßig.	Ändern Sie den Kurs der Bemühungen von jemandem nur, wenn es notwendig ist. Wenn es notwendig ist, erklären Sie sorgfältig, warum dem so ist. Je weniger Anpassungen am Kurs vorgenommen werden müssen, desto besser. Es ist also besser, vorher doppelt so lang nachzudenken und dafür nur halb so viele Kursänderungen vorzunehmen.

Lektion in Tyrannei	*Umkehrung*
Erhöhen Sie den Konkurrenzdruck, indem Sie interne Rivalitäten zwischen Einzelnen und Teams schüren – durch Teilen, dadurch, dass Sie dafür sorgen, dass die Leute aufeinander statt auf Sie losgehen, herrschen Sie.	Richten Sie den Fokus der Leute auf die Ziele, die sie gemeinsam haben, und reduzieren Sie dadurch die Reibung und den Konkurrenzkampf zwischen den Teams. Wenn Sie sehen, dass interne Konkurrenzkämpfe die Leistung reduzieren, weisen Sie darauf hin und richten Sie den Fokus der Mitarbeiter auf neue Ziele.
Es ist erheblich leichter, andere schlecht aussehen zu lassen als sich selbst gut.	Bauen Sie auf Ihren eigenen Ideen und auf denen anderer auf. Kritik ist leicht, schafft einem aber niemals Freunde. Vermeiden Sie einen Ruf als ewiger Nörgler.

Lektionen aus der Geschichte

Lektion in Tyrannei	Umkehrung
Jeder Fehler ist eine Gelegenheit, jemandem eine Lektion zu erteilen.	Jeder Fehler ist eine goldene Gelegenheit für die Leute, etwas dazuzulernen. Sobald sie bereit sind und aufgehört haben, sich deswegen fertigzumachen, fragen Sie sie sanft und geduldig, ob sie es gern versuchen würden.
Dokumentieren Sie Ihre liebsten Strafmethoden und verteilen Sie diese reihum, sodass sämtliche Ihrer unfähigen Untergebenen nacheinander von ihnen profitieren.	Dokumentieren Sie Ihre Lieblingsmethoden, die Leute zu belohnen und ihnen Anerkennung zu schenken. Achten Sie darauf, dass Sie einen Weg finden, sie regelmäßig zu benutzen.
Wenn Ihnen die Kontrolle über ein Team, eine Abteilung oder eine Organisation entgleitet, dann holen Sie sie sich durch das Prinzip »Teile und herrsche« zurück. Benutzen Sie Strukturen, um die Leute gegeneinander auszuspielen.	Wenn Ihnen die Kontrolle entgleitet, holen Sie die Leute zusammen und wirken Sie als vereinigende Kraft. Die Leute sollten es dank Ihnen leichter finden, organisationsinterne Grenzen niederzureißen.
Füllen Sie sich die Taschen.	Stehlen Sie nie von der Firma.
Spielen Sie, um nicht zu verlieren: Zerstören Sie die Dinge (Ressourcen), die Sie nicht benutzen können, aber aus denen andere möglicherweise einen Vorteil ziehen könnten.	Halten Sie Ausschau nach Gelegenheiten, anderen dabei zu helfen, einen Vorsprung zu gewinnen.
Statuieren Sie Exempel an Leuten, um andere so in Angst zu versetzen, dass sie sich benehmen, wie *Sie* es wollen.	Statuieren Sie Exempel anhand des positiven Verhaltens anderer. Wenn die Leute etwas gut machen, dann stellen Sie sie (mit ihrer Zustimmung) auf ein Podest und feiern Sie ihre Leistung.

Wie tyrannisch sind Sie?

Lektion in Tyrannei	Umkehrung
Messen Sie jetzt das Ihnen innewohnende Tyrannentum und dann noch einmal in etwa sechs Monaten, um Ihren Fortschritt zu überprüfen.	Holen Sie sich etwa alle sechs bis 18 Monate Feedback, um zu verstehen, wie die Mitarbeiter Ihre Führungsqualitäten wahrnehmen. Bedienen Sie sich eines Mentors oder einer anderen Person im Büro, der Sie vertrauen, die das Feedback einholen soll oder sich unter den Leuten über Ihr Image umhören soll, um dafür zu sorgen, dass Sie ein der Wirklichkeit entsprechendes Selbstbild haben. Benutzen Sie eine gute Psychometrie (suchen Sie online), um Ihre angeborenen Führungsvorlieben zu verstehen.
Kaufen Sie sich einen Leoparden.	Kaufen Sie sich keinen Leoparden.

Jeden Tag ein bisschen tyrannischer

Lektion in Tyrannei	Umkehrung
Managen Sie die Bedingungen Ihrer Tyrannei – stellen Sie sich hin und wieder selbst ein Bein, stehen Sie mit dem falschen Fuß auf.	Managen Sie Ihre positive Wirkung als Chef. Seien Sie sich bewusst, dass Ihre Stimmung ansteckend ist und dass es sich auf Ihre Leute auswirken wird, wenn Sie sich unglücklich und wütend fühlen und auch so aussehen. Erinnern Sie sich selbst und Ihr Team daran, warum Sie Grund zur Zuversicht haben.
Machen Sie Tyrannei zur Routine, setzen Sie frühmorgendliche Anschisse fest, um die Leistung in die Höhe zu treiben.	Machen Sie es zur Routine, Erfolge zu feiern und Ihrem Team zu danken.
Beschweren Sie sich – oft, wann immer es möglich ist, und unbegründet.	Seien Sie bei Ihrem Feedback vernünftig und halten Sie sich an die Tatsachen. Geben Sie nur wohlmeinendes Feedback, d. h. niemals im Zorn oder aus Frustration, sondern aus dem Wunsch heraus, die Mitarbeiter dabei zu unterstützen, es besser zu machen.
Managen Sie sorgfältig Ihren Terminkalender, verschieben Sie Termine in letzter Minute und überraschen Sie andere unvorbereitet.	Haben Sie immer ein achtsames Auge auf Ihren Zeitplan. Halten Sie sich an das, worauf Sie sich festgelegt haben, seien Sie zuverlässig und denken Sie daran, die Dinge zu verfolgen.
Machen Sie Kontrollgänge (oder betreiben Sie »Management durch Herumgehen«, wie die Weicheier das nennen) und terrorisieren Sie die Leute im Vorübergehen.	Gehen Sie herum, um herauszufinden, wie die Leute drauf sind, woran sie arbeiten und was sie begeistert. Haben Sie Spaß mit den Angestellten und finden Sie mehr über sie heraus.
Erinnern Sie sich niemals an die Namen der Leute, selbst wenn Sie es tun.	Strengen Sie sich wirklich an, sich die Namen der Mitarbeiter zu merken. Das ist das Beste, was wir aus dem Mund eines anderen hören können.

Lektion in Tyrannei	*Umkehrung*
Stellen Sie den Leuten schwierige Fragen zu willkürlichen Zeitpunkten und zeigen Sie offenkundig Ihre Missbilligung, wenn sie um die Antwort ringen.	Stellen Sie den Leuten offene Fragen, die demonstrieren, dass Sie sich dafür interessieren, wer sie sind und was sie tun.
Managen Sie die Erwartungen der Mitarbeiter, d. h. sorgen Sie dafür, dass sie niemals das bekommen, was sie erwarten, lassen Sie sie raten und halten Sie sie in einem Zustand der ständigen Unsicherheit.	Managen Sie die Erwartungen Ihrer Angestellten, d. h. halten Sie sich an Ihre Verpflichtungen, sodass die Leute das bekommen, was man ihnen versprochen hat. Wenn Sie sich nicht festlegen können, dann tun Sie es auch nicht und erklären Sie, warum Sie es nicht können. Bauen Sie um das, worauf Sie sich festlegen können, Sicherheit auf, erklären Sie den Mitarbeitern, warum dort, wo Sie sich nicht festlegen können, Unsicherheit herrscht, und helfen Sie ihnen, damit umzugehen.
Reißen Sie lieber die Argumente anderer ein, statt Ihre eigenen aufzubauen.	Zeigen Sie echtes Interesse an den Argumenten und den Positionen anderer und bauen Sie Ihre eigenen Argumente auf, indem Sie sie mit den Bedenken und Interessen anderer in Verbindung bringen.
Kommen Sie spät und gehen Sie früh.	Kommen Sie mit genug Zeit und bleiben Sie so lange, wie es für die Leute wichtig ist. Ihr Zeitplan sollte realistisch bleiben. Sorgen Sie dafür, dass es zwischen Meetings und Verabredungen ein Zeitpolster gibt.
Sorgen Sie dafür, dass Ihr Chef Sie mag.	Lernen Sie Ihren Chef kennen und finden Sie heraus, wie Sie ihn am besten unterstützen können. Sagen Sie nichts über ihn, was Sie ihm nicht schon ins Gesicht gesagt haben.
Sorgen Sie für Unsicherheit hinsichtlich des erwarteten Leistungsgrades.	Sorgen Sie dafür, dass die Leistungserwartungen kristallklar sind.
Geben Sie nie spezifisches Feedback, höchstens manchmal. Oder vielleicht auch nicht. Oder …	Geben Sie regelmäßig spezifisches Feedback, und zwar mindestens fünfmal positiver als konstruktiv.

Lektion in Tyrannei	Umkehrung
Haben Sie ein Auge auf Leute, die zusammenarbeiten wollen.	Arbeiten Sie hart dafür herauszufinden, wer gern zusammenarbeitet, und gehen Sie bei diesen Leuten Risiken ein. Zeigen Sie ihnen, dass Sie ihnen vertrauen.
Verwirren Sie die Leute und lenken Sie sie ab, sooft sich die Möglichkeit dazu ergibt.	Stellen Sie die Dinge klar, wo Sie nur können.
Arbeiten Sie darauf hin, eine Kultur der Schuldzuweisung zu schaffen.	Arbeiten Sie darauf hin, jede Art von Schuldzuweisung auszulöschen, und bemühen Sie sich stattdessen, eine Kultur der Würdigung von Leistung zu erzeugen.
Schreien Sie Leute an, die früh gehen.	Schreien Sie (jovial) Leute an, die lange im Büro bleiben. Jeden Abend. Weil sie zwischen 9 und 17 Uhr nicht konzentriert waren. Oder wenn Sie glauben, dass man versucht, Sie zu beeindrucken.
Schicken Sie äußerst kurze E-Mails.	Ihre E-Mails sollten die Dinge auf den Punkt bringen, aber höflich sein.
Werden Sie Kranke los.	Unterstützen Sie Leute, die krank werden, und sorgen Sie dafür, dass es am Arbeitsplatz nichts gibt, was Angestellte krank macht, solange es sich vermeiden lässt. Behandeln Sie die Leute in solch einer Situation so, wie Sie gerne von ihnen behandelt werden würden.

Authentische Schreckensherrschaft

Lektion in Tyrannei	Umkehrung
Zeigen Sie niemals Schwäche. Ihre Mitarbeiter müssen den Eindruck bekommen, dass Sie in allem besser sind als sie.	Seien Sie bereit, (nicht-fatale) Schwäche zu zeigen. Sie werden das Vertrauen Ihrer Leute gewinnen, wenn sie Sie als jemanden sehen, der in der Lage ist, um Hilfe zu bitten, und der auch nicht auf alles eine Antwort hat.
Lassen Sie nicht zu, dass Ihre Mitarbeiter jemals herausfinden, wer Sie wirklich sind. Bleiben Sie entrückt und mysteriös, es sei denn, Sie wollen ihnen Angst einjagen.	Helfen Sie Ihren Leuten, Ihr wahres Selbst kennenzulernen. Am härtesten arbeiten wir für die, denen wir vertrauen. Wir vertrauen Menschen, die wir kennen, also lassen Sie zu, dass man Sie kennt.
Rufen Sie Ihren Mitarbeitern in Erinnerung, dass sie Abschaum sind. Investieren Sie in all die kleinen Signale, die sie daran erinnern, dass sie unterlegen sind, wie ein schönes Büro und üppige Topfpflanzen für Sie und billige Secondhand-Stühle für Ihre Angestellten.	Entfernen Sie Signale, die Ränge anzeigen. Geben Sie Ihr persönliches Büro auf. Lassen Sie die ausgeklügelten Titel weg. Ermuntern Sie jedermann, sich so zu verhalten, als wäre er für die langfristigen Ergebnisse der Firma verantwortlich, d. h. ermutigen Sie die Leute, sich als Gleichgestellte zu sehen und auch Anspruch auf so eine Behandlung zu stellen.
Sie sind Ihren Mitarbeitern physisch, intellektuell, moralisch und sozial überlegen.	Sind Sie nicht. Also benehmen Sie sich nicht so, als wären Sie es.
Erzeugen Sie ein Klima des hohen Risikos und geringer Unterstützung für Ihre Leute. Wenn jemand gute Leistungen bringt, verbannen Sie ihn. Wenn die Mitarbeiter Schwierigkeiten haben, setzen Sie sie unter Druck. Diejenigen, die einfach so durchkommen, sollten Sie in Ruhe lassen, sie werden dankbar dafür sein.	Kreieren Sie ein Klima großer Herausforderungen und großer Unterstützung für Ihre Leute. Schaffen Sie eine Umgebung, in der die Leute die Risikofreudigkeit des Teams/der Abteilung/der Firma verstehen und Anreize bekommen, Neues auszuprobieren. Wenn die Leute Fehler machen, gratulieren Sie Ihnen und ermutigen Sie sie herauszufinden, was schiefgelaufen ist. Wenn es gut läuft, gratulieren Sie ihnen und ermutigen Sie sie, herauszufinden, warum das so ist.

Lektion in Tyrannei	Umkehrung
Messen Sie, wie sehr Sie zufällige Akte der Tyrannei genießen, um Ihren Grad an Tyrannentum im Auge zu behalten.	Haben Sie ein Auge darauf, wie angenehm Ihnen Management- und Führungsaufgaben sind, um zu überprüfen, ob Sie es lernen, eine intrinsische Motivation und Genugtuung aus Ihrer Führungsrolle zu ziehen. Werden Sie kein frustrierter Manager, der eigentlich nur verzweifelt den Wunsch hat, Hand anzulegen und mitzumischen.
Sie müssen durch und durch authentisch sein, Tyrannei ist kein Stil, den Sie sich für neun Stunden am Tag zu eigen machen können.	Letzteres stimmt tatsächlich. Bei Führung geht es darum, wer Sie werden können. Nicht darum, was Sie tun können. Es fängt vielleicht nicht so an, aber wenn Sie aus dem Chefsein eine langfristige Karriere machen wollen (wir reden hier immerhin von 40 bis 50 Jahren), dann stimmt es.

Wie man sie leiden lässt

Lektion in Tyrannei	Umkehrung
Ihre nutzlosen Handlanger sind, obwohl sie harmlos und hässlich aussehen, in Wirklichkeit Ihre größte Bedrohung und müssen als solche behandelt werden.	Ihr hoch qualifiziertes Team ist Ihr größter Trumpf. Die Fähigkeiten und der Erfolg Ihrer Leute sind Ihr Erfolg. Daran wird man Sie messen.
Reduzieren Sie Ermächtigung durch Eliminierung jeglicher Klarheit in Sachen Zielvorgaben durch Befolgung der GRIND-Methodologie.	Sorgen Sie dafür, dass die Zielvorgaben klar gesteckt sind. Überprüfen Sie Ihr Grundlagenwissen mit einem Blick auf die SMART-Eselsbrücke.
Halten Sie die Leute davon ab, Fähigkeiten und Fertigkeiten zu entwickeln, indem Sie ihnen nicht erlauben, Fortbildungen zu besuchen, und sie viel herumschieben.	Ermutigen Sie die Leute in einem Verhältnis von etwa 70 : 20 : 10 zu lernen. 70 Prozent des Lernens sollte bei der Arbeit passieren, wo es Ihre Aufgabe ist, Arbeit und Projekte zuzuteilen und zu einer Reflexion über die erreichten Leistungen anzuregen. 20 Prozent sollte aus Kontakten, etwa mit einem Coach oder einem Mentor, kommen, 10 Prozent aus Fortbildungen. Versetzen Sie die Leute, um sie anzuregen, ihre Fähigkeiten zu entwickeln, und erlauben Sie ihnen, ein Gefühl der Meisterschaft zu entwickeln, bevor Sie sie weiterschicken. Versetzen Sie hochbegabte Mitarbeiter regelmäßig. Ihre besten Leute werden höchstwahrscheinlich vor Ablauf von zwei Jahren an einer bestimmten Stelle gelangweilt sein.
Erodieren Sie Selbstvertrauen durch gnadenlose Kritik.	Fördern Sie Selbstvertrauen durch unermüdlichen Aufbau des Glaubens an sich selbst bei anderen.

Lektion in Tyrannei	*Umkehrung*
Üben Sie einen niedrigen Empathiegrad, um nicht herausfinden zu müssen, wie sich die Leute fühlen. Stellen Sie niemals Fragen und sagen Sie den Leuten, sie sollen das Maul halten.	Üben Sie einen hohen Grad an Empathie, um herauszufinden, wie sich die Angestellten wirklich fühlen. Stellen Sie gute, offene Fragen und sagen Sie den Leuten niemals, sie sollen das Maul halten.
Verhindern Sie das Sich-Einstellen eines Gefühls von Engagement, indem Sie die Anstrengungen der Leute von bedeutungsvollen Ergebnissen entkoppeln.	Ermutigen Sie die Leute zu einem Gefühl des Engagements, indem Sie ihre Bemühungen direkt an sichtbare und bedeutungsvolle Ergebnisse koppeln. Wenn die Mitarbeiter die Verbindung nicht sehen können, dann nehmen Sie sie dorthin mit, wo man die Auswirkungen ihrer Bemühungen fühlen kann, und zeigen Sie sie ihnen.
Helfen Sie Ihren Mitarbeitern, den Kunden (intern wie extern) als die naive, unrealistische, selbstsüchtige Landplage zu erkennen, die er ist.	Helfen Sie Ihren Mitarbeitern, die Bedürfnisse, Wünsche und Sorgen der Kunden zu verstehen. Lassen Sie den Kunden zu einer Realität für jedermann in der Firma werden.
Reduzieren Sie Energie, indem Sie die Leute im Büro verstreuen, den Sportraum schließen und die Leute davon abbringen, mit dem Rad zur Arbeit zu fahren.	Erhöhen Sie die Energie, indem Sie die Leute auf relativ beschränktem Raum zusammenarbeiten lassen, wo sich Informationen und Neuigkeiten leicht verbreiten. Ermutigen Sie die Angestellten, gesund zu leben und zu essen. Sie werden aufgeweckter sein, sich besser fühlen und klüger zu Werke gehen.
Leute mit zu viel Energie sind ungeheuer gefährlich.	Leute mit zu wenig Energie sind weniger produktiv. Finden Sie Möglichkeiten, damit Ihre Mitarbeiter mehr von sich selbst und ihrer gesamten Energie bei der Arbeit einbringen können.
Nutzen Sie von der Personalabteilung verwaltete Umfragen, um herauszufinden, ob der Grad an Engagement und Ermächtigung auch niedrig genug ist.	Benutzen Sie Umfragen, um den Grad an Engagement und Ermächtigung zu überprüfen, und dann binden Sie die Mitarbeiter ein, wenn es darum geht, was geändert werden soll, um die Lage zu verbessern.

Motivation für Tyrannen

Lektion in Tyrannei	Umkehrung
Tyrannen balancieren die Tatsache, dass sie die Moral Ihrer Angestellten zu Staub zermahlen, mit der Aufrechterhaltung eines frenetischen Grades gut gezielter Aktivität aus.	Gute Chefs wissen, dass eine hohe Moral unter den Angestellten von selbst zu einem hohen Grad gut gezielter Aktivität führt.
Bei dem Spiel Zuckerbrot und Peitsche gewinnt stets die Peitsche. Die Leute bewegen sich schneller von Unangenehmem weg, als sie sich auf Angenehmes zubewegen.	Werfen Sie die Peitsche weg. Eine klare Zielsetzung, ein Gefühl dafür, *warum* etwas wichtig ist, und die Aussicht, besser in etwas zu werden, wird viel leichter zum Aufkommen eines Gefühls von Motivation führen.
Finden Sie heraus, was Ihre Angestellten wirklich mögen, und drohen Sie damit, ihnen diese Dinge wegzunehmen.	Finden Sie heraus, was Ihre Leute wirklich motiviert, und arbeiten Sie dann aus, wie sie mehr davon bekommen können.
Die *Arbeiter* mögen klare Zielvorgaben und Aufgaben, die eine Herausforderung bedeuten. Drohen Sie damit, jedes Ziel, das sie sich gesetzt haben, zu revidieren, und lassen Sie das falsche Zuckerbrot einer Beförderung genau vor ihrer Nase herumbaumeln, um für jahrelangen, wütenden Fleiß zu sorgen.	*Arbeiter* (McClelland nennt sie »Achievers«) schätzen tatsächlich klare Zielvorgaben und Aufgaben, die Herausforderungen bedeuten, also geben Sie ihnen von beidem genug. Seien Sie mit dem falschen Zuckerbrot einer Beförderung überaus vorsichtig bei *all* Ihren Leuten. Bitten Sie sie einfach hin und wieder, langsam zu machen, zu reflektieren und eine Lektion aus dem zu ziehen, was sie gerade getan haben, und sorgen Sie dafür, dass sie lernen, ihre Leistungen gemeinsam mit dem Rest des Teams zu feiern.

Lektion in Tyrannei	Umkehrung
Die *Softies* mögen Harmonie im Team und Beziehungen, die eine Bedeutung haben (was auch immer das sein mag). Drohen Sie damit, Sie in Konkurrenz zueinander zu setzen, sie allein arbeiten zu lassen oder Entlassungen vorzunehmen, und sehen Sie zu, wie die Arbeitsraten in die Höhe schießen. Wenn das nicht klappt, erschießen Sie ein Rehkitz.	*Softies* (McClelland nennt sie »Affiliators«) mögen in der Tat Harmonie im Team und Beziehungen, die etwas bedeuten, geben Sie ihnen also beides reichlich. Ermutigen Sie sie zusammenzuarbeiten. Wenn man öfter gemeinsam als Team essen geht (das kann so arbeitszentriert sein, wie man möchte), hilft das. Erinnern Sie sich, diese Gruppe wird genauso hart, wenn nicht härter als jede andere arbeiten, wenn sie das Gefühl hat, dass ihre Leistung für das Team wichtig ist. Wenn Rehkitze dabei eine Rolle spielen müssen, dann besuchen sie gemeinsam einen Streichelzoo. Und erschießen Sie nichts.
Die *Raffinierten* arbeiten gern an profilierten Projekten, an denen auch Vorgesetzte beteiligt sind. Drohen Sie damit, sie in ein Gulag-Projekt zu versetzen oder ihnen einen zuvor festgelegten »Sonder«-Beraterstatus zu entziehen. Belohnen Sie sie mit bedeutungslosen Veränderungen in ihrem Titel, damit sie sich ranghöher und exekutiver fühlen, geben Sie ihnen eine größere Topfpflanze, und sie werden sich den Arsch aufreißen.	Die *Raffinierten* (bei McClelland »Influencers« genannt) mögen wirklich profilierte Projekte und die Gelegenheit, mit Vorgesetzten zusammenzuarbeiten, also sorgen Sie dafür, dass es ihnen an beidem nicht mangelt. Achten Sie darauf, sicherzustellen, dass sie gute Planer sind und organisiert genug, um wirklich zu beeindrucken, wenn sie schließlich auf die Bühne treten. Helfen Sie ihnen dabei, die »Bambi on ice«-Momente so vereinzelt zu halten wie nur möglich. Hier gibt es keine Lektion in Tyrannei, die umzukehren wäre, aber es ist entscheidend, dass man bedenkt, dass nicht alle Leute dieselbe Motivation haben wie man selbst. Tappen Sie nicht in die Falle zu glauben, dass das, was für Sie funktioniert hat, auch für alle anderen funktioniert. Manchmal vielleicht, aber keineswegs immer.

Lektion in Tyrannei	*Umkehrung*
Im Land der Drachen und Prinzen rennen die Prinzen wesentlich mehr wegen der Drachen herum, d. h. die Vision vom brennenden Dach wird zu mehr konzentrierter Aktivität führen als die ausgeklügeltste inspirierende Vision.	Das brennende Dach führt zwar zu großer Aktivität, aber die Leute werden müde und frustriert durch ständige Krisen. Wenn das Gefühl einer nachhaltigeren, positiven und vitalisierenden Dringlichkeit herrschen soll, brauchen Sie die Prinzessin.
Drachen heißen selten Simon. Oder Notker.	Leider wahr.
Um zu einem wirklich wütenden Aktivitätsgrad zu gelangen, brauchen Sie mindestens drei Drachen.	Um einen wirklich wütenden Grad an Aktivität zu erzeugen, brauchen Sie eine Zukunftsvision, die Ihre Leute tatsächlich inspiriert. Es muss etwas sein, von dem sie wollen, dass es wahr wird.
Um Ihr eigener bester Drache zu werden, schreien Sie die Leute an.	Es ist niemals nötig, Leute anzuschreien. Es sei denn, dass sie in der Gefahr schweben, von einem Zug erfasst zu werden, dann können Sie schreien, so viel Sie wollen.
Beschimpfen Sie die Leute.	Schlimme Sprache ist relativ. Sie werden die Kultur in Ihrem Unternehmen verstehen, sobald sie dort eine Weile gearbeitet haben, aber wenn Sie neu sind, dann hören Sie sich erst mal um, bevor Sie zu fluchen anfangen. Fluchen Sie nicht, um ins Bild zu passen, aber hören Sie auch nicht auf, (milde) zu fluchen, sobald Sie auf einen Führungsposten kommen, nur um irgendwie heilig zu wirken.
Gehen Sie nah an die Gesichter der Leute heran.	Dringen Sie nicht in den persönlichen Raum eines Menschen ein.
Schüchtern Sie die Leute physisch ein.	Tun Sie das nicht! Seien Sie sich der Macht der Körpersprache bewusst. Benutzen Sie Ihre, um Zuversicht gepaart mit Demut auszudrücken.
Spucken Sie die Leute an.	Wenn man Ihnen wirklich sagen muss, dass das keine gute Idee ist …

Lektion in Tyrannei	Umkehrung
Legen Sie sich ein Paar riesiger Arschbacken zu.	Äh … mit diesem hier habe ich zu kämpfen. Wie wäre es damit: »Es gibt keine bekannte Korrelation zwischen Führungsfähigkeiten und Arschbackengröße«? Ihre Arschbacken sind also in Ordnung, wie groß sie auch sein mögen.
Halten Sie die Luft an, um rot zu werden und Furcht einflößender zu erscheinen.	Lassen Sie's einfach.
Nutzen Sie die Angst vor der Konkurrenz, Ihrem Boss, Entlassungen, Gehaltskürzungen oder dem Versagen selbst, um eine höhere Arbeitsrate zu erreichen.	Nutzen Sie Enthusiasmus und Energie, um die Arbeitsraten in die Höhe zu bringen, nicht Angst. Regen Sie jedoch regelmäßige Leistungsvergleiche gegenüber externer Konkurrenz an und bauen Sie intern das Selbstvertrauen auf, dass man mit allem fertigwerden kann, womit man es draußen zu tun bekommt.

Von der Macht und ihrem Missbrauch

Lektion in Tyrannei	Umkehrung
Nun, da Sie sich einen schrecklichen Ruf und den Respekt und die Furcht erworben haben, die damit einhergehen, *nutzen Sie all das!*	Nun, da Sie einen Führungsposten haben, behandeln Sie diese Rolle selbst und die aus ihr resultierenden Verantwortlichkeiten mit Sorgfalt, Respekt und Demut.
Fragen Sie sich nicht, was Sie für Ihre Leute tun können, sondern wie viel diese von ihrem Bonus an Sie abgeben sollten. Immerhin bekommen sie überhaupt nur wegen Ihrer gut geschulten, meisterlichen Motivationsfähigkeiten einen Bonus, also steht er nicht in Wirklichkeit Ihnen zu?	Denken Sie nicht mal daran. Verfangen Sie sich auch nicht in dem Irrglauben, der Bonus einer Person sei die Hauptkomponente in ihrer Motivation. Das ist er nicht und keine einzige wissenschaftliche Studie hat jemals eine Verbindung zwischen der Größe des Bonus und der Motiviertheit für einen Job nachgewiesen. Tatsächlich scheinen sämtliche wissenschaftlichen Ergebnisse auf das Gegenteil hinzudeuten, will heißen, hohe Bonuszahlungen scheinen folgende Einstellung zu begünstigen: »Wenn ihr mich so heftig bestechen müsst, damit ich diesen Job mache, muss der Job ziemlich beschissen sein.«
Sie kriegen zu Hause nicht genug Action? Treiben Sie's mit den Schulabgänger(inne)n oder sonst jemandem, der Ihre Fantasie in Wallung bringt. Aber denken Sie daran, diese Person loszuwerden, kurz nachdem Sie mit ihr in die Kiste gesprungen sind.	Seien Sie äußerst vorsichtig. Es mag sich zu dem gegebenen Zeitpunkt für Sie so anfühlen, als würden Sie sich verlieben, aber wie *würde* sich das wohl vor einem Arbeitsgericht ausnehmen, wenn die Sache in ein paar Monaten den Bach runtergeht? Viele Leute lernen ihren Ehepartner in der Arbeit kennen, also glauben Sie nicht einen Moment lang, Geschäftliches und Vergnügen würden nicht zusammengehen. Im Zweifelsfall halten Sie sich an jene, deren Karrieren Sie nicht wirklich beeinflussen können, selbst wenn Sie sich noch so sehr bemühen.

Lektion in Tyrannei	*Umkehrung*
Das Spesensystem Ihrer Firma ist in den richtigen Händen eine Goldmine, die es wert ist, eine Gruppe von Kumpeln zusammenzubringen.	Tun Sie das und sehen Sie zu, wie Ihre Karriere in Rauch aufgeht!
Sorgen Sie dafür, dass Ihre Lieferanten wissen, dass Sie bestechlich sind.	Seien Sie weißer als frisch gefallener Schnee. Wenn Ihnen auch nur der geringste Zweifel kommt, nehmen Sie es nicht an. Achten Sie darauf, dass sämtliche Zahlungen persönlich sind und nicht wieder in Bares umgesetzt werden können, z. B. also Karten für Sportveranstaltungen. Sie können Freunde haben, die gleichzeitig Lieferanten sind, doch es stellt sich folgende Frage: Würden wir das ganze coole Zeug, das wir jetzt machen, auch tun, wenn wir selber dafür bezahlen würden? Wenn die Antwort Nein lautet, dann sollten Sie es lassen.
Benutzen Sie Ihre wirklich nutzlosen Angestellten für die Sachen, die Sie nicht tun wollen. Die werden sich nicht beschweren und sind ansonsten schnell wegen grober Inkompetenz gefeuert.	Wenn Sie »wirklich nutzlose« Angestellte haben, dann hätten Sie sie bereits aus der Firma hinausmanagen sollen, und zwar durch Klarheit hinsichtlich der erwarteten Leistungen. Sie hätten ihnen die Gelegenheit zu Weiterbildungen und eindeutiges Feedback geben und sie unter einen Vertrag nehmen sollen, der Leistungsverbesserungen vorsieht. Es ist im Leben nie eine gute Politik, den Leuten etwas anzuschaffen, was man nicht selbst zu tun bereit wäre. Ihre Eltern werden früher Ihnen den Hintern abgewischt haben, wenn es also gut genug für die ist …

Lektion in Tyrannei	Umkehrung
Mischen Sie bei Sozialprojekten mit. Dorthin kann man Firmenfonds für schlechte Zeiten abschöpfen.	Mischen Sie bei Sozialprojekten mit, bei denen eine sinnvolle Verbindung zu Ihrer Arbeit besteht. Das ist nicht nur eine gute Sache, sondern wird auch zu größerem Engagement und gesteigerter Motivation führen, was wiederum die Produktivität ankurbelt.

Wie man die Personalleitung vernichtet

Lektion in Tyrannei	Umkehrung
Lernen Sie, Ihre Feinde zu erkennen. Human Resources ist niemals Ihr Freund.	Alle Funktionen sind Ihre Freunde! Lernen Sie, sie in Ihre Arbeit zu involvieren und bei der Erreichung Ihrer Ziele das Beste aus den Fertigkeiten, die Ihre Firma zur Verfügung stellt, herauszuholen.
Mitarbeiterschulungen sind eine Verschwendung von Zeit und Geld, bei der Ihren Angestellten Dias und Bilder gezeigt werden.	Mitarbeiterschulungen können, auch wenn sie nicht die Hauptquelle des Lernens für Ihre Leute darstellen, eine wichtige Gelegenheit sein, neue Fertigkeiten und Ansätze zu erlernen.
Sukzessionsplanung ist eine Verschwendung von Zeit und Geld, durch die geplant werden soll, wer Ihren Posten übernehmen soll (als ob das jemand könnte!).	Sukzessionsplanung ist ein vitaler Teil des Risikomanagements für die Firma, die so einen glatten Übergang von Chef zu Chef gewährleistet.
Talentmanagement ist eine Verschwendung von Zeit und Geld durch den Versuch, herauszufinden, welcher von Ihren Handlangern der am wenigsten Unbrauchbare ist.	Talentmanagement ist ein wichtiges Werkzeug, wenn es darum geht, Informationen über talentierte Leute über die Firmen hinweg auszutauschen, den Mitarbeitern dabei zu helfen, von einem Team ins andere zu wechseln, oder um erfolgreiche Angestellte aufzubauen, die die Abteilung in der Zukunft leiten sollen. Wenn das richtig gemacht wird, kann es auch Ihnen als Chef helfen, dafür zu sorgen, dass Sie sich auf die richtigen Aktivitäten konzentrieren. Unterstützen Sie jeden Einzelnen in Ihren Teams bei seiner Entwicklung.

Lektion in Tyrannei	*Umkehrung*
Gleichheit und Diversität sind eine Verschwendung von Zeit und Geld durch die Erschwerung des Missbrauchs von Minderheiten.	Die Welt wird kleiner. *Jeder von uns* ist in der einen oder anderen Minderheitengruppe. Behandeln Sie die Menschen gleich. Sehen Sie über Unterschiede (wie Rasse, Geschlecht, sexuelle Orientierung, Alter etc.) hinweg und interessieren Sie sich stattdessen für wirklich Individuelles (Standpunkte, Erfahrungen, Stil, Einstellung etc.). Die erfolgreichsten Unternehmen haben mit viel Individuellem aufzuwarten (einfache Unterschiede wie die oben genannten führen noch nicht automatisch zum Erfolg). Das Faszinierende dabei ist jedoch, dass Unterschiede und Individuelles zumeist Hand in Hand gehen. Und da es schwer ist, Individuelles zu erkennen, ist es ein guter Trick, wenn man ein wenig bescheißen will, viel Unterschiedliches präsentieren zu können – das sollte im Normalfall funktionieren.
Wenn es juristisch nicht angeraten scheint, Ihren Human-Resources-Idioten umzubringen, dann lenken Sie ihn durch haufenweise sinnlose Arbeit ab, z. B. Mitarbeiterbindungsstrategien.	Ermorden Sie niemanden! Involvieren Sie Human Resources, die IT-Abteilung, die Finanzabteilung, die Risikoberater, die Regelüberwachung etc. bei den wirklich großen, schwierigen Fragen, denen Sie sich im Geschäftsleben gegenübersehen. Sie haben fähige Quellen um sich, die Ihnen helfen können – nutzen Sie sie! Oh, und nebenbei bemerkt, ein klares Wertversprechen an den Markt, das artikuliert, warum die Leute kommen und für Ihre Firma arbeiten sollten … das ist schon ziemlich wichtig.
Verbieten Sie Ihren Mitarbeitern, mit dem Personalbüro zu fraternisieren, aber lassen Sie das Büro eigene Leute einstellen, sodass die Abteilung ermuntert wird, ihre Gespräche intern zu halten.	Regen Sie an, dass Isolierschichten und Grenzen zwischen Teams, Funktionen und Abteilungen eingerissen werden. Bereiten Sie den Weg für Zusammenarbeit.

Lektion in Tyrannei	Umkehrung
Unterminieren Sie die Personalabteilung professionell, indem Sie erst ihr Vertrauen gewinnen und ein paar falsche Details über sich enthüllen, und finden Sie ein paar Belanglosigkeiten über Ihren Personalleiter heraus, die Sie sich merken.	Gewinnen Sie das Vertrauen der Leute, indem Sie echte Informationen über sich preisgeben, darüber, wer Sie sind, worauf Sie hoffen und was Ihnen Sorgen macht. Finden Sie heraus, was anderen wichtig ist, und merken Sie es sich.
Ist das Vertrauen einmal gewonnen, finden Sie eine Möglichkeit, den Personaler vor seinem Boss zu unterminieren.	Unterminieren Sie niemals jemanden vor seinem Boss, sondern bemühen Sie sich, eine Möglichkeit zu finden, die Erfolge Ihrer Leute bekannt zu machen.

Das Vermächtnis des Tyrannen: Erschaffen Sie eine dauerhafte Kultur der Schuldzuweisung

Lektion in Tyrannei	Umkehrung
Denken Sie darüber nach, was die Leute über Sie sagen sollen, nachdem Sie aus der Firma ausgeschieden sind.	Tatsächlich habe ich mich hier vertan, das ist tatsächlich ein guter Rat – denken Sie darüber nach, jedoch mit einer positiven, nicht-tyrannischen Neigung.
Verstecken Sie Hundescheiße in Ihrer Sandburg. Oder, um es anders zu formulieren, schaffen Sie ein dauerhaftes Vermächtnis, das zurückschlägt, wenn die Leute versuchen, es niederzureißen.	Ihr Vermächtnis sollte positiver sein – wie kann das, wonach Sie heute streben, der Firma und ihren Interessenseignern noch auf Monate und Jahre etwas zurückgeben?
Kultur steckt im Detail; kümmern Sie sich um die Details. Erst einmal etabliert, ist Kultur nur noch schwer zu verändern – sie ist dauerhaft.	Völlig richtig. Manche erfahrenen Chefs sind besessen davon, strategisch zu denken und sich nicht in den Details zu verfangen. Das ist der falsche Ansatz. Große Anführer haben verstanden, dass die meisten Details nicht ihren Fokus und ihre Aufmerksamkeit in Anspruch nehmen, dass jedoch die wenigen Details, die mit ihren strategischen Ambitionen in Verbindung stehen, erbarmungslos durchgekaut werden müssen. Große Anführer kauen also auch kleine Details durch, jedoch nur den kleinen Prozentsatz der Details, der überproportional wichtig ist.
Seien Sie kein Hitler, sondern ein Pilz. Halten Sie den Großteil Ihres Tyrannentums außer Sicht der anderen. Vorsichtige Tarnung ist ein wichtiger Teil beim Schaffen eines tyrannischen Vermächtnisses.	Okay, seien Sie wirklich nicht wie Hitler, das kann man durchaus so stehen lassen. Aber verstecken Sie das, was Sie tun, auch nicht vor anderen. Seien Sie offen und transparent hinsichtlich dessen, worauf Ihr Fokus liegt. Sonst gehen Sie das Risiko ein, mit Spielchen anzufangen.

Lektion in Tyrannei	*Umkehrung*
Folgen Sie Stalins Beispiel und schaffen Sie eine Kultur, in der man Geheimniskrämerei und Rivalität schätzt. Tun Sie dies, indem Sie die Dinge geheim halten und Einzelne wie Teams so aufeinander ansetzen, dass sie in ständiger Konkurrenz zueinander stehen.	Schaffen Sie eine Kultur, in der man Offenheit und Zusammenarbeit schätzt. Tun Sie das, indem Sie diese Werte selbst vorleben und Normen oder Routinen etablieren, wie z. B. ein wöchentliches Treffen, bei dem man sich über die Herausforderungen austauscht, denen man sich gegenübersieht, und die Leute bittet zusammenzuarbeiten, um gemeinsam Lösungen zu finden. Das wird sich auch noch lange nach Ihrem Weggang halten.
Schaffen Sie eine Kultur der »erlernten Hilflosigkeit«, in der Ihre Leute lernen, dass ihnen, egal, was sie tun, willkürlich Übles widerfährt und es keine Sicherheitszone gibt, in die sie sich zurückziehen können.	Kämpfen Sie unermüdlich gegen jedes Gefühl von »erlernter Hilflosigkeit«, indem Sie den Leuten ein Gefühl von Kontrolle und Selbstbestimmung hinsichtlich dessen geben, was mit ihnen passiert. Wenn in Ihrem Team bereits eine Kultur der Hilflosigkeit besteht, dann fangen Sie bei den kleinen Dingen an. Geben Sie den Leuten Kontrolle darüber, wo sie sitzen, dann darüber, wie sie ihre Arbeitsmuster organisieren, dann über die Priorisierung von Aufgaben etc.
Arbeiten Sie darauf hin, eine gesunde Kultur der Schuldzuweisung zu schaffen, durch die die Firma einen Großteil ihrer Zeit damit zubringt, sich selbst zu geißeln. Sorgen Sie dafür, dass Sie eine Reihe von Prozessen etablieren, die rigoros befolgt werden und durch die Zuweisung der Schuld in Stein gemeißelt wird.	Zielen Sie darauf ab, eine gesunde Lernkultur zu etablieren, bei der die Organisation viel Zeit darauf verwendet, sich darüber klar zu werden, was gut gelaufen ist und was nicht. Machen Sie AARs (After Action Reviews) zu einer akzeptierten und gängigen Praxis.

Lektion in Tyrannei	*Umkehrung*
Wenn Sie über Ihr Vermächtnis nachdenken, müssen Sie über den Prozess oder das System nachdenken, das Ihren Einfluss noch Monate oder Jahre, nachdem Sie das Gebäude verlassen haben, weitertragen wird ...	Verdammt! Das ist schon wieder ein guter Rat! Fügen Sie ihm eine positive Absicht hinzu und Sie stehen gut da.

So, da haben Sie es.

96 umkehrbare Lektionen von der
dunklen Seite der Macht.

Wenn Sie das, was der Tyrann täte,
einfach nicht fertigbringen, dann sind
Sie schon auf halbem Weg dazu,
ein großartiger Chef zu werden.

Die nächste Herausforderung besteht
darin, über das nachzudenken,
was Sie *tun* sollten ...

STIMMEN ZUM BUCH

»Ein ikonoklastischer und provokativer Blick auf Führung aus der Perspektive eines erfahrenen Coachs – ein Buch, das einen zum Denken bringen sollte, wie man durch bedachtere Führung etwas bewirken kann.« – *Rob Goffee, Professor of Organisational Behaviour, London Business School*

»Dan entwickelt in diesem Buch eine interessante, einzigartige Persepektive auf Führung – sein Blick auf das Thema geht durch eine negative Linse und schafft so ein positives Resultat.« – *Clive Smith, Head of Talent & Leadership Development, Barclays UK Retail Bank*

»Wir sind umgeben von miesen Chefs. Es sind die Geschäftsführer, die Firmen ruiniert und das Vertrauen der Aktionäre betrogen haben, von Enron hin zu den Lehman Brothers – mit dem Ergebnis, dass der Kapitalismus des Westens am Boden liegt. Es sind die politischen ›Führer‹, die über Jahrzehnte die Völker des Nahen Ostens und Nordafrikas unterdrückt haben, genauso wie die erbärmlichen, zockenden britischen Politiker, die den Unterschied zwischen Gehalt und Spesenforderung nicht kennen. Und – der beängstigendste Punkt von allen – es ist die Masse der Leute, die ins Büro gehen, ihre Persönlichkeit, ihren gesunden Menschenverstand und ihr Grundniveau an Menschlichkeit an der Tür abgeben und sich ans Werk machen…

Dan White tut uns allen einen großen Dienst. Er erklärt in seinem lebhaften, witzigen und intelligenten Buch, was tyrannische Führung ist. Er liefert Beispiele (angefangen mit Iwan dem Schrecklichen) und beschreibt, was in den Köpfen der Menschen vorgeht, die sich dafür entscheiden, sich der dunklen Seite zu verschreiben. Das Buch ist geschrieben für jene, die Opfer solcher Tyrannei geworden sind oder die schon einmal darüber nachgedacht haben, im eigenen Interesse zu handeln, oder die einfach nur bessere Chefs sein wollen. Mit anderen Worten: Ein Buch für jedermann.

›Der miese Chef‹ ist eine Satire – ein Buch, das Schriftsteller von Jonathan Swift bis hin zu Peter Cook und Scott Adams zu schätzen wissen würden – aber es ist ebenso ein Führer zu den Großen wie den Garstigen. Dan Whites Einsichten in das Wesen der Tyrannei sind faszinierend und auf eigentümliche Art verführerisch, genauso aber unterhaltsam und erhellend. Vielleicht geht es genau darum: Tyrannei ist nicht einfach etwas Absolutes, es ist auch ein Verhaltensspektrum, in das man verfallen kann, ohne es auch nur zu bemerken.

Also, nur für den Fall, dass Sie Zweifel haben, großartige Führung hört sich so an: ›Wir entscheiden uns, in diesem Jahrzehnt auf dem Mond zu landen, und machen etwas anderes – nicht weil es leicht wäre, sondern weil es schwierig ist. Denn dieses Ziel hilft uns, das Beste unserer Fähigkeiten und Fertigkeiten zu organisieren und zu bemessen, und die Herausforderung ist eine solche, die wir bereitwillig annehmen, die hintanzustellen wir nicht willens sind und die wir zu gewinnen entschlossen sind‹

Tyrannei dagegen hört sich so an: ›Wollt ihr auf dem Mond landen oder nicht? Dann los – und zwar JETZT! Oder bei euch schlägt eine Rakete ein, die ihr nicht vergessen werdet!‹

Also: Fragen Sie nicht, was der miese Chef für Sie tun kann. Fragen Sie, was Sie aus ›Miese Chefs‹ lernen können.« – *Jeremy Kourdi, vormals Senior Vice President, The Economist Group, Wirtschaftsschriftsteller*

ÜBER DEN AUTOR

Dan White ist Führungs- und Management-Entwicklungsberater. Er hat Kurse und Programme entwickelt und geleitet, die von Tausenden Chefs in Europa, Nordamerika, Afrika, im Mittleren Osten, Japan, Indien, China und mehr Ländern besucht wurden. Er war Learning & Organisation Development Director bei GlaxoSmithKline (GSK), bevor er selbst als Berater tätig wurde und anfing, Bücher zu schreiben. Er war Chef in einer großen Beraterfirma für Führungsentwicklung. Er lebt zusammen mit seiner Frau und seiner Tochter in London.

Kontakt zu Dan können Sie auf seiner Website herstellen: www.pangolinlearning.com

»Was würdest du tun, wenn du keine Angst hättest?«

Spencer Johnson | **Die Mäuse-Strategie für Manager**
Veränderungen erfolgreich begegnen
100 Seiten, gebunden mit Schutzumschlag, ISBN 978-3-7205-2122-2

In der *Mäuse-Strategie für Manager* erzählt Spencer Johnson eine leichte, humorvolle und doch tiefsinnige Geschichte über plötzlich auftauchende Veränderungen und wie man ihnen begegnet. Der amerikanische Erfolgsautor half mit der Parabel schon Millionen von Lesern: In einer Zeit, in der permanente Veränderung zu einer Konstanten geworden ist, bietet *Die Mäuse-Strategie* einen erfolgreichen Weg, sich in unserer schnelllebigen Welt zurechtzufinden.

Überraschend, originell, charismatisch – die perfekte Präsentation zu jedem Thema für jedes Publikum

Carmine Gallo | **Überzeugen wie Steve Jobs**
Das Erfolgsgeheimnis seiner Präsentationen
368 Seiten, Klappenbroschur, ISBN 978-3-424-20044-7

In Jeans und schwarzem Rolli betrat er stets die Bühne – und doch sorgten seine Präsentationen immer wieder für Schlagzeilen. Steve Jobs hat mit seinen beeindruckenden Darbietungen neue Standards gesetzt. Grund genug für Carmine Gallo, erstmals die Techniken genau zu analysieren und zu zeigen, wie Jobs seine Präsentationen zu einem Erlebnis für jeden Zuschauer machte. Durch zahlreiche Beispiele und viele Tipps lernen Sie, Ideen gekonnt zu präsentieren und das Publikum zu begeistern.

Leseprobe unter www.ariston-verlag.de

ARISTON